Ser, Essência e Substância
em Platão e Aristóteles

Paul Ricoeur

Ser, Essência e Substância em Platão e Aristóteles

Curso ministrado na Universidade de Strasbourg em 1953-1954

Texto verificado e anotado por Jean-Louis Schlegel

Tradução
ROSEMARY COSTHEK ABILIO

wmf **martinsfontes**

SÃO PAULO 2019

Esta obra foi publicada originalmente em francês com o título
ÊTRE, ESSENCE ET SUBSTANCE CHEZ PLATON ET ARISTOTE
Por Editions du Seuil
Copyright © Editions du Seuil, 2011
Copyright © 2014, Editora WMF Martins Fontes Ltda.,
São Paulo, para a presente edição.

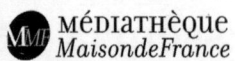

"Cet ouvrage, publié dans le cadre du Programme d'Aide à la Publication 2014
Carlos Drummond de Andrade de la Médiathèque de la Maison de France, bénéficie du
soutien du Ministère français des Affaires Étrangères et Européennes."

"Este livro, publicado no âmbito do Programa de Apoio à Publicação 2014
Carlos Drummond de Andrade da Mediateca da Maison de France, contou com
o apoio do Ministério francês das Relações Exteriores e Europeias."

1ª edição 2014
2ª tiragem 2019

Tradução
ROSEMARY COSTHEK ABILIO

Acompanhamento editorial
Luzia Aparecida dos Santos
Revisões gráficas
Helena Guimarães Bittencourt
Renato da Rocha Carlos
Edição de arte
Katia Harumi Terasaka
Produção gráfica
Geraldo Alves
Paginação
Studio 3 Desenvolvimento Editorial

Dados Internacionais de Catalogação na Publicação (CIP)
(Câmara Brasileira do Livro, SP, Brasil)

Ricoeur, Paul, 1913-2005.
   Ser, essência e substância em Platão e Aristóteles / Paul Ricoeur ; curso ministrado na Universidade de Strasbourg em 1953-1954 ; texto verificado e anotado por Jean-Louis Schlegel ; tradução Rosemary Costhek Abilio. – São Paulo : Editora WMF Martins Fontes, 2014.

   Título original: Être, essence et substance chez Platon et Aristote.
   ISBN 978-85-7827-840-3

   1. Aristóteles – Crítica e interpretação 2. Platão – Crítica e interpretação I. Schlegel, Jean-Louis. II. Título.

14-03626   CDD-180

Índices para catálogo sistemático:
1. Filosofia antiga   180

Todos os direitos desta edição reservados à
Editora WMF Martins Fontes Ltda.
Rua Prof. Laerte Ramos de Carvalho, 133 01325.030 São Paulo SP Brasil
Tel. (11) 3293.8150 e-mail: info@wmfmartinsfontes.com.br
http://www.wmfmartinsfontes.com.br

ÍNDICE

Nota sobre a edição francesa VII
Objetivo e plano do curso XIII

I. PLATÃO

Primeira parte: O "ser verdadeiro" ou a ideia

Capítulo I: Significação do *eidos* platônico 7
Capítulo II: Essência e linguagem 12
Capítulo III: A ciência e a essência
   I. A "opinião" como negativo da ciência 19
Capítulo IV: A ciência e a essência
   II. A opinião reta como "intermediário" 28
Capítulo V: A ciência e a essência
   III. O "intermediário" matemático 34
Capítulo VI: A ciência e a essência (fim)
   IV. O "termo" da ciência: a contemplação 48

Segunda parte: A ideia do ser e do não-ser

Capítulo I: A questão do Ser no *Parmênides* 79
Capítulo II: Sucessos e fracassos do platonismo no *Sofista* .. 96
Capítulo III: A gênese do sensível no *Timeu* 108

Terceira parte: O ser e o "divino"

Capítulo I: O problema do "divino" e a filosofia pré-socrática 123
Capítulo II: O "divino" em Platão 134

II. ARISTÓTELES

Introdução 151

Primeira parte: O ser enquanto ser

Capítulo I: A interpretação "genética" da *Metafísica* de Aristóteles 157
Capítulo II: A filosofia: sua intenção e sua memória 168
Capítulo III: A filosofia e suas "aporias" 183
Capítulo IV: O objeto da "filosofia primeira" 190

Segunda parte: O ser e a substância

Introdução 205
Capítulo I: A substância sensível: a substância como substrato 209
Capítulo II: A substância sensível (continuação): a substância como forma 227
Capítulo III: A substância e o indivíduo 235
Capítulo IV: A substância "separada" 251

NOTA SOBRE A EDIÇÃO FRANCESA

Ministrado e publicado em forma de texto mimeografado em Strasbourg durante o ano universitário francês de 1953--1954, este *Curso* (passaremos a designá-lo assim no corpo do livro) certamente foi pensado e preparado já em 1949, se não antes, como atestam os arquivos que Paul Ricœur deixou. De fato, em 1949 ele lecionou sobre "Platão e o problema da alma"; restam disso duas séries de documentos manuscritos de próprio punho, intitulados "Problemas da alma na filosofia de Platão" (125 páginas manuscritas) e "Platão e o divino" (45 páginas manuscritas); contêm palavras abreviadas e rasuras.

O dossiê do curso de 1953-1954 conservado nos arquivos compõe-se de: a) um caderno inteira e cuidadosamente manuscrito: "I. A essência e o ser em Platão" (96 páginas); "II. Aristóteles" (100 páginas); este último compreende um grande número de páginas integrais do futuro *Curso* mimeografado, mas ainda não é o estado definitivo do texto sobre Aristóteles; b) um fascículo incompleto (59 páginas) do *Curso* mimeografado, com uma capa portando as seguintes menções: "Paul Ricœur/ Ser, essência e substância em Platão e Aristóteles/ Curso ministrado na Universidade de Strasbourg em 1953-1954."

Para estabelecer a edição do *Curso* utilizamos, além da primeira versão completa de 1954, o texto mimeografado da Sorbonne e principalmente a edição em forma de livro cartonado, em 1982; todos trazem na página de rosto a menção "Curso ministrado em Strasbourg em 1953-1954". Portanto, para o trabalho de edição do *Curso* dispusemos das três "edições" do mesmo documento mimeografado para uso dos estudantes (1954, 1957, 1982). O primeiro, realizado em Strasbourg e do qual Ricœur não mudará mais nem uma vírgula, porta evidentemente a marca da época e de seus recursos; a qualidade não é excelente (às vezes letras encavaladas para corrigir erros de datilografia, grego antigo datilografado mas sem os acentos e com erros numerosos, transcrições do grego muito incorretas etc.). O segundo texto mimeografado, feito em Paris em 1957 pelo CDU (Centre de documentation universitaire), corrige alguns inconvenientes do primeiro, particularmente com uma reescrita sistemática e precisa, à mão, das citações em grego antigo. Exceto por essa reescrita – valiosa entretanto, em razão das retificações que faz dos numerosos erros da primeira cópia datilografada –, o *Curso* "editado" em Paris em 1957 é idêntico ao de Strasbourg. A edição realizada em 1982 pelo CDU e pela SEDES (Société d'édition d'enseignement supérieur – 88, boulevard Saint-Germain – Paris V[e]) retoma, em forma de livro encadernado, o texto mimeografado do CDU de Paris-Sorbonne. Seu grande mérito é a realização de uma edição clara e "limpa", em que o grego antigo é reconstituído em caracteres tipográficos gregos com seus sinais diacríticos (acentos, espíritos etc.). Mas o texto é integralmente o das duas "edições" anteriores de Strasbourg e Paris (das quais conserva os erros tipográficos e outros diversos, como as referências incorretas[1]).

Ricœur nunca se decidiu a reescrever seu *Curso*, embora estivesse muito consciente (mais ainda ao longo dos anos) dos limites deste, inclusive por causa dos numerosos trabalhos de alto nível publicados depois de 1953 sobre Platão e Aristóteles, além de novas traduções comportando diferenças às vezes importantes. Como tantas obras posteriores do filósofo, o *Curso* efetivamente é fruto de uma leitura precisa dos textos de Platão e Aristóteles, e também de grande número de ensaios e comentários sobre suas obras. Em vez de retomá-lo à custa de um trabalho considerável, Ricœur preferiu mantê-lo como es-

---

1. Agradecemos ao sr. Stéphane Bureau por haver nos transmitido suas próprias correções dessa edição.

tava, na forma e no fundo, apesar da insatisfação que isso lhe causava, e deixá-lo continuar sua trajetória como "Curso da Sorbonne".

O texto que agora republicamos continua inalterado, mas está preparado de acordo com os critérios editoriais atuais e anotado para atender aos leitores de hoje.

Esse trabalho mostrou-se mais complexo que o previsto. Bastará aqui especificar as intervenções, correções e modificações – muito limitadas – que foram feitas. É provável que muitas imperfeições iniciais se devam à passagem do texto do estado de "manuscrito" para o de "cópia datilografada". Pode ser também que no início a publicação de um "curso" mimeografado não passasse por releitura e correção sistemáticas das provas – um trabalho ao qual mais tarde Ricœur se obrigará estritamente, a julgar pelas provas relidas e corrigidas de matrizes de outros cursos mimeografados existentes em seus arquivos.

– Para a presente edição, eliminaram-se os erros de tipografia ou de ortografia, bastante numerosos. Entretanto, a principal fonte de correções são as referências incompletas ou incorretas às obras de Platão e Aristóteles. Fizemos essas correções – nem sempre as assinalamos, para não sobrecarregar o texto – com base em traduções antigas ou recentes (portanto, é possível que algumas referências retificadas correspondam às traduções que Ricœur utilizou). Com exceção dessas correções de erros mais ou menos importantes, o texto em si permanece inalterado. Deixamos intocadas expressões ou construções gramaticais que poderão parecer incorretas; por exemplo, no corpo do texto, remissões frequentes a passagens de Platão ou de Aristóteles com a preposição "a" (exemplo: o *Filebo* a 17 c"). Mantivemos também o emprego não unificado das maiúsculas e minúsculas de palavras importantes (as palavras "Ideia", "Deus", "Ser" e outras mais)*.

---

* Na tradução, esse uso da preposição "a" ("à", em francês) foi corrigido para "em", a fim de evitar confusão com a letra "a" da própria referência. Por outro lado, naturalmente foram mantidas as iniciais maiúsculas/minúsculas, bem como as construções oralizantes, as repetições, a estrutura dos itens e parágrafos e, na medida do possível, a pontuação. Os raros casos inevitáveis de alteração mais importante foram assinalados. (N. da T.)

– A pontuação, às vezes errônea, pouco coerente, ausente ou não correspondente aos critérios atuais, foi revisada; entretanto, com exceção das correções necessárias, as mudanças feitas o foram unicamente para mais legibilidade, evitando toda correção arbitrária ou inútil. Para não parecer pesado ou pedante, também não indicamos essas modificações que não têm pertinência para o sentido do texto (e quando – raramente – é o caso, estão assinaladas).

– O curso comporta numerosas palavras e expressões em grego antigo, com ou sem sua transcrição; em muitos casos há apenas a transcrição; em outros existe só a grafia em grego antigo. Mantivemos, corrigindo se necessário, a grafia do grego antigo e remetemos (em nota) à transcrição em alfabeto corrente; todas as transcrições do grego (as que estavam feitas e as novas) foram unificadas*. Quando Ricœur dá a grafia em grego antigo *e* sua transcrição, ligamos ambas com o sinal de igual (=). De modo geral, tendo em conta o declínio do conhecimento do grego antigo, procuramos reproduzi-lo com o máximo possível de clareza e de esclarecimentos para os leitores que não estudaram grego.

– As citações. a) Deixamos no corpo do texto a referência das citações de Platão e Aristóteles, bem como as remissões a outros autores antigos. Como já dissemos, todas as referências foram verificadas, complementadas ou restabelecidas quando eram inexatas; em vários casos, não encontramos a referência precisa ou exata; b) remetemos para notas as referências às obras de comentadores modernos que estavam no corpo do texto, complementando e corrigindo as referências, se necessário; indicamo-las com a menção (AC) (autor citado no texto e descido em nota de rodapé); c) o *Curso* continha notas de rodapé de Ricœur, que indicamos com a menção (PR), ou seja, Paul Ricœur; d) todas as notas sem menção devem-se ao editor, que portanto assume a responsabilidade por elas.

– Ao efetuar este trabalho, constatamos, como dissemos, importantes diferenças entre as traduções existentes, tanto

---

* As transliterações foram cuidadosamente verificadas – e, em alguns casos, corrigidas a partir dos textos gregos – por Beatriz de Paoli, doutoranda em Letras Clássicas pela Universidade de São Paulo, a quem agradecemos. (N. da T.)

para Platão como para Aristóteles (sobretudo para Aristóteles, cujos textos – e notadamente a *Metafísica* – apresentam dificuldades intrínsecas bem conhecidas); mas naturalmente mantivemos as traduções que Ricœur utilizou e que datam essencialmente da primeira metade do século XX. As que ele cita provêm em geral, para Platão, da coleção "Guillaume Budé" (a editora Les Belles Lettres começou a traduzir nos anos 1920 e 1930 suas *Œuvres complètes*) e, para Aristóteles, da tradução de Tricot publicada pela editora Vrin. Mas parece que às vezes ele consultou e misturou várias traduções (algumas das quais remontam ao século XIX). Em todo caso, no *Curso*, as citações (principalmente as da tradução de Tricot para a *Metafísica* de Aristóteles) nem sempre são reproduzidas literalmente por Ricœur (acontece também de ele resumi-las ou abreviá-las). Isso nos surpreende, mas ninguém estava obrigado, como hoje, a citar estritamente uma determinada tradução de um texto antigo que tivera numerosas. Entretanto, o centro de interesse para a interpretação poderia ser de importância – Ricœur teve plena consciência disso em seguida. A título de exemplo, às vezes indicamos em nota traduções especialmente divergentes – divergências devidas talvez à escolha de outra variante do texto grego. A verificação do original grego, que por sua vez teria levado a uma consulta às edições críticas, não tinha sentido no contexto desta edição.

O "Cours professé à Strasbourg en 1953-1954" certamente não tinha necessidade desses melhoramentos (puramente formais, mas úteis e mesmo necessários hoje) para permanecer o que é: uma das análises mais perspicazes de dois monumentos – quase contemporâneos e entretanto divergentes – da tradição metafísica. Haver reunido Platão *e* Aristóteles, nas rupturas *e* continuidades do segundo com o primeiro, e já enfatizando a função e a crítica da linguagem da metafísica, não é a menor de suas originalidades.

Jean-Louis Schlegel

OBJETIVO E PLANO DO CURSO

A intenção mais remota deste curso é fazer uma recapitulação dos fundamentos ontológicos de nossa filosofia ocidental, compreender sua intenção por meio da história de seu começo.

O objetivo mais próximo é compreender o alcance do debate entre Platão e Aristóteles, captar nele a origem de um ritmo de nossa filosofia. É banal dizer que esse ritmo é o de uma filosofia da essência e uma filosofia da substância. Isso é verdade em parte. Mas a verdadeira contribuição de Platão e de Aristóteles para a metafísica está mais além. Platão não é só o teórico das Formas ou das Ideias, mas também aquele que mais vigorosamente refutou um platonismo elementar e ingênuo que poderia valer-se da teoria das Ideias; a partir do *Parmênides* constitui-se uma ontologia de segundo grau que é o verdadeiro aporte de Platão à ontologia. Entretanto, será preciso entender bem o que chamaremos de ontologia de primeiro grau e identificar as razões muito fortes da teoria das Ideias, visto que, além do mais, a meditação sobre as ideias de ser e de não--ser não constitui uma renegação da primeira ontologia, e sim um questionamento de seus fundamentos. É por isso que nos deteremos inicialmente nessa primeira ontologia, cuja razão procuraremos numa justificação da palavra humana mais do que numa explicação da realidade; é nesse plano que se constitui a ideia de um "ser verdadeiro" (*óntos ón* = ὄντως ὄν)[1], que é precisamente a Ideia. A ontologia radical procede de um redobramento da questão do ser: o que é o ser desses seres, desses entes autênticos que chamamos de formas? Sob qual condição o ser é pensável? É essa ontologia crítica que nos ocupará na segunda parte.

Mas Aristóteles não é menos difícil e complexo: o simétrico aparente da essência platônica é a substância aristotélica. Entretanto, também essa filosofia da substância, que depressa demais é reduzida à da substância sensível, física, é considerada numa investigação do "ser enquanto ser". A *Metafísica* aborda a substância sensível apenas a partir dessa problemática radical, que estudaremos na primeira parte do Curso sobre Aristóteles. Mais ainda, o objeto da física é introduzido na *Metafísica* apenas como uma etapa entre a elucidação do "ser enquanto ser" e a determinação de uma substância suprema, de uma substância excelente, primeira; é esta última doutrina que se apresenta como a realização do programa da *Metafísica*. Vamos estudá-la na segunda parte desse mesmo curso. Assim, a ontologia aristotélica não é uma simples antítese do platonismo: a ontologia radical de Aristóteles tem com a de Platão uma relação muito mais sutil de continuidade e oposição; é isso que seria preciso compreender para dar o alcance verdadeiro à oposição demasiadamente simples entre uma filosofia da essência e uma filosofia da substância.

---

1. Lembrete (ver: Nota sobre a edição francesa, p. X): quando Ricœur coloca as duas grafias – o grego antigo e sua transcrição em alfabeto corrente ou, inversamente, a transcrição seguida da grafia em grego antigo –, a equivalência entre ambas é indicada pelo sinal =. Quando no texto existe apenas a grafia grega, remetemos para a nota com a transcrição em alfabeto corrente.

I
PLATÃO

PRIMEIRA PARTE
O "SER VERDADEIRO" OU A IDEIA

O tema desta primeira parte é o *índice ontológico* que Platão associou às Ideias ou Formas. É difícil voltar à origem do problema platônico; para isso é preciso esquecer a crítica de Aristóteles, que é conduzida do ponto de vista de sua própria filosofia: Platão teria atribuído às Ideias, que afinal de contas são apenas *atributos* possíveis das coisas, a dignidade de ser que por direito cabe aos *sujeitos* de atribuição, às próprias coisas existentes. Caso se comece assim, o platonismo aparece já de imediato como um grande absurdo que não é mais possível repetir como tal. É preciso esquecer, além da crítica de Aristóteles, a questão de Aristóteles, que é compreender o "porquê" (o *dióti* = διότι) das coisas existentes – portanto, explicar o real tal como ele é. É preciso deixar-se levar pelo estilo de interrogação propriamente socrático e ouvir a pergunta que *ele* nos faz, a fim de pôr à mostra tudo o que está envolvido em sua questão específica.

CAPÍTULO I
SIGNIFICAÇÃO DO *EIDOS* PLATÔNICO

A questão da essência nasce de uma pergunta formulada nos seguintes termos: "O que é X?", por exemplo, o que é a coragem? o que é a virtude? (cf., por exemplo, *Laques* 190 c ss.).

Primeira observação

O que está em questão numa pergunta como essa? A pergunta só surge com sua virulência interrogativa para um interlocutor que houver entrado pessoalmente numa espécie particular de mal-estar, não um mal-estar vital, mas um mal-estar de conhecimento: a mente já não se contenta com as respostas em forma de enumeração e, portanto, de coordenação (*Laques* 191 d: "não só... mas também"; "mas também... e... e..."); decepcionada com o "todo natural" das primeiras definições, submersa na coordenação dos aspectos ou das espécies, a mente exige a subordinação a uma característica dominante, a um gênero soberano.

Segunda observação

A essência se definirá por uma *função de unidade e de identidade* (*Laques* 191 e). A Ideia é *una* (*mía* = μία) e a mesma (*tó autó* = τὸ αὐτὸ). Temos uma ideia *una* em vez de múltiplos casos (cf. *Hípias maior* 288 a: *autó tó kalón* = αὐτὸ τὸ καλόν, traduzido por "belo em si", o que indica a permanência da significação de nossas palavras). É preciso uma mutação, um salto da mente, para passar do plano da enumeração para o plano do "mesmo", da extensão para a compreensão. É essa função que a palavra *eidos*[1] = εἶδος, ou *idea* (cf. *Eutífron* 5 d: "qual é a ideia de...") significa. Segundo Taylor, o termo teria uma origem geométrica e significaria o contorno de uma figura. Ross mostra que Platão buscou a palavra no vocabulário popular; nesse momento a palavra já está sobredeterminada: indica o contorno externo, mas também a estrutura interna (*Beschaffenheit*) de uma figura. A palavra *eidos* tem um sentido já semilógico (lugar de uma espécie numa classificação); é o aspecto que uma coisa qualquer assume[2].

A visão permanece na origem de todos os sentidos da palavra: *eidos* é a forma visível (cf. latim *forma*). Para Diès, há aí uma visualização do inteligível e o esboço das sucessivas sublimações do ver (a contemplação), uma transcrição platônica do visível para o inteligível. O próprio termo *eidos* é "capaz" dessa transposição.

Terceira observação

Já desde o início a questão do *ser* é subjacente à função de identidade da essência. O verbo "ser" já está presente: "o que é...?", "o que pode ser...?" (*Laques* 190 e). A pergunta comporta sempre o verbo "ser" (cf. *Hípias maior* 288 a); o verbo "ser" é afirmado duas vezes; as coisas *são* belas e elas *são*: "Se *existe* uma beleza em si, as coisas que dizes *serem* belas o *são* de fato", traduz Croiset[3]. O ser como existência já aparece como

---

1. O *Curso* acentua *eidos*, mas esse termo, que entrou na filosofia com a fenomenologia, é escrito sem nenhum tipo de acento.
2. Cf. W. D. Ross, *Plato's Theory of Ideas*, Oxford, Clarendon Press, 1951. (AC) [Lembrete: assinaladas pela indicação (AC), as remissões a comentaristas modernos de Platão e de Aristóteles no texto de Ricœur são dadas aqui em nota de rodapé, frequentemente com referências complementares.]
3. A tradução francesa de *Hípias maior* por Alfred Croiset para a editora Les Belles Lettres foi publicada em 1920.

fundamento do ser, como cópula: isto *é* belo, se o próprio belo *for*. É bem verdade que *Hípias maior* 292 c-e omite o verbo "ser" empregado absolutamente. A questão do ser da essência será em seguida como a questão redobrada da essência. A questão final do platonismo já é colocada no início, ou seja, nos dois empregos da palavra "ser". Podemos entrever o difícil problema: quais são as relações dos dois empregos do verbo "ser", como cópula e como existência absoluta? Todo o platonismo consiste em resvalar de um verbo "ser" pouco acentuado (e empregado num tempo pessoal) para um particípio (*ón* = ὄν), que o latim *ens* traduz; depois, para o particípio substantivado (passa-se do *ti ón* para o *tó ón*); e em seguida para a *ousía* (que Gilson traduz por "entência"*). Parece que essa série de equivalências está presente no platonismo já desde a origem (a *ousía* aparece em *Crátilo* 401 c). É possível permutar todas as funções da palavra "ser", como se vê no *Sofista* 246 a (*estí, ón, tó ón, eînai, ousía* = ἐστί, ὄν, τὸ ὄν, εἶναι, οὐσία).

Quarta observação

Qual é a *relação da essência com as coisas*? No início, o vocabulário platônico é muito flexível. Já no *Laques*, a relação da essência com as coisas é uma relação de *inerência* (192 a): a essência está *nas* coisas. A enumeração é retomada do alto e fundamentada na definição. A essência domina as coisas para reuni-las, para retomá-las. A intenção ontológica ainda não separa aqui a essência e as coisas: nos primeiros diálogos, essa relação de inerência é praticada, mas não é estudada; por isso o vocabulário platônico é hesitante: a essência está dentro, "em", através, *diá*. A identidade está presente *na* variação, a unidade circula *através* dos casos (*Mênon* 74 a, 77 a: neste, Platão é levado a dizer que ela é o *todo* das coisas múltiplas, que se tornará o "universal" aristotélico). Em todo caso, aqui ainda não se trata de uma relação de *imitação*. A relação de imitação, dominada pelo modelo matemático, aparecerá numa reflexão so-

---
* No original: "étance". (N. da T.)

bre as formas matemáticas, bem como sobre a inadequação da cópia com o modelo na ordem moral; ela substituirá a participação, a *méthexis*, que no início designa a relação inversa, a das coisas com sua essência. De fato, nos primeiros diálogos, a essência *é* nas coisas e, inversamente, as coisas *têm* a essência (*Mênon* 72 a) (a tradução francesa não respeita a construção da palavra *méthexis*, "participação", que significa "ter parte em"): é uma relação dialética entre o ser e o ter. O ser da essência é o ter das coisas. *Mênon* 72 c aproxima assim os dois verbos: aquilo pelo qual as virtudes *são* é o que elas *têm*. Seu instrumento de existência (esse "pelo qual" elas são) é seu ter essencial. No início do platonismo, o possível é possível *do* real e não o possível *como* real. O interesse do platonismo é primeiramente absorvido *pela função da essência com relação às coisas*; é por isso que inicialmente o verbo "ser" não é acentuado. Platão só insistirá sobre o ser *em si* quando enfatizar a imperfeição da relação da essência com as coisas, no momento em que destacar que as coisas *são apenas* semelhanças. Insistirá então na distância, e não mais na posse, entre as coisas particulares e as essências. Como o sensível "não tem" o inteligível, não poderá dá-lo, não poderá mais que "lembrá-lo", evocá-lo por "reminiscência". Haverá solidariedade entre a reminiscência como semelhança distante (e não mais implicação) e o conhecimento do inteligível.

Quinta observação

Já no início do platonismo a Ideia contém um certo *múltiplo*: embora unidade, ela se deixa *analisar*. Essa é justamente a condição da definição, que supõe que, se a ideia é *una* com relação a seus exemplos, é divisível com relação a suas características (*Laques* 192 b). A definição, enquanto substituição do definido (simples) pelo definidor (múltiplo), supõe que, já no início, a Ideia seja uma pluralidade articulada; portanto, nesse aspecto o *Sofista* não apresenta inovação. Encontra-se nos primeiros diálogos a fonte comum do problema platônico da "comunicação dos gêneros" e do problema aristotélico da hierarquia gênero-espécie. A comunicação dos gêneros significa que certas noções são afins entre si, e é essa afinidade que é atestada pela cópula. Uma definição é uma atribuição em que a cópula é omitida; o definidor comporta a atribuição sem o verbo "ser". Por outro lado, serão essas mesmas dificuldades que surgirão a propósito da definição e da comunicação dos gêneros.

Sexta observação

Já no início, o problema da definição está atrelado ao problema da *linguagem*, pelo *nome*. O que é titular da palavra? A função de unidade e de identidade da essência está inserida no nome. O problema da essência é o problema da justificação da linguagem; é o problema da crítica da linguagem[4], que ocupará o capítulo seguinte.

---

4. Cf. Brice Parain, *Essai sur la nature et la fonction du langage*, Gallimard, "Bibliothèque des Idées", 1943. (AC)

CAPÍTULO II
ESSÊNCIA E LINGUAGEM

O problema da essência é idêntico ao da linguagem, da denominação. A pergunta: "o que é a virtude, a coragem?" equivale a "o que *denominamos* virtude, coragem?". O problema platônico é um problema de fundamento, de crítica da linguagem.

1. Em que a essência é fundamento da palavra?
2. O que o ato de denominação nos dá a conhecer da essência?

1. Análise do *Crátilo*

No *Crátilo*, as teses são propostas, nos termos do conflito da época, entre a "natureza" e a "convenção". Essas teses são as de Crátilo e de Hermógeno: um afirma que a denominação é "justa" por natureza e o outro, que a denominação é uma "convenção" que se tornou habitual. A solução é ambígua: as duas teses são ao mesmo tempo aceitas e rejeitadas. A questão de saber se a linguagem é "por natureza" ou "por convenção" é um problema de origem sofística. Sócrates confronta as duas posições, mas não aceita nenhuma delas.

Mas ele vai transpor o problema do fato para o direito: qual é a *destinatio* da linguagem? É significar a realidade. A significação é o fundamento da denominação *justa*. Se a linguagem fosse justa, seria o veículo da essência. Na verdade, a linguagem não é fiel à natureza das coisas: segundo o mito do *Crátilo* (439 b), ela foi instituída por um "legislador bêbado[1]", aberrante, e porta a marca desse pecado original. Essa meia-volta, essa oscilação entre as duas teses, quer expressar a própria situação da linguagem: por um lado, ela é *signo* de realidade, mas ao mesmo tempo há o risco de ser um falso saber. A linguagem situa-se no plano do equívoco. A etimologia não pode ser a dialética, a ciência. Essa relação complexa de fidelidade e traição é da própria essência da linguagem. A filosofia não consiste em interrogar as palavras, e sim as próprias coisas. Deve-se notar que o termo "dialética" aparece aqui pela primeira vez no platonismo (439 a[2]). O verdadeiro saber remete-se das palavras para a realidade. O bom dialético é aquele que vai das palavras para a realidade, é o bom legislador. Fazer uma filosofia da essência é remeter-se da linguagem para a essência que a julga.

2. Quais aspectos novos essa relação ambígua entre a palavra e a essência revela na própria essência?

a) Primeiro aspecto: a essência é o que impede que tudo na linguagem seja invenção arbitrária.

Platão apoia-se na oposição, clássica em sua época, entre o que é "por natureza" e [o que é] "por convenção". Se a linguagem é convenção, ela tem uma história como obra dos homens. Mas não podemos fechá-la na história: a essência é o que impede que tudo seja convenção na linguagem. A linguagem vem ao homem sem que o homem possa sujeitá-la a seu arbítrio. A passagem do *légein* para o "lógos" significa que não se pode dizer não importa o quê. A tese da convenção, de um deslocamento temporal das significações, apresenta-se em constante ligação com a tese ontológica do devir universal. É por

---

1. "Bêbado" não está na tradução de Émile Chambry, GF-Flammarion, 1967, p. 471. Os nomes teriam caído "numa espécie de turbilhão" e nele teriam "se confundido".

2. O "legislador dialético" não aparece aqui, e sim em *Crátilo* 390 c.

isso que em sua primeira parte o *Crátilo* ataca, antes do *Teeteto* mas como ele, a tese de Protágoras do "homem-medida de todas as coisas" e contrapõe-lhe a *ousía*, medida da linguagem. É uma das primeiras vezes (com *Eutífron* 11 a) que o ser é nomeado na forma substantiva da *ousía*; a intenção do substantivo é antissubjetivista: "Pensas que a *ousía* é própria de cada um?" Ora, o homem seria a "medida de todas as coisas" se a linguagem fosse apenas convenção (385 c). A *ousía* é a medida da linguagem: o homem, gerador de significações, é ele próprio medido pelo ser das significações (383 d). O debate sociológico natureza-convenção torna-se o debate ontológico ser-aparecer. O *dokeîn* é a medida do homem, da convenção (cf. a ligação linguagem e aparência em 386 a-c). Mais adiante, em 386 e, Platão define um ser para si, um realismo das significações. O *problema da essência* é o problema de uma linguagem absoluta, de uma linguagem "justa[3]". Estaríamos diante do "nome em si" se pudéssemos "ver" as significações (*Crátilo* 389 d); é o que faz o legislador da verdadeira linguagem, "com os olhos fixos no que é o nome em si" (*ibid.*); esse legislador ideal seria precisamente o dialético.

Estamos assim na raiz do *realismo das significações* (enunciado em 386 e). De fato, uma das fontes da ontologia das essências é a recusa do subjetivismo e do historicismo da linguagem. A essência é identificada com o ser, a convenção reduz-se ao aparecer. A linguagem convencional, portanto, é o parecer. Ross afirma que Platão se interessa pela existência absoluta apenas a propósito das essências matemáticas devido à dissemelhança entre modelo e cópia que se introduz com elas. Mas a realidade da essência aparece já no início, por causa do problema da linguagem. Se Platão foi levado a dizer que a essência preside as coisas (*Fédon*), é por haver dito que a essência preside as palavras (*Crátilo* 439 a). Se Platão diz que as coisas imitam as essências, é porque a linguagem imita as realidades. O problema da imitação foi levantado primeiramente a propó-

---

3. Cf. Edmund Husserl, terceiro *Étude logique*: ideia de uma gramática absoluta que seria a lógica. (AC) [*Recherches* (e não *Études*) *logiques* está traduzido para o francês na coleção "Épiméthée", Paris, PUF, 2002.]

sito da linguagem. Portanto, seria preciso ir às próprias coisas evitando as palavras, passar da cópia "verbal" para o modelo "real". Talvez seja uma das fraquezas do platonismo apresentar os signos da linguagem como pinturas, imitações, com relação às realidades em si, que é preciso tentar alcançar saltando por cima das "sombras", das quais as palavras são uma espécie. Esse caminho é o trajeto da caverna: a primeira sombra é a palavra. Porque Platão partiu da linguagem, toda sua filosofia da essência está marcada por ela. O sentido preexiste à palavra; assim, o sentido é a primeira preexistência, a primeira transcendência do ser no aparecer. Pode-se acrescentar que o problema da contemplação do modelo e da imitação tem origem no problema do fundamento da linguagem, visto que o legislador ideal "olha" as coisas para as "imitar" nas palavras (439 a). Daí a ideia, quimérica sem dúvida, de também nós considerarmos os modelos diretamente, sem as cópias – portanto, de irmos *às próprias coisas, sem as palavras* (439 b). Como a filosofia das essências porta a marca desse ponto de partida linguístico?

b) Segundo aspecto: esse acesso ao problema da essência por meio da linguagem tem uma consequência inversa: toda a filosofia da essência porta a marca desse ponto de partida linguístico (Aristóteles, *Metafísica* A[4], cita Crátilo como o primeiro mestre de Platão).

Em Platão o ato fundamental da fala não é o ato de relacionamento, e sim o ato de *denominação*, o ato de discriminação da realidade, que consiste em definir para as coisas um contorno verbal. Originariamente, a reflexão platônica trata não do juízo, e sim do conceito. Além disso, falar é querer dizer alguma coisa a alguém: a linguagem implica uma intersubjetividade. Portanto, é ao mesmo tempo instrumento que instrui e que discrimina; pela linguagem "nós nos instruímos mutuamente e distinguimos as coisas de acordo com sua natureza", é dito em 388 b; mas em 387 c a denominação, ou seja, a discriminação, antecipa-se à instrução de outrem; também a lin-

---
4. 987 a 30.

guagem só pode ser dirigida a outrem porque se refere primeiramente às coisas. Distinguimos primeiramente as coisas por sua "natureza" (*Crátilo* 387 c, 388 c). O falar é uma "práxis" que se refere às coisas (πράγματα[5], 387 c); e o que dá às "coisas" uma "natureza" é sua *ousía*. A consequência é importante para toda a ontologia platônica. O ser é *essencialmente* descontínuo; ele se dá de imediato em realidades múltiplas, em ser*es*, no plural. Por causa dessa reflexão sobre a linguagem, a partir daqui Platão se afasta de Parmênides, para quem o não-ser é impensável porque o ser é *uno*. Em Platão ele é imediatamente um plural[6]. A ontologia platônica é uma ontologia pluralista: porque há palavra*s* há ser*es*, no plural (*ta ónta*). Por isso mesmo, o platonismo é uma filosofia empenhada numa reflexão sobre a relação dos seres entre si. Cada ser é o que ele é, mas não é todo o restante. O ser e o não-ser são duas categorias que se implicam: o ser é o que ele *é* e, ao mesmo tempo, não é os outros seres. Parmênides, ao contrário, havia afirmado a identidade entre o Ser e o Uno. Platão já no início fica mais perto do chão. Uma ontologia pluralista é uma ontologia relacional. Segundo Diès, a filosofia de Parmênides comportaria um único cume, ao passo que em Platão discernimos "uma série de cimos descontínuos (o Belo, o Verdadeiro etc.): os "verdadeiramente entes". Assim, o platonismo é a investigação de um campo pluralista de significações: a ontologia é definida como exploração de uma paisagem na qual há coisas para ver, uma "planície de verdades". As leis da essência estão implicadas nesse pluralismo:

— Lei de determinação distinta: pensar é primeiramente *separar*, dissociar, reconhecer uma coisa como não sendo as outras realidades. Filosofar é reconhecer o contorno de um conhecimento na medida em que não é um outro. Nesse sentido, o platonismo vai contra o kantismo, para o qual pensar é ligar, recuperar na unidade uma multiplicidade de aparências. Para Platão, pensar é separar antes de ligar. Nesse sentido, o pro-

---

5. Ler: *prágmata*.
6. Cf. Auguste Diès, *Autour de Platon. Essais de critique et d'histoire*, "Bibliothèque des archives de philosophie", Beauchesne, 1927, t. II, p. 476. (AC)

blema platônico é análogo ao problema cartesiano da clareza, que só é completa na distinção, a qual consiste em pluralizar um campo inicialmente confuso (cf. *Crátilo* 386 e). Trata-se aqui de "cada ser": a denominação é o ato distributivo que faz com que haja o "cada um", que cada realidade tenha sua natureza – cf. *Fédon* 78 d, *República* VI 490 b, VII 532 a, VI 476 a.
– Segunda lei: o problema do ser, no singular, não é mais passível de definição. O platonismo situa-se primeiramente no nível do ser determinado e, portanto, no nível de uma pluralidade organizada de significações. As ideias são conquistadas como seres; então é preciso indagar qual é o ser dessas ideias, desses entes. O ser é indefinível; o problema do ser é o mais obscuro de todos. A suposta primeira evidência de Parmênides torna-se então a última evidência. A igual obscuridade do ser e do não-ser é a contraparte desse princípio de distinção. O ser (no singular) é aquele que não pode ser pluralizado, que é participado pelas* ideias, pelos seres supremos que circulam através dos gêneros. Não será mais o ser *como* ideia, e sim o ser *da* ideia.

Conclusões dos capítulos I e II
1) A função de unidade e identidade da ideia é por fim o corolário de um princípio mais fundamental: o princípio de determinação das essências. Ele confere, no platonismo, uma espécie de individualidade às essências. O *auto* é o *ipse*, o em--pessoa, que faz toda essência ter um contorno que justifica seu título de *eidos*.

2) A oposição epistemológica ser-aparecer e a oposição física ser-devir coincidem já no início, porque coincidem na linguagem: o aparecer das palavras é o devir da linguagem. Dizer "as coisas são como aparecem para mim" e "as coisas são fluentes" é a mesma coisa. Platão sempre conduziu um só

---

* Assim como nosso "participar", o verbo francês "participer" é transitivo indireto (participer à); portanto, normativamente tanto um como o outro não admitiriam a voz passiva utilizada por Ricœur e pela tradução nesta e em várias outras passagens do *Curso*. (N. da T.)

e único processo contra Protágoras e Heráclito. E é o "legislador bêbado" que faz coincidir "o homem-medida de todas as coisas" e o "tudo flui"; é ele que dá a falsa medida do homem para a aparência do ser, porque ele próprio é errante e aberrante. É por isso que, em compensação, a essência dependerá de unidade e de identidade: com relação a Heráclito, a essência introduz uma trava de segurança, impede que as coisas se desloquem (*Crátilo* 439 d-e). O heraclitismo é para Platão a filosofia do "nariz-que-escorre", do catarro (440 d), uma filosofia ranhosa. As coisas escapam da mudança porque têm uma determinação distinta.

3) A linguagem mantém de reserva uma outra linha de reflexão: sobre as *relações*. É a investigação da linguagem que dá unidade ao que se julgou serem duas filosofias diferentes. A fala é denominação, mas também frase (nome-verbo). A linguagem é o primeiro "entrelaçamento"[7] (*Sofista* 262 c) entre o nome e o verbo. Uma investigação das relações está implicada na investigação da linguagem. O pluralismo das significações comportava uma reflexão sobre o princípio de determinação distinta; em contrapartida, a relação nome-verbo pede uma reflexão sobre as *implicações* e *exclusões*.

Em sua primeira fase, Platão insistiu principalmente na discriminação das significações, na relação do sensível com a essência homônima: como as coisas belas mudam, enquanto o Belo permanece? A inter-relação das coisas surge em seguida como um problema mais importante. Mas bastava deslocar a atenção para fazer surgir em primeiro plano o problema da relação das essências, pois a investigação da linguagem mantinha unidas as duas faces do platonismo.

---

7. "Combinação", na tradução de Émile Chambry, Paris, GF-Flammarion, 1969, p. 131.

CAPÍTULO III
A CIÊNCIA E A ESSÊNCIA

I. A "opinião" como negativo da ciência

O objetivo dos quatro capítulos seguintes será elucidar as relações entre a ciência (*epistéme* = ἐπιστήμη), a verdade (*alétheia* = ἀληθεῖα) e o ser. Está em causa saber em quais atos da alma e em quais métodos de conhecimento a essência, o ser são apreendidos. À primeira vista, esta investigação não deveria informar-nos nada, porque em Platão a ciência nunca é definida por critérios subjetivos (critérios de certeza, de eficácia, de duração, de resistência à dúvida etc.), e sim sempre por seu objeto (o problema cartesiano da certeza não figura no platonismo). Os critérios subjetivos nunca são primordiais: porque o objeto permanece, a ciência permanece (cf. *Mênon* 98 a, *Fédon* 66 a, 98 a, sobre a necessidade e a permanência, na alma, da ciência). Os critérios psicológicos da ciência são apenas a sombra que as correspondentes características primeiras da essência portam na alma. Mais ainda, não há um critério epistemológico: a definição da ciência não parte da reflexão sobre "as" ciências existentes; ao contrário, as ciências da época são avaliadas por um padrão absoluto, "a" ciência (cf. *Teeteto* 146 d). Há uma dificuldade em alcançar a unidade, "o que é em-si a ciência". Platão trata o problema da unidade da ciência como tratou o da unidade da virtude. Assim como as palavras humanas têm de referir-se às palavras em si, a ciência é definida de imediato pela pureza de seu objeto (*Fédon* 66 a-67 b:

"saber" é "ser puro" e é apreender o que é "puro"; aqui o puro significa "sem mistura"). A ciência é definida pelo ser, e não o inverso. O texto mais claro a respeito disso é o da *República* V 476 d-fim[1]: "A ciência, que versa sobre o ser, tem como objeto o que é." Entretanto o exame dos atos nos quais se dá a ciência vai instruir-nos sobre o ser de um modo inesperado após essas declarações de princípio.

Primeira surpresa

Platão passa muito tempo dizendo o que a ciência não é. A estrutura de fracasso, a forma aporética de um diálogo como o *Teeteto* parecem indicar que a ciência é o que falta aos conhecimentos humanos percorridos nesse diálogo (à sensação e à opinião, à opinião reta e à opinião acompanhada de raciocínio). A investigação platônica sobre as essências sempre assume um aspecto crítico: a "caça" às essências é uma caça que não parece ser bem-sucedida. O mesmo acontece em Kant, em que o ser é o que veríamos *se* tivéssemos a intuição originária. Essa característica nos dá um primeiro grupo de análises: a abordagem totalmente negativa da ciência pela crítica e pelo fracasso.

Segunda surpresa

Vista pelo ângulo do objeto, a ciência pareceria comportar apenas um único contrário: a ignorância. Se a ontologia nos força a pensar por meio de contrários, a ciência nos força a colocar intermediários: ela só se dá nesses intermediários, que são a própria condição da alma em movimento entre dois limites que ela nunca alcança: a ignorância e o saber total. Há um intermediário *que não pertence à ciência* e tem um estatuto particular: é a opinião reta. A questão é saber se há um objeto da opinião reta.

---

1. Ou melhor: Livro V 477 b-fim.

Terceira surpresa

Outro intermediário, que está *na* ciência sem entretanto ser *a* ciência absoluta, é a matemática. Qual é o estatuto ontológico da matemática? Segundo os livros VI e VII da *República*, a matemática é uma etapa obrigatória na purificação do filósofo, sem que seu objeto seja ele mesmo verdadeiramente um intermediário entre o ser e o não-ser.

Quarta surpresa

Colocar o problema do termo derradeiro da ciência é colocar o problema da contemplação (*theoría*). Seria ela um ato efetivamente dado ao homem? Seria mais que um simples limite, uma espécie de horizonte para a ascese do conhecimento? O problema da transcendência da essência no platonismo é o problema da ligação entre a essência e a morte.

A ciência como o que falta aos conhecimentos humanos.
Análise da Carta VII e do Teeteto

a) A *Carta* VII, cuja autenticidade é hoje indiscutível, propõe uma escala do saber que difere muito sensivelmente da escala proposta no *Teeteto* e nos livros VI e VII da *República*. O que mais importa na carta é a grave advertência que acompanha essa análise dos graus do saber: é um severo alerta contra as pretensões do tirano filósofo que se julga o filósofo no poder. Dionísio de Siracusa havia escrito um catecismo vagamente platonizante. Platão escreve essa carta para denunciar a impostura da operação Dionísio, que consiste em fazer crer que para ser filósofo basta tagarelar sobre as essências, "platonizar". O sentido da *Carta* VII é denunciar uma armadilha da filosofia das essências: a filosofia não é uma tagarelice anti-heraclitiana sobre as essências. A filosofia é difícil, sempre exige um esforço, um sacrifício. A essência não é o mais próximo, e sim o mais distante. Essa carta, que envolve uma moral do conhecimento, tem a mesma ênfase que o último escólio da *Ética* de Espinosa: "Tudo o que é belo é tão difícil quanto raro." O tempo da verdade é um tempo que tem sua própria maturação, seu próprio ritmo, e que é muito diferente do tempo da indústria, em que sempre se pode abreviar um processo de fabricação. Os sofistas fizeram crer que a educação filosófica era uma técnica como as outras, que se pode acelerar ou facilitar. É uma disciplina que tem mais parentesco com a purificação dos mistérios do que com a técnica dos artesãos: a essência é sempre a "via" longa. A linguagem platônica é aqui a mesma que a dos pitagóricos, de Parmênides: a filosofia é uma via, uma viagem. A grande distância até a verdade é uma primeira razão para multiplicar os graus de saber: o tema dos intermediários é introduzido a título de progressão ascética. Cada estágio só está ali como um negativo: ainda não é a verdade.

A *Carta* VII (342 a-344 d) enumera quatro estágios, quatro graus do conhecimento: o nome, a definição, a imagem, a ciência. A *ousía* só vem em quinto lugar; é "alguma coisa quinta". O *Crátilo* havia nos alertado contra as pretensões da etimologia, que é uma pseudociência: a definição, que figura aqui no segundo grau de conhecimento, não é aquela que os diálogos socráticos procuram; quando a ciência está num manual, a definição cai muito baixo, é apenas uma paráfrase do nome; é incapaz de ganhar impulso com relação ao verbalismo, permanece como uma exegese da palavra no interior do verbalismo. Portanto, a essência não é a definição nem a imagem (que Kant chamará de "construção"). O "círculo em si" é muito diferente da definição ou da imagem do círculo. A ciência é vista "na alma"; é puro ato de pensamento e não tem suporte verbal ou figurativo (material); a ciência está no *noûs*. Aqui a ciência tem uma "afinidade", uma "similitude" com a essência, é sua "congênere" (cf. *Fédon*, homogeneidade da alma com as ideias). A ciência é uma maneira de fazer-se[2] em conformidade com o ser. A essência é antes aquilo para que a ciência tende, aquilo com que ela vai confinar. Trata-se aqui de um limite de apro-

---

2. "Se faire" [fazer-se]: *sic* no texto de Ricœur e certamente, devido ao contexto, a leitura correta.

ximação, de um limite de ascese. A essência, portanto, é remetida para o término extremo da "caça".

b) É a partir dessa *Carta* VII que podemos compreender o estilo de fracasso do *Teeteto* como negativo da ontologia do saber[3]. Por que aqui a ciência é definida indiretamente, por meio de tudo o que não é ela? No *Teeteto*, a ciência é primeiramente a arte de refutar as falsas ciências. A ciência apresenta-se assim como um limite ou como a colocação de um limite, um alto-lá dirigido a toda filosofia do imediato. É assim que ela está presente lacunarmente, presente-ausente em todo o diálogo. Ela é a crítica do primeiro imediato, do "todo natural", no sentido husserliano, que abrange a sensação, a opinião e mesmo "a opinião verdadeira acompanhada de razão". A discussão mais longa trata da sensação, que é objeto de uma crítica enorme: tudo se decide na primeira parte do *Teeteto*. A verdade deve sempre ser reconquistada por uma crítica, por uma refutação do empirismo. É um modo de recomeçar sempre pela dúvida que mais aproxima Platão de Descartes. "O que é assegurado não é seguro." É preciso recuperar o ser por uma crítica do fenômeno e do fenomenismo. Qual é a peça de resistência do fenomenismo? É a mesma fórmula do *Crátilo* atribuída a Protágoras: "O homem é medida de todas as coisas."

Mas o ângulo de ataque não é mais o mesmo: enquanto no *Crátilo* Platão ataca o lado subjetivo, o "a cada um sua verdade", ou "a verdade própria de cada um", no *Teeteto* ele critica a evidência do parecer, a evidência do sentimento de percepção ("aquele que sabe sente o que sabe", 151 e). É o *aisthánomai*[4] que é atacado. O princípio da refutação baseia-se na identidade das três teses: o homem-medida em todas as coisas (Protágoras), o mobilismo ontológico (Heráclito), a ciência-sensação (Teeteto). Quanto ao andamento dessa refutação, Platão emprega uma estratégia de discussão que consiste em concordar inteiramente com a tese empirista e radicalizá-la até que se

---

3. Cf. Goldschmidt [o título do livro de Victor Goldschmidt não está indicado, mas sem dúvida se trata de *Dialogues de Platon*, cf. adiante, p. 25, nota 6].

4. *Aisthánomai*: "perceber pelos sentidos ou pela inteligência".

torne insustentável. Esse processo de autodestruição consiste em conduzir a tese empirista para a hipótese mobilista e esta para seu fundamento, que é a indeterminação, a ausência de contorno da verdade, que fará com que não haja *eidos*. Se alguém disser: "é verdade isso que penso", é preciso dizer que o sentimento está no instante; ele é definido por seu próprio surgimento, pelo "aqui-agora" (*lebendige Gegenwart*[5], em linguagem husserliana). Temos um presente variável para um sujeito sempre novo. Ora, para Platão uma filosofia do agora não é possível. O encontro, também móvel, entre o agora do objeto e o agora do sujeito torna impossíveis os atos humanos fundamentais ao arruiná-los na indeterminação. Assim, a discussão é impossibilitada: como discutir, contestar, se todos os apareceres têm um mesmo direito? Além disso, não se pode mais legiferar: há uma indeterminação do justo e do injusto (177 c-179 d). O momento mais crítico é o da crítica da "impressão": o *páthos* "é o que sofro cada vez no presente" (179 d). Se levarmos a sério a impressão, percebemos que é um não--pensamento. O argumento principal é apresentado em 181 c-183 c: a indeterminação afunda no não-pensamento e o indicador dessa impossibilidade de pensar é a impossibilidade de um ato de denominação – impossibilidade mais ruinosa que a da discussão ou a da legislação. Já não posso sequer dizer que a ciência é a sensação, pois a indeterminação de meu pensamento me permite afirmar ao mesmo tempo o contrário, 183 a-b: a sensação é "tal e não-tal", "ciência e não-ciência". Isso significa que o empirismo é uma filosofia necessariamente muda. O fim do *légein* é o fim do *lógos*. Para Platão, o pensamento do movente é o próprio absurdo enunciado numa não-fala, num não-pensamento. Assim, temos nessa discussão o decalque negativo do princípio de determinação distinta a que havíamos reduzido a filosofia das essências. É o princípio que está subentendido no argumento que identifica a indeterminação com uma não-fala e um não-pensamento. Uma crítica puramente sociológica, que se limita a criticar a fixidez da linguagem em razão de sua utilidade social e pragmática, permanece

---

5. Literalmente: "presente vivo".

na superfície do problema. Para que haja um "alguma coisa" é preciso um determinado: para que se possa pensar, é preciso que haja uma discursividade do real que permita determinar um algo (é o que Kant chama de síntese de identificação, *erkennen*, *wiederkennen*, reconhecimento de um sentido que subsiste em seu próprio curso. Também Husserl).

A astúcia, a ironia de Platão é não dar a palavra final[6]. O diálogo desenrola-se até o fim nesse clima da opinião, opinião reta, opinião com razão; o restante do diálogo consistirá em aplicar um "sobrepujamento por aposição" (acrescenta-se apenas o epíteto "reta", depois "racional") e não um "sobrepujamento por conversão". O que é essa razão acrescentada à opinião? Ao atacar, no final do *Teeteto*, a opinião verdadeira acompanhada de razão, Platão visa o positivismo lógico que vê na razão uma função formal de síntese: seria uma espécie de razão escondida na percepção. O que falta nessa tese é a própria presença do ser (187 a), pois "a alma é um trabalho a respeito do ser"[7]. Uma certa racionalidade ainda não é a ciência. O mesmo vale para a crítica do segundo gênero de conhecimento em Espinosa: ainda é um conhecimento por ideia geral, e não por essência singular. Não é "a fruição da própria coisa", como diz o *Breve tratado*.

Assim, a verdade do ser é perseguida inutilmente ao longo do *Teeteto*. Entretanto, o fracasso do *Teeteto* não é total: curiosamente, é no meio do diálogo (185 a-187 a) que Platão nos dá a chave: o conhecimento verdadeiro da alma é o conhecimento dos *koiná*, dos "comuns"[8]. Esses comuns nos levam de volta à essência com seu *peso ontológico*, pois comportam o "isso é" na medida em que o *estí* e o *ouk estí*[9] estão essencialmente presentes neles. "Queres falar da *ousía*[10] e do *não ser*, da semelhança e [da] dissemelhança, da identidade e da diferença, da unidade enfim e de qualquer outro número concebível a respeito

---

6. Cf. Victor Goldschmidt, *Les Dialogues de Platon, structure et méthode dialectique*, Paris, PUF, 1935. (AC)
7. A referência a 187 a, com a citação que a acompanha, não parece exata.
8. Trad. Diès. (AC)
9. *Estí*: "é"; *ouk estí*: "não é".
10. Portanto, neste contexto a tradução de *ousía* é "ser".

delas..." (185 c). E pergunta-se: "Pode chegar à verdade aquele que nem mesmo chegar à *ousía*?"(186 c). "E, no caso de não se chegar à verdade, se poderá jamais ter ciência?" (*id.*). Assim, o ato em que a ciência se realiza e a verdade da ciência é "o ato pelo qual a alma se aplica sozinha e diretamente ao ser dos seres" (187 b). Quanto ao ser, "o ser é o que, em todos os gêneros, tem a extensão maior"[11] (186 a, cf. *Sofista*). O ser não é uma determinação, e sim o que circula através das essências, das determinações. Mas será isso uma resposta? A identidade verdade-ser é proposta aqui como *tarefa* do conhecimento, é uma daquelas coisas "que a alma se esforça por alcançar ela mesma e sem intermediário" (186 a). É por isso que o *Teeteto* não está ansioso por resultar bem (cf. 186 c). Festugière diz: "O *Teeteto* não nos dá a fruição do ser, mas o trágico do ser."[12]

Por que o *Teeteto* não está ansioso por resultar bem? A chave está no retrato do filósofo (172 c-177 c), que é a contraparte da apologia de Protágoras, na qual se introduz obliquamente: é uma resposta existencial e não dialética, em que o tema do fracasso é introduzido como sendo da própria essência da filosofia.

Esse retrato do filósofo constitui uma espécie de postura no centro do diálogo e ao mesmo tempo nos revela a verdadeira intenção deste. É a contraparte do retrato de Protágoras, que caracteriza não só uma tese mas também um estilo filosófico: o sofista é o habilidoso, aquele que se compraz com o absurdo, que "pesca em águas turvas"; o sofista está à vontade no mobilismo universal; no caso de não haver mais diferença entre o verdadeiro e o falso, ele se contentará com um critério de saúde e de utilidade; não mudará as opiniões, que se equivalem todas, inverterá os "estados" prejudiciais, como um médico cujos discursos fossem os remédios.

A verdadeira refutação de Protágoras é a apologia do filósofo, e não o argumento refutativo, [uma] espécie de "teste-

---

11. Tradução de Chambry na edição GF-Flammarion: o ser "é o que é mais comum a todas as coisas" (*op. cit.*, p. 127).
12. Sem referência no *Curso*. Sem dúvida se trata do livro citado mais adiante (p. 58, nota 12): *Contemplation et vie contemplative selon Platon*.

munho" que conflui com o tom da *Carta* VII. O tom desse retrato do filósofo é de um grande pessimismo, de uma grande amargura. É o processo da mundanidade. O sofista está à vontade aqui embaixo, é o homem da situação de urgência, como o político (172 e). O filósofo, ao contrário, é o homem da paciência, dos longos rodeios; mas, por isso mesmo, nos assuntos humanos ele é inoportuno, desadaptado (cf. Górgias, o filósofo "de cara antipática"[13]). *O otimismo da verdade está ligado a um pessimismo da vida*: "É impossível o mal desaparecer, Teodoro" (176 a). É por isso que a filosofia é não só uma "via", uma "ascensão", como dirá a *República*, mas também uma "fuga", uma "evasão". "Daqui debaixo para lá em cima evadir-se o mais rápido possível." A evasão consiste em "assimilar-se a Deus na medida do possível". Ora, a pessoa assimila-se tornando-se justa e santa na clareza do espírito (*metá phronéseos*). Portanto, o êxito filosófico no plano das ideias está ligado a um fracasso no plano da vida: é preciso não esquecer que a filosofia está ligada a uma conduta de fracasso. Estará Platão tão longe da ontologia negativa de Kant? Pois também em Kant o incondicionado é o que a razão coloca para limitar as pretensões da sensibilidade; a crítica de Protágoras prenuncia o mesmo movimento. A respeito disso surge um problema importante e duplo:

– com relação a *Platão*: há nele uma marca de uma intuição verdadeira nesta vida? Há um segundo imediato, ou a *theoría* é apenas a esperança mais longínqua, ligada à dupla "cifra" da reminiscência e da morte?

– com relação ao *platonismo*: o platonismo atravessou a história como uma filosofia da contemplação. Ora, foi o neoplatonismo que afirmou que a alma pode fazer-se *noûs* e encontrar sua apoteose na união com a essência. Essa apoteose da alma na verdade da essência é o verdadeiro platonismo?

---

13. Aspas acrescentadas pelo editor francês.

CAPÍTULO IV
A CIÊNCIA E A ESSÊNCIA

II. A opinião reta como "intermediário"

A opinião reta é um intermediário do conhecimento verdadeiro em Platão? O *Mênon* é por excelência o diálogo da opinião reta. A questão de saber se a opinião reta é um intermediário entre a insciência e a ciência equivale a indagar se o *Mênon* é um diálogo aporético ou um diálogo finalizado. Como vamos ver, a despeito da resposta positiva sobre a opinião reta, é um diálogo que fracassa com relação à ciência.

a) Introdução da noção de opinião reta no Mênon, pela "aporia"

Um diálogo de Platão sempre deve ser considerado em sua unidade dramática. No fim da primeira terça parte do *Mênon*, a noção de opinião reta é trazida como uma resposta a uma longa investigação que é um fracasso: a opinião reta surge como uma réplica da alma a uma situação de fracasso. A primeira questão do *Mênon* é a seguinte: a virtude pode ser ensinada? Este é um problema característico da época; a questão equivale a indagar: há uma moral em forma de saber transmissível? (cf. *Mênon* 72 c, 74 a, 77 a). São três tentativas que resultam em três fracassos; a terceira é uma tentativa de definir a virtude pela justiça. É nesse momento que Sócrates é comparado com a arraia-elétrica, que entorpece todos que toca (80 a-c). Sócrates então declara: se causo embaraço, é porque eu mesmo estou embaraçado. É com relação a esse ponto morto da discussão que surge a questão da opinião reta.

b) A guinada da "aporia" para a "procura"

A opinião reta aparece na primeira vez em ligação com a ideia de procura: "Como procurar uma coisa que não sabes absolutamente o que é? E, supondo que a encontres, como a reconhecerás?" (80 d). A análise começa com um embaraço, uma *aporía*, que não é uma ignorância inerte. A *aporía* é uma ignorância orientada, uma ignorância plena. No embaraço há como um pressentimento do que deve ser procurado (cf. a expressão "estava na ponta da língua": é como um reconhecimento em negativo daquilo que se procura). O problema levantado é o do pré-saber, da pré-ciência. Platão sempre liga à alma dois atributos: o embaraço e a procura (a que correspondem os verbos *aporeîn* e *zeteîn*). O tema da reminiscência aparece pela primeira vez no *Mênon*. Serve precisamente para elucidar de modo mítico esse estado da alma que é *visitada* pelo pressentimento do verdadeiro. Platão quer destacar esse estado de fervor, de entusiasmo da alma que descobre o verdadeiro sem ainda poder explicá-lo. A opinião reta é muito mais que uma "hipótese" (no sentido moderno da palavra), uma hipótese que seria verificada em seguida. Em Platão, o nascimento da hipótese está aureolado de uma atmosfera irracional e quase mística. O problema da opinião reta corresponde em Platão ao problema do começo do advento do verdadeiro numa alma, ao problema do "crescimento" da verdade, que começa e termina subjetivamente, embora em si mesma não comece nem cresça. O terceiro verbo é *manthánein*, aprender; é o que Platão chama de reminiscência. Antes mesmo que a reminiscência seja uma revelação da anterioridade da alma a seu corpo (81 d), ela representa o surgimento (*Ursprung*) da verdade numa alma. Com essa noção de trabalho da alma, estamos diante de um intermediário psicológico ambíguo entre saber e não-saber.

c) O reconhecimento do verdadeiro

Mas a opinião reta é mais que isso: ela vai ser o poder de *reconhecer* o verdadeiro antes de prová-lo. Esse é o sentido do famoso episódio do escravo, cujo sentido se desnatura caso se diga que o escravo descobre sozinho a geometria, como Pascal quando criança, e resolve sem auxílio o problema da duplicação do quadrado. Se examinarmos de perto a inquirição do escravo, descobrimos que seu resultado é muito mais modesto. Qual será o andamento dessa interrogação? É preciso observar que o escravo não estuda geometria. O que está em jogo nessa passagem é mostrar que o escravo é capaz de participar da inquirição e responder corretamente sem o emprego de um argumento de conhecedor (82 b). É uma forma de aprender de si mesmo bastante semelhante à luz natural de Descartes. Quando o escravo se enganou uma primeira vez (em 82 e), Sócrates observa para Mênon: "Estás vendo que me limito a interrogá-lo", "não estou lhe ensinando nada". A opinião reta é a participação na inquirição, a capacidade de ser um respondedor: a opinião reta está essencialmente ligada a um diálogo; o escravo é tratado como discípulo, não como coisa, e, nessa condição, toma parte numa inquirição que contém tentativas e erros. É por isso que a procura comporta duas pseudossoluções, sugeridas pelo fluxo das palavras (o "dobro", ou então "a meio caminho"). Em 84 a-b o escravo está embaraçado, mas esse embaraço não é puramente negativo: Sócrates diz que, se o escravo não sabe, pelo menos não julga que sabe.

Mas é Sócrates, e não o escravo, que indica o meio de encontrar a solução, que consiste em dividir cada quadrado por sua diagonal. A opinião reta não é capaz de fazer uma matemática, mas possibilita a participação por inquirição na resolução de um problema. O problema levantado aqui é o da *espontaneidade* da descoberta (85 d), no sentido de que o escravo reconhece a verdade como uma dimensão de sua própria alma – como "interior" a si mesmo – e não como fruto de um ensinamento "externo". Platão relaciona uma última vez essa espontaneidade com a noção de "procura" (86 b-c): "a existência da verdade na alma" (86 b) significa que é "possível procurar";

mais ainda, Sócrates fala de um "dever de procurar" (*deîn zeteîn* = δεῖν ζητεῖν) que deve incitar-nos a deixar de lado a preguiça. O próprio Platão reduz seu mito da reminiscência a um incentivo ao esforço: a pessoa pode encontrar (*heureîn* = εὑρεῖν) a verdade, porque a possui em si. A opinião reta é a verdade como "achado".

Estamos agora em condições de responder à pergunta inicial: em que sentido a opinião reta é um intermediário da ciência?

d) Relações entre a opinião reta e a ciência

Três aspectos caracterizam a opinião reta com relação à ciência.

– Não é um grau de saber ao qual correspondesse um grau de ser; é apenas um intermediário *psicológico*, cujo sentido fica evidente se considerarmos que a própria alma é um intermediário. Essa noção de opinião reta faz parte não de uma epistemologia, e sim de uma pedagogia ou de uma "psicogogia", como diz Robin. A opinião reta é o devir da ciência na alma (85 c).

– Uma nova função vai surgir quando voltarmos ao problema deixado em suspenso, ou seja, a questão de saber se a virtude pode ser ensinada. Aparecerá então uma função *pragmática*, no plano ético, da opinião reta. Essa função não podia aparecer na análise da matemática, em que a opinião reta se dilui na ciência pela própria progressão do saber, e sim no plano da moral e da política, em que a opinião reta vai estabilizar-se, tornar-se um nível da alma para ela própria. A opinião reta dos políticos é o problema daqueles que foram bem-sucedidos, de Péricles, de Sólon o Sábio. Mas estes não estão no plano da ciência, não foram capazes de formar discípulos, não foram mestres, o que significa que não há ciência política (o grego liga as três coisas numa mesma raiz: o mestre, o aluno, o saber; o ensinador, o ensinado e o ensinável: "uma coisa sobre a qual não há nem 'ensinador' nem 'ensinado' não é 'ensinável'",

96 c). É nessa função pragmática que a opinião é reta, ορθῶς (*orthós*, 97 a-b); essa retitude é comparada com a qualidade de um guia que conduz a algum lugar, mas, sem ser capaz de explicar pela ciência sua retitude, terá uma "retitude para a ação" (97 b). É nessa qualidade que a opinião reta é um bom guia, talvez melhor que a ciência: em política, por exemplo, a urgência exige que se evite o caminho mais longo (98 c); "a ciência como guia não figura na ação política" (99 b).

– Com relação ao saber verdadeiro, a opinião reta é o estado instável e fugitivo da alma, um[1] *Einfall*, uma impressão fugitiva da verdade. "As opiniões retas escapolem de nossa alma enquanto não as encadearmos por um raciocínio de causalidade" (99 a). Essa instabilidade é confirmada pela comparação com a fala dos poetas (99 c), dos adivinhos, dos profetas, que "frequentemente dizem a verdade, mas sem nada saber das coisas de que falam": sua verdade é a verdade em estado de oráculo. Merecem ser chamados de "divinos" (θεῖους[2]), mas sem entendimento. Sua verdade é a verdade como sonho (*ónar* = ὄναρ), como favor divino, como graça (*theîa moîra*), como visitação. São qualificados de divinos, mas para Platão o termo é ao mesmo tempo elogioso e opressivo. A opinião reta é uma inspiração divina, uma verdade como graça e não como demonstração.

Conclusão

Assim, esse intermediário psicológico e pragmático é por fim excluído da ciência. É por isso que o *Mênon*, apesar de seu resultado positivo, é um diálogo "aporético". De fato, Sócrates encerra-o atirando a flecha parta* (100 b): a virtude, "favor

---

1. No texto do *Curso*, "uma", mas *Einfall* é masculino.
2. Ler *theîous*.
* Observação desagradável que alguém faz ao despedir-se. A expressão deriva de uma técnica dos arqueiros partas: quando pareciam estar se retirando da batalha, viravam-se em seus cavalos e atiravam de sobre o ombro, atingindo o inimigo com precisão mortal. (N. da T.)

divino", não é saber, enquanto não *soubermos* "o que é a virtude *propriamente em si mesma*". A opinião reta é ao mesmo tempo um começo e uma armadilha: colocou o escravo no caminho da verdade matemática, mas mantém o melhor estadista fora da verdadeira filosofia. É por isso que o resultado ambíguo do *Mênon* não contradiz o tom intransigente do *Górgias*, que não faz concessão alguma ao relativo e ao pragmático.

CAPÍTULO V
A CIÊNCIA E A ESSÊNCIA

III. O "intermediário" matemático

O problema: o platonismo baseia-se numa *oposição ontológica* com dois termos: ser e aparecer, ou ser e devir. A crítica do *Crátilo* e do *Teeteto* mostra a solidariedade entre o *dokeîn* (= δοκεῖν) segundo Protágoras e o *genésthai* (= γενέσθαι) segundo Heráclito. Qual é então o alcance de uma teoria epistemológica dos intermediários? Para isso é preciso ver em que sentido a matemática tem uma função de intermediário. Os próprios objetos matemáticos são seres intermediários, ou apenas o conhecimento matemático tem uma posição intermediária, sem que o objeto matemático propriamente dito seja um ser menor que o objeto ético, por exemplo?
a) Seres matemáticos e éticos no mesmo plano.
b) A unificação pelo Bem na *República*.
c) A alegoria da linha reta[1].

a) Seres matemáticos e éticos no mesmo plano

Nos outros Diálogos que não a *República*, os seres matemáticos, os seres éticos e os outros exemplos de Ideias são tra-

---

1. Mais adiante, p. 39, o item *c)* fala sobre "a alegoria da linha dividida".

tados exatamente em pé de igualdade: as Ideias matemáticas são Ideias como as outras, e nada autoriza a dizer que sejam menos Ideias que as outras. Se nos primeiros Diálogos os exemplos são principalmente de ordem ética, é sobretudo por razões de circunstância ligadas ao próprio objeto da investigação (a coragem etc.). Mas há também objetos estéticos, como o Belo do *Hípias maior* (*autó tó* = αὐτὸ τό). É surpreendente que o *Fédon* dê como exemplo típico de Ideia exemplos aritméticos ou matemáticos: o Ímpar, o Igual, a Díade, a Tríade (75 c-d, 76 d, 78 d, 100 b). Trata-se justamente de um diálogo que tem um andamento fortemente ético e mesmo místico, e no qual a própria qualidade da alma, de ser aparentada com as Ideias, aparece numa reflexão sobre os objetos matemáticos. Além disso, o peso dos exemplos matemáticos irá crescendo no platonismo: é ele que fará surgir uma relação nova entre os objetos sensíveis e sua Ideia – relação não mais de imanência e de posse (*métheksis*), e sim de modelo de imitação inadequada (*mímesis*); voltaremos a isso a propósito do problema da preexistência da Ideia. Os exemplos matemáticos não só pesam muito como tendem a devorar os exemplos morais[2]; assim, na *República* a Justiça é uma relação matemática de proporcionalidade entre partes da alma e da cidade. E por fim, segundo Aristóteles, todas as Ideias teriam sido números no final do platonismo, que teria se tornado uma metamatemática. O que pode então significar a pejoração relativa dos seres matemáticos nos Livros VI e VII da *República*?

O *Teeteto*, em 185 c, apresenta embaralhados[3] como objetos específicos da alma, quando ela raciocina "sozinha consigo mesma", qualidades essenciais (o calor, o frio), determinações que mais tarde Aristóteles chamará de categorias (ser e não-ser, o mesmo e o outro, que serão gêneros do ser), relações formais como a semelhança e a diferença, estruturas matemáticas como o Uno e os números, depois ainda o Belo, o Feio, o Bem, o Mal

---

2. Cf. Joseph Moreau, *La Construction de l'Idéalisme platonicien*, Paris, Les Belles Lettres, 1936. (AC)

3. Na verdade, essa passagem opõe a visão e a audição, depois o som e a cor, o salgado e o não salgado etc.

(186 a-b). Ao mesmo tempo, Platão misteriosamente reserva para o ser (*ousía*) uma extensão mais ampla: o ser estende-se através de todas as outras essências. Esse texto nos leva a intuir que há dois pontos de vista possíveis sobre as Ideias:

– O primeiro, que seria o ponto de vista da *enumeração*, em que as Ideias, "cada vez" consideradas em si mesmas, isto é, com relação aos sensíveis de mesmo nome que elas representam, não são menos Ideias umas que as outras. Esse ponto de vista está ligado ao princípio de "determinação distinta" que nos pareceu estar na origem da Ideia; a Tríade está para os grupos concretos de três objetos como a Coragem está para os atos corajosos. Desse ponto de vista, haveria antes privilégio do exemplo matemático sobre o exemplo ético (cf. *Carta* VII: o Círculo em si). Como múltiplo bruto, o mundo das Ideias é um mundo plano[4], ou melhor, não é um "cosmos". Há cada vez cada Ideia; esse ponto de vista do "cada um cada vez" (ἕκαστος ἑκάστοτε) – do *hékastos hekástote* – é aquele em que os seres matemáticos são tão seres quanto os seres éticos. Mas esse não é o único ponto de vista possível.

– Assim que se passa da *enumeração para a ordem*, as Ideias não são mais do mesmo nível: o privilégio da *ousía* no *Teeteto* avisa-nos disso. Esse ponto de vista da ordem, que obrigará Platão a compensar o princípio da distinção por um princípio da "comunicação" – isto é, da compossibilidade –, é tão primitivo quanto o outro: está ligado ao próprio discurso, que não só *nomeia* como *relaciona, atribui, compara*. Portanto, é numa perspectiva da ordem, e não mais da distinção, que pode ser colocado o problema da hierarquização dos seres.

b) *A unificação pelo Bem na República*

A implantação da matemática nos Livros VI e VII não é compreensível se não se tiver presente na mente o contexto global: está em causa estabelecer "de que maneira e com auxílio de quais ciências e de quais exercícios serão formados os con-

---

4. *Plan* [plano] e não *plane* [plana].

servadores da constituição e com qual idade eles se dedicarão a cada estudo" (502 d). Portanto, é num projeto político, no contexto geral de uma *educação* visando ao governo pelos filósofos, que se insere uma reflexão sobre as ciências. Assim, a hierarquia proposta é uma hierarquia *pedagógica*, visando a uma prática política. Isso significa que o problema não é considerado pelo ângulo do ser, e sim pelo do conhecer. É por isso que daqui a pouco os graus do saber serão todos considerados pelo ângulo do sujeito, e não pelo do objeto (vão opor-se o visível [ὁρατός] e o inteligível [νοητός][5]).

Por outro lado, antes de abordar a divisão das ciências, a *República* chega já de imediato ao *termo último da ciência*: o Bem; "como frequentemente me ouviste dizer, a Ideia do Bem é o objeto da ciência mais alta" (505 a). Não se deve saltar esse texto sobre a Ideia do Bem (504-509 c) para ir diretamente à famosa divisão da linha (509 c[6]). Também não se pode ir diretamente para a alegoria da caverna, que abre o Livro VII 514 a. Os três textos – o Bem-Sol, a divisão da linha, a caverna – formam uma totalidade que deve ser considerada em bloco e uma tripla introdução ao exame detalhado das ciências adequadas para formar o filósofo – exame que constitui o essencial do Livro VII. Do mesmo modo, o final do Livro VII[7] retorna a essa longa introdução que, em troca, era a conclusão antecipada do conjunto.

Não esgotaremos hoje[8] esse problema da Ideia do Bem em Platão; vamos vê-lo apenas como introdução a uma hierarquia possível das ciências e de seu objeto; em resumo, como princípio de *unificação final*. Assim, desde já o problema de determinação distinta que coloca todas as Ideias em pé de igualdade é compensado por um problema de unificação final. Vamos deixar de lado, portanto, a questão de saber se esse Bem é uma realidade religiosa, um Deus, e a questão propriamente dialé-

---
5. Ler: *horatós* e *noetós*.
6. Na verdade, 509 d.
7. Tudo indica que se trata do final do Livro VI da *República*; cf. a sequência do texto de Ricœur.
8. Cf. parte III, capítulo II; e parte II, capítulo IV, 3. (PR)

tica de saber se é o Ser do *Teeteto*, o Uno do *Filebo* ou um dos "gêneros de ser" do *Sofista*[9].
Nesse texto, sua função é mais que epistemológica: o Bem é o que "toda alma persegue" (VI 505 d). Portanto, ele unifica investigação teórica e prática, amor e conhecimento, e é imediatamente apresentado como a suprema aporia, ao mesmo tempo que o supremo fundamento: *Grund* e *Abgrund* (505 e). O que é comparado com o sol é ao mesmo tempo treva (506 a). É por isso que não se diz do Bem o que ele é, e sim aquilo com que se parece, "seu rebento mais semelhante"[10]. É a luz que mediatiza a cor das coisas e a visão da alma, que torna visíveis as coisas e videntes os olhos (507 e: a luz é como um γένος τρίτος = *génos trítos*, um terceiro gênero). Do mesmo modo, "aquilo que transmite aos objetos cognoscíveis a verdade e ao espírito a faculdade de conhecer é seguramente a Ideia do Bem" (508 e). Assim, a Ideia do Bem não está nem no âmbito da alma nem no âmbito das Ideias, embora seja chamada de *toû agathoû idéa*, e sim *como terceiro* entre eles como a causa, *aitía*, no sentido de causa final. A Ideia é como uma espécie de englobante, de causa final do encontro entre o objeto e o sujeito. É nesse sentido que Platão diz que é preciso "considerar muito mais valiosa" do que a verdade (de cada Ideia) e do que a ciência "a natureza, ἕξις (= *héksis*)[11] do Bem" (509 a). E o texto mais misterioso, para terminar: assim como o sol dá às coisas não só visibilidade mas também crescimento e alimento, assim também a Ideia do Bem confere às Ideias, além da faculdade de ser vistas, "a existência e a essência" (*tó eînai te kaí ten ousían*). "Embora o Bem não seja essência, mas algo que a supera de longe em majestade[12] e em poder" (509 b).

A Ideia do Bem, portanto, levanta o problema do fundamento da determinação de cada Ideia, ao mesmo tempo que o fundamento do ato de conhecimento como ato em comum do inteligível e da inteligência. Esse fundamento do múltiplo das

---

9. Cf. sobre esse assunto Paul Shorey, "On the Idea of God in Plato's Republic", *Chicago Studies in Classical Philology*, Chicago, 1895. (AC)
10. 506 e.
11. Trad. Pachet, *op. cit.*: "modo de ser".
12. Trad. Pachet, *id.*: "em primogenitura".

Ideias no Uno do Bem é o que introduz um princípio possível de hierarquia nos seres. (Esse princípio de multiplicidade distinta é lembrado em 507 b, πολλά, ἕκαστα = *pollá, hékasta*, e relacionado com a possibilidade de falar e de definir.) Todo o problema da hierarquia que vamos encontrar na passagem sobre a "divisão da linha" vai ser comandado por um princípio de unificação final.

Conclusão

Assim, se o texto decisivo é a divisão da linha, a ponta está contida nessa primeira passagem; já podemos compreender que os seres matemáticos como tais não ficam a dever para os outros seres (éticos, principalmente); é o *conhecimento* matemático que deve ter uma falha própria que o impede de participar plenamente do dinamismo do mundo das Ideias e de *apontar* para a Ideia do Bem.

c) A alegoria da linha dividida:
hierarquização do inteligível

O texto principal para nossa pesquisa é o do seccionamento da linha em duas partes, AC e CB, que representam respectivamente o "visível" e o invisível", cada uma delas também dividida de acordo com a mesma razão.

A	VISÍVEL	C	INVISÍVEL	B
	D		E	
imagens (conjecturas)	coisas reais (mundo da crença) fé	: : : : :	objetos matemáticos (mundo do conhecimento discursivo) DIANOÉTICA	ciência verdadeira ou dialética (mundo da inteligência) NOÉTICA

$$\frac{AD}{CD} = \frac{AC}{CB} = \frac{CE}{EB} = \frac{1}{n}$$

Primeira observação: não temos aqui uma hierarquia de objetos, e sim uma hierarquia de modos de conhecimento; a análise é vista pelo ângulo do conhecimento: conjectura, fé, conhecimento discursivo, inteligência.

Segunda observação: o conjunto do visível (AC) está para o invisível (CB) como, no visível, as imagens (AD) estão para as coisas reais (DC). O que significa a divisão do visível em dois segmentos? É a ficção com relação à realidade, mas no interior do mundo visível: é o mundo do sonho, da alucinação, dos simulacros, apresentado para sugerir simbolicamente o valor da divisão da linha no mundo inteligível. Platão certamente não se interessa por esse mundo abaixo da percepção; ele sugere duas relações importantes: a divisão da própria linha em duas partes e a divisão da parte da direita em duas partes. A opinião é falha para com a verdade, assim como a ilusão o é para com o próprio sensível. Assim como o sol é uma parábola do Verdadeiro, uma relação de proporcionalidade no interior do mundo visível é uma parábola da divisão do invisível.

Terceira observação: a divisão do inteligível, por sua vez, é feita de acordo com a mesma proporção: o segmento matemático está para o segmento dialético como as imagens estão para as coisas; é essa nova proporção que é a única importante, pois o segmento dianoético[13] é o único que Platão chama de *intermediário* (511 d). O que caracteriza esse estatuto intermediário? É que há duas deficiências do conhecimento matemático: por um lado ele é tributário das figuras e, por outro, de hipóteses não criticadas. *República* 510 b: "A alma, tratando como cópias as coisas que anteriormente eram as imitadas, em sua procura é obrigada a partir de hipóteses, rumando não para um princípio, e sim para uma terminação."[14] Portanto, Platão dirige à matemática duas críticas:

---

13. *Dianoetikós*: "que diz respeito à inteligência", *dianóema*: "inteligência".
14. Trad. Robin (AC) [tradução francesa de Léon Robin para a "Bibliothèque de la Pléiade", t. 2, Paris, Gallimard, 1950].

– servir-se de objetos reais "como imagens";
– essa procura ser feita a partir de hipóteses e na direção não da *arkhé* (princípio), e sim da *teleuté* (termo).

A primeira crítica – aliás, claramente subordinada à segunda, como veremos – refere-se à função das figuras em geometria e simultaneamente à do simbolismo aritmético, visto que a aritmética é citada mais adiante, em 510 c (cf. Aristóteles, *Metafísica*, livro Teta 1051 a 22). É o problema que encontramos ao longo de toda a história da filosofia: em Descartes (matemática = entendimento + imaginação), em Mallebranche (o raciocínio sensível) e principalmente em Kant, que procurará seu caminho entre o empirismo e o logicismo por sua teoria da intuição *a priori* e da demonstração por construção de conceitos. Não se deve registrar com muita pressa essa desaprovação de Platão, pois ela parece contradizer muitas características da obra geométrica do próprio Platão. De fato, essa crítica tem ainda mais peso porque Platão fez o máximo para excluir o sensível das próprias definições matemáticas e das manipulações materiais da demonstração. Sobre o primeiro ponto, Mugler[15] mostrou que a obra de Platão como geômetra foi expulsar o sensível das definições do espaço, da linha, da superfície, dos sólidos. Quanto ao segundo ponto, o combate às *construções* é atestado pelo próprio Platão no longo exame da geometria no Livro VII 526 c, em que ele ataca as geometrias pragmáticas que manipulam as figuras (527 a) e proclama a ruptura entre a imobilidade do objeto matemático ("A geometria é o conhecimento daquilo que é sempre", 527 b) e a ordem do que nasce e perece. É por essa razão que a geometria "atrai a alma daquilo que nasce para aquilo que é" (521 d). Os objetos matemáticos, portanto, são seres estáticos que preexistem a toda construção (521 d; também *Fédon* 101 c). Mas, precisamente, Platão reconheceu o limite dessa depuração da definição e da demonstração matemática. Nesse aspecto o exemplo do *Mênon* é instrutivo. Em que momento intervêm as construções e qual é sua função? Três construções, das quais duas

---

15. Cf. adiante, p. 43, nota 16.

falsas (quadrado de lado 4, depois 3) e uma verdadeira (quadrado construído sobre a diagonal): as três construções são feitas pelo próprio Sócrates e, portanto, não fazem parte da reminiscência do escravo, que *vê* na figura depois de traçada, com uma intuição isolada e imóvel. A construção não faz parte da ciência enquanto recordação. Por isso mesmo, a intuição do escravo "salta" de um momento para o outro: a definição do quadrado, *depois* a igualdade das diagonais, *depois* a divisão em dois pela diagonal, *depois* a duplicação conseguida. Os intervalos entre as intuições, que correspondem precisamente às construções, são então "tentativas" de Sócrates, primeiro falsas, depois verdadeiras: é o momento de *procura*, para o qual é preciso "tomar coragem" (86 b-c). Igualmente em 81 d: "Como a natureza inteira é homogênea e a alma tudo aprendeu, nada impede que uma única recordação (é o que os homens chamam de saber) a faça descobrir todas as outras, se a pessoa for corajosa e persistente em sua procura, pois no total a procura e o saber são apenas reminiscência." A reminiscência do escravo é uma visão imóvel que corresponde ao movimento da construção por Sócrates. Assim as figuras, em sua textura sensível e no movimento de construção que nasce e morre, aderem à matemática no momento da procura, mesmo que seja possível excluí-las do momento da *verdade*, que é um momento de "visão" imóvel. Portanto, Platão não pensa que os objetos matemáticos *sejam* as próprias figuras, mas a figura faz parte do *trabalho* geométrico. É o sentido de *República* VI 510 d-e: os geômetras "constroem raciocínios sem ter na mente essas figuras propriamente ditas e sim as figuras perfeitas das quais estas são imagens, raciocinando a respeito do quadrado em si, de sua diagonal em si, mas não a respeito da diagonal que estão traçando; e igualmente para as outras figuras." Note-se que todas as palavras desse texto são importantes: a pessoa se *serve* das imagens (ideia de uma práxis geométrica) para "fazer" o raciocínio; mas o objeto matemático em si é o objeto verdadeiro; daí a oposição final entre o "procurar" (*zeteîn*) e o ver (*ideîn* = ιδεῖν). A figura pode ser excluída do *ver*, não pode ser excluída do *procurar*.

Isso nos leva à *segunda crítica*. A matemática "é obrigada a partir de hipóteses, dirigindo-se não para o princípio, e sim para a conclusão". Apenas a dialética vai da hipótese para a *arkhé*. Esta é simultaneamente a primeira descoberta e a primeira crítica do raciocínio hipotético-dedutivo. A primeira descoberta: "tratando como coisas conhecidas" e "passando por todas as etapas, eles acabam chegando consequentemente à demonstração que haviam decidido procurar" (510 c-d)[16]. Cf. *Mênon* 86 c-87 a. O que a crítica significa? Ela só assume todo seu sentido se aproximamos o anipotético desta passagem e a Ideia do Bem da passagem anterior – consequentemente, se o debate é levado para o plano metafísico. Contudo, tentou-se ver aí uma crítica epistemológica (Mugler) a respeito de um processo de demonstração, a demonstração "sintética", que vai das proposições já demonstradas para as proposições por demonstrar. Como escolher o ponto de partida entre os teoremas conhecidos? Será o procedimento expositivo euclidiano, que oculta o momento de descoberta que está precisamente ligado a figuras e a movimentos na figura. Vimos isso na inquirição do *Mênon*, que só avança por tateios, por ensaios e erros: o momento regressivo permanece da ordem da antecipação, ou seja, precisamente a posição da hipótese não crítica. O momento decisivo da prova na inquirição do *Mênon* é o momento em que se saltou para o quadrado quádruplo para encontrar o quadrado duplo; é mais fácil dividir em dois do que duplicar; vai-se então do complexo para o simples. Com isso Platão dá a entender que está descobrindo o método analítico? Mugler observa precisamente que Proclo e Diógenes lhe atribuem a invenção do método analítico, mas reconhece o silêncio dos sucessores de Platão e o raro emprego desse método em Euclides. No entanto, Mugler procura na descoberta do tempo monodrômico no *Timeu* a possibilidade do conhecimento discursivo, das construções e da análise.

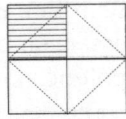

Mas o que é reprovado no método matemático não tem sentido fora da perspectiva do Bem apresentada na alegoria do

---

16. Sobre tudo isto, cf. Mugler, *Platon et la recherche mathématique de son temps*, Strasburgo, 1948. (AC)

Bem-Sol; isso não tem sentido puramente metodológico, mas essencialmente metafísico: não caminhar para o princípio anipotético, não "apresentar a razão" das hipóteses consideradas como "evidentes" (*phanerés*). Os seres matemáticos são seres por suposição que de certo modo se fecham em sua própria evidência, hipóteses não críticas e que assim rompem o movimento ascendente, visto que propõem apenas o movimento descendente rumo ao teorema por demonstrar ou ao problema por resolver, aqui chamados de "termo" (*teleuté* = τελευτή).

Rodier expressa de modo diferente essa relação do conhecimento hipotético com o conhecimento anipotético[17]: os seres matemáticos consistem em *possíveis*, o raciocínio matemático permanece necessário no possível; de fato, por não estarem relacionados ao problema do Bem, são excluídos da origem radical das coisas; apenas a dialética é a ciência das *últimas realidades*. Essa interpretação é atestada pela própria *República* (533 a-535 a), que identifica expressamente o *lógon didónai*, "apresentar a razão" (λόγον διδόναι, 533 c), e o acesso à Ideia suprema: a Ideia do Bem. A matemática flutua como um "sonho" (533 c); ora, apenas o conhecimento verdadeiro do Bem rompe o sonho, o sono deste mundo aqui (534 c). Assim, Platão não diz mais, como no *Fédon*, que é preciso recorrer a "algo suficiente", e sim ao anipotético.

O que pode então significar essa vinculação das Ideias com a Ideia do Bem por via regressiva e não mais progressiva? Esse imenso programa permanece muito enigmático (511 b). Pertence evidentemente a uma dimensão que não é a da procura de "cada" essência e introduz numa estrutura, ou melhor, numa estruturação do mundo das Ideias, cujos lineamentos os chamados diálogos metafísicos (*Parmênides, Sofista, Político*) deixam entrever. Platão primeiramente foi para a l'ἀρχή[18] que dá sua "visada" a essa procura, antes de preencher o intervalo entre uma concepção das Ideias "discretas" e o recurso à *arkhé*.

---

17. Georges Rodier, *Études de Philosophie grecque*, Paris, Vrin, 1926, pp. 43-4. (AC)

18. Ler: *arkhé*.

No entanto pode-se dizer uma coisa: vincular as Ideias ao Bem é envolvê-las em *relações de conveniência*, ou seja, relações de compossibilidade em que a finalidade prevalece sobre a simples implicação do possível pelo possível. É justamente por isso que a suprema Ideia se chama o Bem e não apenas o Uno: aspecto ético ou axiológico do Bem. É esse aspecto que Rodier enfatiza em seu célebre artigo. Dois textos confirmam sua interpretação:

– *Político* (283 c-285 a). Há duas artes da medida, diz o *Político*: "Colocaríamos de um lado todas as artes para as quais o número, os comprimentos, profundidades, larguras, espessuras se medem por seus contrários e, do outro, todas as que se referem à *justa medida*, ao que é conveniente, τὸ πρέπον (= *tó prépon*), oportuno, καιρόν (= *kairón*), requerido, δέον (= *déon*), tudo o que ocupa o meio entre os extremos" (284 e). Assim, a justa medida introduz um princípio de apreciação crítica, um *optimum*, um melhor em comparação com o qual há excesso e falta. Ora, a matemática permanece na relatividade sem fim do maior e do menor, da relação recíproca que ignora a justa *medida* e, portanto, a *desmedida*. Esse texto é muito esclarecedor, pois relaciona essas reflexões sobre as duas artes com a medida da *política*: o que se procura definir é a arte política ou régia (com base no paradigma da tecelagem). Ora, não se deve perder de vista que o andamento da *República* tem também uma visada política: está em causa educar os magistrados-filósofos. A insuficiência da matemática está em permanecer na relatividade da quantidade pura, e não chegar a essas relações de justeza sem as quais não há arte em geral nem política em particular (284 d). Essa análise é fundamental para situar a Justiça, que está no centro da *República*; é uma relação matemática num sentido – a título de proporção –, mas é uma *justa* medida entre as partes da alma e da cidade.

– *Filebo* 64 e-65 a, 66 b. O texto do *Filebo* vai mais longe; aqui o contexto é diferente: trata-se de justeza nas "misturas". Toda mistura requer confronto entre um princípio de determinação e um princípio de indeterminação (*péras* e *ápeiron*)[19];

---

19. *Péras*: "termo, fim"; *ápeiron*: "infinito".

além destes, é preciso um princípio de valor ("a causa de seu valor eminente ou de sua falta absoluta de valor"): é o *métron*, ou melhor, o *sýmmetron*, expressamente chamado de "o poder do Bem". Assim a ordem do "melhor" extravasa a ordem matemática, que é simplesmente lógica e não axiológica. É por isso que, na ordem final de dignidade, a medida vem na frente, depois "a proporção, a beleza, a perfeição", depois o intelecto e a sabedoria, e só depois as ciências (66 a-b).

Conclusões

Agora, portanto, temos condições de responder à pergunta: em que sentido a matemática é um intermediário?

1) Essa prevalência das relações axiológicas de conveniência sobre as relações simplesmente lógicas do raciocínio matemático é o sentido provável desse texto sobre a divisão da linha. Essa primeira conclusão é confirmada pelo confronto com a alegoria da caverna, que coloca a ênfase ética e ascética na "anábase" da verdade. É preciso relacionar especialmente todo esse estudo metodológico da linha com as duas passagens em que Platão dá a chave da alegoria: com [*República* VII] 517 a-c, em que o Bem é expressamente identificado com o termo do mundo inteligível, com "a causa universal de tudo o que há de bom e de belo"; e com 532 a-d, em que Platão diz que é preciso ir da essência de "cada" Ideia para a essência do Bem, "até a contemplação do mais excelente de todos os seres".

2) Portanto, não há razão para concluir que os objetos matemáticos como tais sejam intermediários, apesar do que diz Aristóteles (*Metafísica* 987 b[20]). A linha não é divisão em função dos objetos, e sim dos conhecimentos, e isso já desde o início (509 d[21]). As Ideias da *diánoia* são matemáticas porque recorrem a imagens e a hipóteses que freiam o movimento ascendente e o acesso a relações de conveniência e de *optimum*; as Ideias éticas têm um privilégio não de maior determinação

---

20. Livro A VI 987 b 15.
21. Ou melhor: *República* VI 510 e, 511 a.

própria, e sim de *relação* mais transparente com o princípio supremo. Mas em princípio todas as Ideias são passíveis dessa comunicação com o Bem (511 d): "Sem dúvida os que estudam os objetos das ciências são forçados a fazê-lo pelo pensamento, não pelos sentidos; mas, porque os examinam sem remontar ao princípio e sim partindo de hipóteses, não te parecem ter a inteligência desses objetos, embora estes sejam inteligíveis com um princípio." Assim, os seres não têm outra hierarquia além de sua aptidão para *"mostrar mais facilmente a Ideia do Bem"* (526 e).

CAPÍTULO VI
A CIÊNCIA E A ESSÊNCIA (FIM)

IV. O "termo" da ciência: a contemplação

Tudo no platonismo – a crítica da opinião e o estilo "aporético" de grande número de procedimentos, o poder sugestivo e a decepção final da "opinião reta", o valor propedêutico e a deficiência final da matemática – aponta para uma finalização da ciência que seria *nóesis*, ou seja, esse momento da inteligência (*noûs*) que não mais comporta percurso, nem tempo, nem esforço – que, portanto, seria visão simples, instantânea, em pleno repouso. Foi esse tema que, através do neoplatonismo, fez a fortuna histórica do platonismo. Toda ressurgência do platonismo é algo como uma apologia da *contemplação intelectual*, uma celebração da mística da razão. Entretanto, essa contemplação em que se espera o auge da clareza é o ponto em que se concentram as maiores dificuldades do platonismo.

Vamos percorrê-las em bloco antes de nos determos em cada uma delas.

1) Inicialmente o tema da contemplação aparece ligado ao mito da existência pré-empírica da alma: a primeira visão, a visão original, por assim dizer, está mais atrás de nós, de maneira que não pertence à história do conhecimento humano. Portanto, numa primeira vez vemos a suprema clareza da ciência ligada ao enigma do mito em geral e ao enigma de um mito do tempo em particular. Mas essa primeira dificuldade não é uma dificuldade simples, é antes um pacote de dificuldades: o esta-

tuto da Ideia como *realidade*, como realidade separada, parece bem inseparável da existência pré-empírica da alma; o mito do tempo da alma, de uma época da alma, e o mito do "lugar" das Ideias parecem bem inseparáveis.

2) Essa dificuldade tem seu simétrico numa segunda: minha visão apresenta-se como uma qualidade da alma por restaurar; ora, o termo dessa restauração parece inseparável dessa crise da existência, a morte. Numa segunda vez, a visão está fora da história: *adiante* e não mais atrás. Numa segunda vez, ela está ligada ao duplo mito do tempo e do espaço, não mais como mito do nascimento, e sim como mito da morte.

3) Se agora, tentando ultrapassar o nível do mito, procurarmos surpreender, no *movimento da procura*, o *objeto* da contemplação, fica claro que esse objeto não é uma Ideia qualquer, e sim o termo do mundo das Ideias, a Ideia do Bem segundo a *República*, o Uno segundo o *Filebo*. Consequentemente, a contemplação nos leva de volta ao problema da *superação da linguagem* e das determinações e, assim como se falou de um mito do nascimento e da morte, a um mito do silêncio.

4) Isso nos levará ao problema da função *metodológica* da *theoría*, que, em contrapartida, nos parecerá menos a abolição do discurso do que seu *fundamento* mais além do discurso: a intuição será então o princípio de um novo discurso. Assim, seremos levados de volta à conexão entre a visão e a dialética. Então teremos circunscrito pelo alto aquela famosa "dialética" que havíamos percebido por baixo vindo da matemática. De modo que a intuição, considerada mais além do mito, tem seu sentido em suspenso enquanto não tivermos penetrado no difícil problema da estrutura una e múltipla da cada Ideia e da totalidade das Ideias em sua dependência do Uno. A intuição seria essa visão ofuscada que nunca acabou de recuperar-se na estruturação de uma *dialética* inteligível.

Portanto, vamos acompanhar uma recuperação dialética do conteúdo do mito. Esse movimento nos colocará no limiar da segunda parte deste curso sobre a *dialética do Ser*.

1) O mito da visão pré-empírica

Pode parecer desconcertante que a visão, como termo a *ser alcançado*, sempre seja apresentada por Platão como um despertar, como a restauração de uma visão *anterior* que não pertence à experiência atual. Assim, a finalização da ciência está ligada ao mito do começo da ciência na alma, à *Reminiscência*.

Essa ligação aparece nos dois diálogos que têm como tema central o "Eros" platônico: o *Banquete* e o *Fedro*.

a) O *Banquete* ainda não mostra a ligação com a existência anterior, mas situa o problema em sua esfera mítica. É por isso que o consideraremos como transição entre a *República* VI-VII e o *Fedro*. A dialética ascendente da *República* apresentava-se como uma dialética puramente epistemológica, mas a finalização dessa dialética nos remete não a seus graus – aos graus do saber –, e sim a seu dinamismo, a seu elã. É esse dinamismo que a "erótica" platônica esclarece. E faz isso em linguagem mítica: no *Banquete*, não é mais Sócrates que fala, e sim uma mulher inspirada que narra o nascimento de Eros, filho do Expediente e da Pobreza, "a meio caminho entre o saber e a ignorância" (203 e-fim). Em termos demônicos, ele é o "intermediário", como a matemática o era em termos epistemológicos. Ele é "o desejo de eternidade" que atua em toda procura, no *filosofar*. Que se trata realmente da mesma dialética na *República* e no *Banquete* é indiscutível. Platão teve o cuidado de duplicar a ascensão *intelectual* da *República* rumo ao Bem com uma ascensão do *sentimento* rumo ao Belo: dos belos corpos para as belas almas, para as belas virtudes, dos vários em cada grau para a Ideia pura de todo sensível.

Essa ascensão do sentimento também é expressa em termos religiosos de cunho iniciático. A intuição é então comparada com uma "revelação", no termo da iniciação à beleza em si mesma (210 c-211: *autó tó kalón*, 211 d; *autó... ho estí kalón*, 211 c).

Ora, essa intuição:

– é apresentada como súbita (*eksaíphnes* = ἐξαίφνης, 210 c), razão dos penares, porém não mais penar;

– é expressa numa linguagem de contato: "tocar o objetivo" (211 b-fim);
– é enunciada na linguagem de uma mística negativa: em vinte linhas há vinte negações: *nem* gênese, *nem* destruição, *nem* aumento, *nem* diminuição, *nem* bela neste ponto, *nem* feia nesse outro, *nem* bela sob tal aspecto etc., *nem* acessível à percepção como uma fisionomia, *nem discurso, nem ciência* (211 a-fim). Este último ponto é fundamental, pois anuncia uma suspensão do discurso da ciência, como se verá no terceiro parágrafo. É surpreendente que essa acumulação de negações enquadre a mais alta afirmação, precisamente aquela que até aqui caracterizou a essência: ἀλλ'αὐτὸ καθ'αὐτὸ μεθ'αὑτοῦ μονοειδὲς ἀεὶ ὄν = *all'autó kath'autó méth'autoû monoeidés aeí ón*: "Mas (em vez disso ele a verá) nela mesma e por ela mesma, eternamente unida a si mesma pela unicidade da forma" (211 b). Há aqui uma sugestão de que deve ser não qualquer ideia, e sim uma certa raiz das Ideias, o Bem da *República* VI-VII; o emprego da palavra *máthema* nos dá certeza disso (211 c-fim): partindo das ciências, chega-se finalmente a essa ciência que eu disse... etc.

Temos assim a sugestão de que o problema do discurso racional é o das *determinações* e de suas *relações*, mas que o problema do fundamento da racionalidade está aprofundado numa irracionalidade que requer essa subversão da linguagem, isto é, ao mesmo tempo a realização e a ruptura da linguagem no mito; é por isso que Sócrates *deixa falar* Diotima. Mas não é dito que a realização dessa nostalgia da visão seja uma possibilidade do conhecimento atual do homem.

b) O *Fedro* leva o mito a seu termo: para ver é preciso *ter visto*. O "ter visto" aparece aqui como o fundamento mítico do "saber". É aqui que o mito se enriquece com seus múltiplos harmônicos:
– Ele é primeiramente o mito de um "lugar" das Ideias, lugar supraceleste, que está para o céu como a ciência completa está para a astronomia, ciência matemática. Platão fala também de uma "planície da verdade". Essa espacialização mítica do "mundo" das Ideias comanda todo o realismo "ingênuo" desenvolvido em 247 c-e:

– "a essência tornada realmente manifesta";
– a visão como contato, como toque espiritual;
– a visão é também considerada como *nutrição*; a associação entre o "ver" e o "comer" significa o fim da distância do objeto[1]. O tema do alimento reaparece mais adiante com a "asa" que se nutre de néctar (248 c);
– a alma alimenta-se das Ideias e à primeira vista trata-se de Ideias, no plural: a justiça, a sabedoria. Como se verá, com isso é compreendida a relação dialética de cada Ideia com qualquer outra Ideia e com o princípio das Ideias (também 250 b);
– em seguida, é o mito da perda da visão, da queda das almas – portanto, da instauração daquela situação de *mistura* descrita no mito de Eros do *Banquete*. A queda é aqui o mito da composição, ou seja, da situação intermediária, ambígua, da alma, que é sua situação atual;
– por fim, o terceiro mito, o do despertar, da restauração: o amor é visto então como compensação de uma queda (249 c).

Conclusões

O mito da visão pré-empírica só é compreensível a partir e no conjunto de uma estrutura mítica. Platão quer sugerir-nos que a racionalidade está misturada com uma tripla irracionalidade que não é seu contrário.

a) Um irracional do *fundamento*. As determinações devem fundamentar-se no indeterminado, assim como o condicionado todo remete ao incondicionado. O tempo é visto aqui como a anterioridade cronológica que serve de cifra para uma anterioridade lógica, ou melhor, para uma anterioridade com relação ao lógico. O tempo figura aqui o começo radical na ordem *ontológica*.

b) Esse primeiro irracional chama um segundo: todo itinerário filosófico parte de um escândalo, de uma aflição inicial

---

1. Cf. Pradines. (AC) [A referência não está precisada. Talvez Maurice Pradines, *Philosophie de la sensation*, t. 1: *Les Sens du besoin*; t. 2: *Les Sens de la défense*, Les Belles Lettres, 1932 e 1934.]

como cifra da condição humana. Esse "antes" constituído pela queda é preliminar num outro sentido que não o do fundamento: trata-se de explicar uma situação de confusão preliminar que é pressuposta por toda filosofia que começa pela *aporia* (igualmente em Kant, a situação dialética da razão resulta de uma *pretensão* da sensibilidade a constituir-se como absoluto).

c) O terceiro irracional é o de um *elã*: é o "delírio" irredutível ao método. Tudo o que é da ordem da propedêutica, como por exemplo a matemática, só é possível por um certo movimento de desejo. A restauração ontológica dá-se por meio de um "arrebatamento", de um "encantamento". Isso seria comparável com a "generosidade" cartesiana, com o "respeito" e o "sublime" em Kant, com a "emoção" em Bergson, com o *Streben* faustiano. Mesmo nas filosofias mais racionalistas há um recurso à irracionalidade própria do devir da alma, que é ao mesmo tempo sentimento e ação. É o lado existencial da progressão intelectual: a mediação agindo. Platão adota a palavra "Beleza" para expressar essa *dinâmica afetiva* que embasa a verdade. É o que Fouillée chama de "esplendor do verdadeiro"[2]. O *Filebo*, em 64 b e em 65 a, fala do "poder do Bem que se refugiou na natureza do Belo"[3]. É esse triplo irracional, constituindo uma espécie de estrutura pítica na raiz da ciência, que se concentra no tema da Reminiscência.

2) A intuição e a morte

A intuição é ligada uma primeira vez ao mito pelo tema da intuição pré-empírica. É ligada a ele uma segunda vez pelo tema da imortalidade: a realização do desejo passa pela morte. Nesse sentido, a existência filosófica é apenas uma aproximação da *theoría* e esta é o limite superior de tal aproximação.

---

2. Citado por Léon Robin, *La Théorie platonicienne de l'Amour*, Paris, Alcan, 1933, p. 224. (AC)
3. A referência exata da citação é *Filebo* 64 c; ela não se encontra exatamente assim em 65. Chambry traduz "essência" em vez de "poder".

É principalmente o *Fédon* que enfatiza esse aspecto que se poderia chamar de lado noturno da intuição. A "noite da morte" coincide com a "luz do entendimento", cujo sol é o mito e a figura de Apolo acompanha ao longo de toda a obra de Platão, desde o oráculo da Pítia e a voz do *Daimónion* até a alegoria da *República*. A visão é o fracasso da vida.

Vamos tomar o exemplo do *Fédon*, não para a imortalidade da alma mas para a progressão da argumentação em direção à *theoría*; portanto, para extrairmos as implicações propriamente epistemológicas da doutrina do *Fédon*. De fato, o *Fédon* é, a seu modo, uma dialética ascendente, mas que não termina na visão, e sim na morte. Portanto, toda nossa análise vai basear-se nessa estrutura notável, que Guéroult pôs em evidência[4].

a) Nível da exortação e da opinião reta

O *Fédon* não se move no mesmo nível; desenvolve-se em diferentes estágios do saber. Começa com uma exortação que está no nível da opinião verdadeira. A alma assim atingida é ela mesma poder de opinião (cf. *Teeteto* sobre a alma que opina concebendo os objetos por espontaneidade, "ela sozinha por si mesma": αυτη καθ' αὐτήν = *auté kath'autén*, 185 e, 187 a).

Portanto, o grau do saber sobre a alma e o grau da existência da alma são apropriados um ao outro. Assim, o *Fédon* começa com uma opinião reta sobre a alma com capacidade de opinar. É por isso que toda essa primeira parte é um discurso eloquente, em tom de convicção e de esperança. Convicção de que a filosofia é um exercício de desligamento com relação ao corpo, esperança de que a alma, após a morte, estará junto da[5] verdadeira εὔελπις (*eúelpis*, 64 a); essa expectativa é deliberadamente situada à margem da autonomia filosófica, da prova

---

4. Martial Guéroult, "La méditation de l'âme sur l'âme dans le *Phédon*", *Revue de métaphysique et de morale*, 1926. (AC)
5. O *Curso* escreve "do", mas *eúelpis* (lit. "boa esperança") é feminino em grego. *Hósper pálai légetai*: "como se dizia outrora".

propriamente dita, e claramente relacionada com uma antiga tradição: *hósper pálai légetai*. Certamente, é uma experiência que presta contas, que "dá explicação", como a "fé procurando o entendimento" do *Proslogion* de santo Anselmo. Mas é uma esperança que mergulha na crença, singularmente na crença órfica. A filosofia é aqui reflexão sobre a religião. "Há uma possibilidade de que os instauradores das iniciações não sejam sem mérito, que tenham falado de modo velado, mas realmente." A convicção subentendida é de que o religioso está preparado para essa retomada filosófica, [de que ele][6] não é uma grandeza estranha e inadmissível na filosofia. Aqui, Platão prenuncia a postura de Espinosa, de Hegel, a respeito da religião como *órganon* da filosofia.

Todo o esforço do *Fédon* consiste em levar para a clareza filosófica a convicção, nascida na esfera do sagrado, de que filosofar é exercitar-se em morrer, ou melhor, "estar morto", τεθνάναι (= *tethnánai*). Até que ponto o *Fédon* consegue recuperar filosoficamente o conteúdo do mito e transformá-lo em evidência intelectual? Ou, para falar como Diès e Festugière, operar a transposição filosófica?

O que está em jogo, já desde o início, é uma qualidade da alma, não irracional à maneira dos êxtases órficos e dionisíacos, e sim lúcida. Já na primeira parte do *Fédon*, o fruto da ruptura com o corpo (64) é chamado de *phrónesis*[7] (65 a); por meio dela a alma "toca" o verdadeiro (ἅπτεται[8]), ou pelo menos é o desejo do ser, ὀρέγηται τοῦ ὄντος (= *orégetai tou óntos*). Mais fortemente ainda: *en tói logízesthai*, "fica evidente para a alma o que é realmente um ser". Portanto, o primeiro nível já pertence à filosofia e não mais aos mistérios religiosos. Está em causa que a alma alcance por sua pureza a pureza de seu objeto, que seu "para si" (*autó kath'autó*) seja do mesmo grau que o para-si do ser; então o puro será para o puro, o desejo se mudará no ver como contato possessivo (κτησάσθαι τὸ εἰδέναι,

---

6. Palavras faltando (conjecturadas pelo editor).
7. *Phrónesis*: pensamento, razão, sabedoria.
8. Ler: *háptetai*.

66 e; ἐφάπτεσθαι, 67 b⁹). Mas, se já no primeiro argumento a reflexão sobre os mistérios órficos é direcionada para a autonomia filosófica, é essa autonomia capaz de chegar ao fim?

b) Nível do raciocínio hipotético

No segundo nível, a alma que medita sobre a alma faz-se raciocinante. A "opinião verdadeira acompanhada de razão" do *Teeteto* corresponde a esse nível do *Fédon*; é também, na linguagem da *República*, a *diánoia* representada pela terceira parte da linha. Vamos deixar de lado os dois primeiros argumentos desse segundo episódio para considerarmos o mais filosófico de todos, para considerarmos o terceiro (78 b), aquele que estabelece que a alma é o que se parece com a ideia, porque ela é simples, "não-composta" (*asýntheton*), "una e por si", "idêntica", "acessível unicamente aos cálculos do pensamento" (*tón tes diánoias logismón*) e "invisível ela mesma" (80 a-b). Em suma, o filósofo tenta raciocinar sobre a alma raciocinante como opinava agora há pouco sobre a alma opinante. Mas terá ele atingido assim uma alma contemplante? Não, ainda não. Essa alma capaz do inteligível ainda é *apenas* semelhante à ideia, "o que mais se parece com a ideia", "da mesma raça que a ideia". Compreendemos a ponta de decepção que acompanha esta expressão, se a compararmos com o axioma de Parmênides: "Pensar e ser são a mesma coisa" (fragmento 3: *tó gar autó noûn estín te kaí eînai*).

A contemplação seria realizada nesta vida se pudéssemos passar da semelhança entre a alma e a Ideia para a identidade de ambas, que o mito do *Fedro* "realiza" na metáfora do "tocar" e do "comer". Mas, precisamente, a alma é só semelhante à ideia. Essa distância que subsiste entre a alma e o ser explica que a prova de sua imortalidade seja difícil de administrar (este aspecto do problema não nos interessa aqui) e que nesse trecho o diálogo chegue a uma espécie de crise: pois assemelhar-se à ideia indivisível e imutável é ser apenas uma similitude

---

9. Ler: *ktesásthai tó eidénai* e *epháptesthai*.

do indivisível e do imutável (*é engýs ti toútou*); aliás, a *República* e o *Timeu* não hesitarão em dizê-la composta, pelo menos num certo ponto.

É que a alma raciocinando sobre a alma raciocinante ainda está atrelada ao que a *República* chama de hipóteses; portanto, não é só em matemática que o pensamento procede por hipótese não criticada: aqui, é a simplicidade da alma que é a hipótese não criticada. Por isso a dúvida corrosiva é introduzida por Cebes e Símias: supondo que a alma fosse simples, não estaria sujeita a um aniquilamento que, nos termos de M. Guéroult em seu artigo, diz respeito à sua própria existência e não mais à destruição de uma essência? ("Aquilo cuja indissolubilidade está em causa assegurar quando se fala da alma não é sua essência, mas sua existência.") Está posta, portanto, a possibilidade de uma extinção que diz respeito à "intensidade subjetiva qualitativa da alma" (*idem*), a possibilidade de uma diminuição existencial: "essa diminuição é a usura da alma, essa intensidade é sua existência"[10]. Portanto, é preciso elevar-se a um nível superior, no qual a alma meditará não mais sobre as Ideias em geral, e sim sobre a Ideia mesma que estrutura sua própria existência – em suma, seu próprio *ti estí*.

c) Nível da dialética

Na terceira parte o diálogo alcança a *theoría*?
O terceiro nível de argumentos baseia-se, como sabemos, na participação da alma em uma Ideia específica: a Vida, que exclui a morte. Assim, a demonstração se baseia numa estrutura dialética de implicação e de exclusões entre Ideias: Alma implica Vida a título de atributo inseparável e Vida exclui Morte. Portanto, Alma exclui Morte. Alma-Morte é uma contradição tão insustentável como Neve-Quente.
É esse um exercício de *theoría*? Ainda não. Por quê?
– Não se pode fazer essa longa dialética corresponder totalmente ao que a *República* chama de recorrer ao *anhypóthe-*

---
10. Guéroult, *op. cit.*, pp. 486-7. (AC)

ton; para que fosse assim, seria preciso colocar esse sistema de Ideias na luz do Bem – o que o *Fédon* não faz. É por isso que na célebre passagem do *Fédon* 101 d, que corresponde ao texto da *República* sobre o hipotético e o anipotético, não está em questão o "princípio absoluto" (ἀρχήν ἀνυπόθετον[11], *República* VI 510 b, 511 b), mas somente um recurso a "algo suficiente" (*ti hikanón*). Na verdade, o argumento se move em meio a uma pluralidade de Ideias que são chamadas de "hipóteses iniciais" (*Fédon* 107 b). Festugière, que insiste – talvez exageradamente, como se verá – na presença mística do Bem e das Ideias aclaradas pelo Bem, concorda que o ser absoluto da Ideia, no terceiro argumento do *Fédon*, permanece "num certo sentido objeto de fé"[12]. É por isso que Cebes e Símias as consideram apenas "seguras" (*pistaí*), que as "admitem" (107 b), ao mesmo tempo que declaram que as hipóteses demandam um exame mais firme (também 74 a-b, 77 a, 100 b-c). A *necessidade*, sobre a qual frequentemente se insiste (72 e, 73 a, 76 c-77 a, 77 b-c, 92 c-e), move-se no interior de uma esfera de verdade que é mais admitida em bloco do que fundamentada radicalmente. Em 99 e-100 b: "Refugiar-se junto das ideias para ali encontrar a verdade dos seres... que existe um Belo em si, um Bom, um Grande, e então, se concordares comigo nisso, a partir daí espero mostrar-te que a alma é imortal..."

– A ausência de uma referência a um termo último tem como contraparte não só o caráter globalmente hipotético do argumento, mas também seu caráter *composto*. O argumento move-se em meio a Ideias, no plural; aliás, desse ponto de vista o *Fédon* é importante, pois prenuncia a composição das Ideias no *Sofista*. Nesse sentido, o *Fédon* sinaliza a via dialética que vai do *Crátilo* ao *Teeteto* – *Sofista* – *Político*; prenuncia a abertura de uma via nova, mais além da alternativa brutal que opõe a mobilidade da opinião e a imobilidade absoluta do ser lógico; prenuncia uma técnica das relações essenciais (o que Platão

---

11. Ler: *arkhén anypótheton*. Pierre Pachet (Paris, Gallimard, "Folio-Essais", 1993, p. 353) traduz por "não hipotético".
12. Paul Festugière, *Contemplation et vie contemplative selon Platon*, Paris, Vrin, 1936 (nova ed. 1975), p. 100. (AC)

chama de "comunicação dos gêneros"), ou seja, a participação não mais vertical do sensível num inteligível homônimo, e sim lateral, de certo modo, de essência para essência. Mas a hierarquia das essências no *Fédon* ainda se mostra truncada: nele não se encontra nada que corresponda à "intuição sinóptica" de que se falará aqui.

d) O final do Fédon

No fim a *theoría* platônica permanece tributária de seu ponto de partida no mistério religioso: em vez de uma última passagem da dialética para a intuição, ela comporta dois finais, um falado e o outro, mudo.

O primeiro é o grande mito escatológico final: assim, o diálogo não tem dificuldade em concatenar o mais racional argumento com um relato mítico do mesmo nível que o primeiro. Em Platão a indestrutibilidade alcançada pelo argumento é imediatamente identificada com a existência (107 a). Portanto, a crença está muito próxima do argumento mais lógico. Parece que o argumento está no interior da crença para racionalizá-la, mas não a substitui realmente.

Ele indica que a representação plástica de uma paisagem análoga à alma purificada corresponde, a título de *mito do futuro*, à representação da existência anterior. A dialética é assim um episódio lógico estendido entre dois momentos míticos, o primeiro desempenhando o papel de origem e o segundo, de limite do esforço.

Mas há uma segunda conclusão, que é a morte mesma de Sócrates narrada por Equécrates, e que não é um simples apêndice ao diálogo, e sim, de certo modo, seu cumprimento. O "morrer" de Sócrates cumpre o "lógos" de Platão. Sua afirmação – "filosofar é morrer e estar morto" – é cumprida no silêncio. O equivalente da *theoría* é aqui a própria qualidade do morrer de Sócrates; pois Sócrates não morre em aflição e no abandono de Deus, como Jesus carregado do pecado do mundo: morre na serenidade e na certeza, como um homem que cumpre sua meditação.

É nesse sentido que se pode dizer que *a theoría é inseparável da cifra da morte*. A morte, que na primeira parte era um tema de prédica, de exortação (*apología*), tornou-se um acontecimento sem discurso. Nesse momento somente a alma é puramente "noûs" e adequada às ideias. Está aqui a grande diferença com Plotino, que substituiu a *semelhança* da alma com a Ideia pela *identidade* do *noûs* e do ser. O *noûs é* os seres. A alma, fazendo-se *noûs*, é ela mesma um inteligível que conhece os inteligíveis por uma espécie de explicação de si (*Enéada* V). Então a contemplação é atual e não mais como esperança. Correlativamente, o cumprimento pela morte é eliminado em proveito de uma eternidade presente[13]. Mas Platão mesmo não deu esse passo: é morte adentro que a *theoría* avança.

3) A intuição e a ideia do Bem

Se a intuição está fundamentalmente ligada ao duplo mito da preexistência e da vida após a morte; se, portanto, ela é o termo anterior a toda filosofia e o termo ligado à morte, surge então a pergunta: qual é o estatuto da intuição na vida filosófica real?
Vamos decompor a questão:
– Há intuição de quê? (§ 3)
– Essa intuição se realiza integralmente por meio da dialética? (§ 4)

Há intuição de quê?

a) À primeira vista, toda Ideia é capaz de intuição: a intuição está ligada ao "cada um" das ideias (ver as primeiras aulas sobre o princípio de determinação distinta das Ideias). Há uma espécie de "presença" da Ideia pura na alma pura, cada

---

[13]. Cf. Volkmann-Schluck: *Plotin et la théorie platonicienne des Idées*. (AC) [Não encontramos a referência dessa tradução – provável – de Karl-Heinz Volkmann-Schluck, *Plotin als Interpret der Ontologie Platos*, Frankfurt, 1941.]

vez para cada Ideia. É provável que os "amigos" das Formas, criticados no *Sofista*, tenham interpretado assim o platonismo com base num ensinamento ambíguo do qual o famoso texto do *Banquete* sobre a intuição é testemunha: a intuição seria a visão da *unidade* da Ideia mais além dos casos múltiplos e da matéria sensível. Se fosse assim, a unidade da significação não seria simplesmente presumida, construída, afirmada, e sim encontrada "em carne e osso", e a Ideia seria uma estátua inteligível.

O que parece justificar essa interpretação é que a intuição está além do discurso, como um repouso do espírito na visão, para além do movimento articulado do pensamento (*Banquete* 210 c-211 a; *Carta* VII 341 a[14]).

b) Entretanto, Festugière mostra com muita força que a intuição tem um objeto específico: o Bem ou o Uno. A consequência, como se verá no § 4, é que a intuição não exclui a dialética, mas, ao contrário, a implica.

De fato, não se deve separar a intuição do termo da dialética ascendente; é esse termo que está mais além do discurso. Dois textos fundamentais esclarecem lateralmente o texto do *Banquete* (que parece ligar a intuição a qualquer Ideia que seja): o livro VI-VII da *República*, já estudado do ponto de vista do intermediário matemático, e o texto do *Filebo* sobre o Uno (13 c-27 e), ao qual Festugière atribui mais valor ainda (porque dissipa um equívoco que permanece ligado ao Bem e que é eliminado substituindo-o pelo Uno). Estamos lembrados que *República* VI 508 e-509 c[15] atribuía ao Bem o poder de tornar cognoscente o sujeito e conhecidos os seres, e também o de conferir às Ideias a essência e a existência; portanto, o Bem era visto como o princípio determinante dos seres essenciais. Ora, ele era o único indefinível e mais além de toda inteligibilidade. Os comentadores antigos interpretavam nesse sentido o Uno do *Filebo*, como o que *confere* o ser à Ideia (cf. o

---

14. *Carta* VII, 341 c-d, estaria mais de acordo aqui com o conteúdo do texto.
15. Cf. anteriormente, p. 38.

texto de Olimpiodoro, *In Philebum*: ἦν δὲ ἂν ἄμεινον τὸ μὲν ἕν [a forma una] πάντων [de todos os singulares] αἰτίον ποιεῖν, ἑνώσεως δὲ τὸ πέρας = *ên dé án ámeinon, tó mén hén pánton aitíon poieîn, enóseos dé tó péras*[16]). Portanto, o Bem esclarece o Uno do *Filebo* ao deixar entrever uma composição do sistema das Ideias a partir do poder do "princípio anipotético" (sem dúvida passando pelos "gêneros" supremos, de que falaremos mais adiante, e, através deles, para a multiplicidade das Ideias, que por sua vez também são una e múltiplas).

Mas, em compensação, o Uno do *Filebo* elimina o equívoco desse Bem que é Ideia (pois tem o poder de determinar as Ideias) e mais além da Ideia; e ele é então o verdadeiro incognoscível, o determinante indeterminável, o incondicionado sobre o qual Kant diz que é exigido pela série das condições (essa correção do *Filebo* seria então sugerida por diversas alusões da *República* VI 506 d, VII 517 b-c). Rodier[17] já interpretava nesse sentido o *Filebo*, como uma retificação da *República* VI (o Bem regredindo a um papel de "soberano bem" para o homem e o Universo).

Se nos deixarmos guiar por esses dois textos, ficará evidente que a intuição tem como termo privilegiado esse Bem--Uno-Causa mais além das determinações essenciais ("causa", ou seja, fundamento que das Ideias faz seres; ressurge o *Fédon*, que confere à Ideia a função de "causa": *Filebo* 58 a, 65 e, 67 a-b). Assim, o objeto da contemplação não são as Ideias como tais, e sim as Ideias *sob a determinação do Uno*. A partir daí, indagar se o homem é capaz de intuição é indagar se ele é capaz de aceder ao termo ascético de toda dialética ascendente – de ver o Bem; em seguida, se é capaz dessa intuição "sintética"[18], ou seja, dessa "apercepção direta e global de toda a hierarquia dos inteligíveis"[19] – dessa intuição que captaria "num único e mes-

---

16. Citado por Festugière, *op. cit.*, p. 202, nota 2. (AC) [Este comentário do *Filebo* não é mais atribuído a Olimpiodoro, filósofo neoplatônico do século VI d.C., e sim a Damascius Damascenus (morto por volta de 544 d.C.), último sucessor de Platão na direção da Academia, fechada por Justiniano em 529.]
17. *Op. cit.*, pp. 130-1. (AC)
18. Festugière, *op. cit.*, p. 208. (AC)
19. *Id.* (AC)

mo ato as Ideias e suas relações" a partir de sua raiz unificante e fundamentadora.

Festugière não duvida que Platão haja tido esse *sentimento de presença, de contato*, com o qual ele compara a intuição, em vez de "com a apercepção que se explicita por meio de uma Ideia"[20]. Isso supõe que se tomem literalmente os termos do *Banquete*, da *República* e do *Filebo*, à maneira dos neoplatônicos: "Essas conclusões, confesso, só puderam ser obtidas interpretando em seu sentido literal certos textos do *Banquete*, da *República* e do *Filebo*; era o método dos neoplatônicos, e nossos resultados coincidem com os deles."[21] Mas isso não será "psicologizar" o que toda a dialética de Platão tende a "logicizar"? Festugière dá a entender isso, mencionando "um fato de experiência psicológica que eu não poderia definir melhor do que denominando-o místico"[22]; ele vê aí algo mais que uma sinopse como a da definição, um verdadeiro face a face com o Bem da *República* e o Uno do *Filebo*, uma união superior à produção de um conceito, uma "união inexprimível", um "êxtase em que o espírito pertence à Ideia"[23], segundo a analogia do ofuscamento solar.

Mas:
– a mística negativa do Bem está na boca de Diotima, não de Sócrates; há aí um motivo de escrúpulo;
– o acesso ao Bem não é atestado como um sucesso efetivo;
– mas, principalmente, a intuição do Bem só poderá ser efetiva se não for ao mesmo tempo intuição das Ideias em seu "princípio"; portanto, se "sinopse" e *theoría* não coincidirem. O próprio Festugière fala dessa "visão das realidades em seu ser e em sua ordem"[24]; portanto, é preciso ir até o fim: a intuição do "princípio" não é possível sem a *finalização do sistema*, sem o sucesso da dialética. Ora, terá Platão mostrado, demonstrando-o, o poder fundamentador do Uno com relação a todo o sistema das Ideias?

---

20. *Id.*, p. 209. (AC)
21. *Id.*, p. 234. (AC)
22. *Id.*, p. 217. (AC)
23. *Id.*, p. 224. (AC)
24. *Id.*, p. 233. (AC)

4) Intuição e Dialética

Portanto, precisamos compreender agora a ligação fundamental entre a intuição e a dialética, o repouso e o movimento, a contemplação e o discurso. *República* VII 537 c junta essas duas funções de verdade numa expressão ousadamente composta: o dialético sinóptico, ὁ μὲν γὰρ συνοπτίκὸς διαλεκτικός = *ho mén gar synoptikós dialektikós*. Isso consiste em ver todos os seres num único ser, o múltiplo das Ideias no Uno do Bem. "Essa visão sintética do Uno e do Todo do Uno é o auge da contemplação e da ciência."[25] Vamos ver que essa ligação entre a intuição e a dialética só aparece plenamente na *dialética descendente*, ao passo que a dialética ascendente é um movimento que visa mais além do discurso.

a) Encontra-se uma primeira aproximação dessa síntese da intuição e da dialética no *Fedro* (265 d-266 c; 270 a-272 c; 277 b). Nele a Ideia não aparece como uma estátua de verdade, e sim como implicada num duplo movimento:
– de implicação num diverso que Platão identifica com a definição e que assimila a uma visão unificadora (*synóronta*). Essa unificação se refere a *uma* ideia como tal; portanto, está implicitamente ligada à segregação das ideias, ao *hékaston*, ao "cada um" das ideias; trata-se, portanto, de uma unificação discriminante, digamos assim. Por outro lado, esse primeiro movimento unificador (συναγωγή[26]) está ligado à disjunção do campo de significações; é unificador unicamente com relação ao sensível;
– a "divisão" (διαίρεσις[27]) é então o momento construtor de relações: a Ideia aparece como um Todo orgânico por desarticular; uma visão orgânica sucede à unificação discriminante; as ideias encontradas nesse caminho são assim constituídas pelo próprio trabalho de divisão (aqui a divisão é dicotômica,

---
25. *Id.*, p. 189. (AC)
26. Ler: *synagogé*.
27. Ler: *diaíresis*.

ou pelo menos aparentemente dicotômica, visto que se considera sempre o lado esquerdo e se deixa à direita todo o restante).

Assim a *synagogé* está ligada à visão disjunta da Ideia, cada vez "uma"; a *diaíresis* tem uma visão ordenada do "mundo" das Ideias; é à *diaíresis* e não à *synagogé* que está ligada uma concepção articulada das Ideias, ou ainda uma *multiplicidade regulada* das Ideias. Em 266 b, Sócrates conclui esse movimento de pensamento sobre o "homem dialético": "Quanto a mim, Fedro, é disto que sou, sim, muito amante: dessas divisões e dessas uniões, para ser capaz de falar e de pensar. Ademais, se creio ver em algum outro uma aptidão para dirigir o olhar para uma unidade, e que seja a unidade natural de uma multiplicidade... etc. Os homens aptos a fazer isso... dou-lhes o nome de dialéticos." Assim, como diz fortemente Rodier, é o movimento descendente que "é o único puramente racional: ele sozinho alcança Ideias e não mais generalidades empíricas"[28]; essa interpretação é confirmada pela *República* (livros VI 511 a-d, VII 532 a).

b) O *Sofista* (253 b-254 b) mostra melhor o caráter hierárquico dessa estrutura regulada: "Aquele que é capaz disso tem o olhar bastante penetrante para perceber:
(1) a – uma forma única que se estende em todos os sentidos através de uma pluralidade de formas, cada uma das quais permanece distinta;
b – uma pluralidade de formas naturalmente diferentes, que uma forma única envolve exteriormente;
(2) a – uma forma única que se espalha ao longo de uma multiplicidade de conjuntos, mas sem por isso perder sua unidade;
b – por fim, numerosas formas absolutamente solitárias."[29]

Há dois níveis dessa multiplicidade: um nível dos "gêneros" e um nível dos "transcendentais". Pelo menos é a interpretação de Festugière deste texto extraordinariamente obscuro (em particular 253 d 5-9, tal como Festugière o estrutura[30]).

---

28. Rodier, *op. cit.*, p. 57. (AC)
29. Trad. Diès. (AC)
30. *Op. cit.*, pp. 193-5. (AC)

(1) O nível dos "gêneros":
a) forma universal presente como gênero para suas espécies;
b) forma universal presente como espécie para um gênero superior.

O gênero, como é dito, abrange "extensivamente" suas espécies.
Este nível, o mais alto alcançado nessa direção, ainda nos deixa diante de "uma pluralidade de tudo".

(2) Nível dos transcendentais:
a) cada gênero supremo funciona analogicamente como um gênero com relação a suas espécies; é dito que essa forma se espalha no "todo" sem por isso romper sua unidade. Assim, o "mesmo" é participado por* tudo o que é idêntico, e cada "gênero supremo" ou "transcendental" se junta a gêneros como o Igual, o Justo;
b) mas esse processo nos deixa diante de uma multiplicidade de gêneros, cada um dos quais é "solitário"[31].

Tal texto não sugere de modo algum uma unidade final pelo Uno e [me] deixa muito cético sobre o caráter sistemático do platonismo; será que a dialética levada a sério e efetivamente tentada não faz desvanecer-se, como um sonho sempre adiado, a síntese total de todos os gêneros na unidade? Será que o surgimento do problema dos transcendentais, que veremos na segunda parte do Curso, não revela uma dificuldade nova, que se insere obliquamente entre *as* ideias e *o* Bem, visto que vemos constituir-se uma nova dialética, a dialética não mais somente das Ideias como seres, e sim do próprio Ser como um dos transcendentais: "Quanto ao filósofo, é à forma do Ser que se aplicam perpetuamente seus raciocínios" (*diá*

---

* Sobre esta construção do verbo "participar", cf. cap. II, p. 17. (N. da T.)
31. Cf. Apelt: ele vê três espécies de noções genéricas; crítica de Zeller em *Archiv für Geschichte der Philosophie*, I, p. 600; Rodier declara que reencontra os dois movimentos do *Fedro* ao comparar com 253 b-c. (AC) [Otto Apelt é um dos tradutores alemães dos livros de Platão, e particularmente do *Sofista*, no século XIX; Eduard Zeller é o fundador, em 1888, da revista citada.]

logismón, Sofista 254 a)? Não me convence a declaração confiante de Festugière, que acha este texto concordante com o "sol" da *República* e faz dele o modelo da junção da dialética com a contemplação; na ordem ascendente, diz ele, a dialética prepara para a contemplação; na ordem descendente, é o inverso "quando reconstruímos sistematicamente o real"[32], "a dialética se fundamenta então numa visão do ser"[33] – a visão garantindo a dedução.

Nada no *Sofista* justifica essa visão, que a forma do Ser permita uma dedução de todas as formas e uma visão global do todo de todas as formas no princípio que as gera.

Não só este texto permanece muito *programático*, mas também o principal exercício dialético do *Sofista* – aquele que elabora os cinco gêneros do Ser – ainda é uma execução parcial, "mais ou menos como Leibniz tentou constituir uma parte da Característica Universal"[34]. Platão reconhece claramente isso: os cinco gêneros são gêneros entre outros, e seria preciso fazer o mesmo trabalho para as outras Ideias. Tarefa gigantesca!

Talvez nem mesmo Platão tenha ficado satisfeito com essa construção por implicação de um gênero no outro, por atribuição necessária[35]. Em todo caso, o *Filebo* mostra que um outro método talvez permitisse realizar de outro modo a grande obra dialética, diferente do que [foi] aplicado no *Sofista* na construção da série dos cinco maiores gêneros (movimento, repouso, ser, mesmo, outro).

c) O *Filebo* contém uma página sobre a dialética (16 c-17 a) que à primeira vista abrange com bastante exatidão os dois textos do *Fedro* e do *Sofista*; mas há um tom novo que prenuncia a aritmologia, de que Aristóteles é testemunha. Parece que, ante a dificuldade em encontrar leis de exclusão e de compatibilidade exigidas pelo princípio da comunicação dos gêneros segundo o *Sofista*, Platão tenha se voltado para uma interpre-

---

32. *Op. cit.*, p. 195. (AC)
33. *Id.* (AC)
34. Rodier, *op. cit.*, p. 64. (AC)
35. Rodier, *op. cit.*, é mais severo que o necessário sobre essa construção. (AC)

tação de estilo pitagórico. Sabe-se que para os pitagóricos um número nasce do encontro da unidade com uma espécie de matéria numeral indefinida (assim como uma figura nasce da limitação de um espaço indefinido, o número repete-se no indefinido e nele destaca a série dos números). Essa transposição de uma aritmética dupla se expressa duplamente:
– primeiramente, o *Filebo* acentua o caráter dialético não só das ideias umas com relação às outras mas até em sua textura; cada ideia é um fragmento do sistema relacional; nela há ilimitado e limite (16 c-fim); assim, o dinamismo invade a própria ideia: Rodier fala de uma "reconstrução racional da essência"[36].

– por outro lado – e aqui isso nos interessa mais, com relação à intuição do princípio radical –, o que parece mais interessar Platão no exercício dialético é o *entre-dois*, a multiplicidade regular que se estende entre a unidade superior e a indefinida variedade dos casos concretos. Em 16 d-17 é proposto o seguinte esquema:

Para a ideia una – dividir em espécies, até a *infima species* (o que supõe que a divisão se detém em algum ponto, em um *átomon eidos*, pois a *infima species* não se divide mais em espécies, e sim se perde no concreto) – "então somente deixar cada uma das espécies dispersar-se no infinito". Há assim um número *intermediário* de operações e de estruturas entre o Uno e o Infinito.

Portanto, aqui a ênfase vai menos para o termo místico na dialética do que para a "quantidade precisa", para o "número total que a multidão realiza no intervalo entre o Infinito e o Uno". Aliás, Platão destaca isso claramente (17 a-fim): "Quanto aos intermediários, eles (os maus dialéticos) os ignoram, ao passo que respeitá-los é o que em nossas discussões distingue a maneira dialética da maneira erística." A ênfase é para essa conta das unidades intermediárias, para a enumeração das espécies (que, portanto, não se reduz à divisão dicotômica).

Quer isso dizer que Platão volta a cair no matemático, que está um grau abaixo da dialética? Não, de modo algum: este é

---

36. *Id.*, p. 56. (AC)

o momento de lembrar a oposição das duas medidas, segundo o *Político* (283 c); a conta dos intermediários, que o *Filebo* chama de dialética, e o que o *Político* chama de *justa* medida são a mesma coisa. Portanto, não estamos distantes do grande princípio de distinção entre o matemático, que é o "possível puro", e as essências "reais", que se comunicam com o Bem e obedecem a relações de finalidade.

Será que com isso o *Filebo* vai mais longe que o *Sofista* na realização do imenso programa da dialética? Essas "Ideias mistas" como todo número – verdadeiras unidades de multiplicidades – não são efetivamente elaboradas; os quatro "gêneros" do *Filebo* ainda são pontos de vista pelos quais se pode considerar uma mesma Ideia: em certo sentido ela é una, em certo sentido é múltipla, em certo sentido é mista e exige uma causa do misto. (Rodier discute sobre a possibilidade de superpor os quatro ou cinco princípios do *Filebo* com os cinco gêneros do *Sofista*.)[37] Assim, o *Filebo* até mesmo vai menos longe que o *Sofista* no sentido da construção das Ideias primeiras: os cinco gêneros do *Sofista* eram os primeiros termos da série dos inteligíveis e constituíam o início de uma dedução do Ser. "Os quatro termos do *Filebo* designam os quatro papéis que devem ser desempenhados" por uma ou outra dessas Ideias. "Assim, o *Filebo* não é, como o *Sofista*, uma tentativa de realizar uma parte da dialética: seu objetivo é determinar mais precisamente as condições desta. Ele indica os princípios e as causas sobre os quais é preciso ter segurança e domínio, caso se queira tentar uma construção que tenha alguma possibilidade de êxito."[38]

Se seguirmos Rodier, seremos levados a dizer que recorrer a estruturas de tipo aritmológico, em vez de aproximar do objetivo, ainda afastou dele, por conscientizar das dificuldades da tarefa. É por isso que o *Filebo* dá ao mesmo tempo uma ideia mais avançada do programa a ser cumprido e menos confiança na possibilidade de realizá-la; em 16 c, Platão diz sobre o caminho da dialética: "Mostrá-lo não é nada difícil, mas praticá-lo é, grandemente"; declaração ainda mais impressio-

---

37. *Id.*, pp. 70-2. (AC)
38. *Id.*, p. 72. (AC)

nante porque é o mesmo diálogo que transfere o termo supremo da dialética ascendente para mais além da Ideia do Bem, até o Uno. Resta saber o que as aulas de Platão sobre as Ideias--números continham efetivamente; voltaremos a isso mais adiante. A obra escrita dá-nos apenas um exemplo de composição sistemática, a construção dos primeiros elementos do sensível no *Timeu*: alma do mundo, alma humana, sensível; mas, como observa Rodier, "essa dialética do sensível não é uma construção racional"[39].

Conclusão geral

A contemplação é uma contemplação menos da Ideia como determinação distinta que do princípio (BEM-UNO-SER) e da hierarquia descendente que dele procede. Portanto, contemplação e dialética estão ligadas inseparavelmente: o inacabamento desta é também o inacabamento daquela.

É por isso que parece difícil sistematizar esses dois aspectos do platonismo, como propõe Festugière, que distingue cinco momentos: três momentos de contemplação enquadrando dois momentos de dialética (visão pré-empírica – dialética ascendente – apreensão do Ser em si – dialética descendente – intuição sinóptica): "Essa visão perfeita do múltiplo no Uno, do Uno no Múltiplo, reunindo todo o múltiplo, é o auge da contemplação e da ciência."[40]
Mas:
a – O primeiro momento é mítico.
b – Festugière não leva em conta a equivalência entre a filosofia e a morte, que recua a intuição final para um futuro escatológico.
c – O princípio supremo não é completamente elaborado em Platão: Ser, Bem ou Uno?
d – A dialética do ser faz surgir "gêneros" supremos cuja unidade não aparece e que até mesmo são expressamente ditos "solitários" (*Sofista* 253 d).

---

39. *Id.*, pp. 73 ss. (AC)
40. Festugière, *op. cit.*, p. 196. (AC)

Que dizer do *Parmênides*? Seu "jogo trabalhoso" desenvolve-se inteiramente "fora da luz da intuição": "Nas fórmulas que o *Parmênides* repete quase sem variação quando é usado o argumento dicotômico, é sempre o pensamento refletido, a *diánoia*, que divide. A palavra *noûs* está ausente do *Parmênides*, e seus derivados só aparecem na primeira parte, para a rejeição do conceptualismo. O jogo trabalhoso das contradições só é praticado num âmbito de pensamento não aclarado pela visão unificante do intelecto."[41]

e – Por fim, Platão propõe uma concepção mais programática do que efetiva da dialética. Se o sistema das ideias estivesse inteiramente composto, sem imagens nem hipóteses, sem lacunas nem exceções, a intuição mítica seria inteiramente recuperada no ato filosófico. Não haveria no mito do nascimento e da morte nada a mais que na filosofia, e a filosofia não precisaria mais do mito da Reminiscência: a intuição sinóptica tê-lo-ia absorvido inteiramente em sua luz e em sua ordem. É por isso que a realização da filosofia na intuição talvez seja afinal o próprio mito da filosofia; por isso era preciso, para falar da intuição nesta vida, que no *Banquete* a sobriedade de Sócrates fosse revezada pela ebriedade da profetisa Diotima.

---

41. Diès, *Notice du* Parménide, pp. 47-8. (AC)

SEGUNDA PARTE
A IDEIA DO SER E DO NÃO-SER

Ao apoiar-se na linguagem, a filosofia platônica situava-se já de imediato num nível em que há vários seres, no sentido de que há significações distintas. É essa situação inicial que coloca no centro do platonismo o problema da participação mútua das Ideias. O problema do Ser é solucionado por uma filosofia *dos* seres, estando entendido que o Ser é a Ideia? De modo algum. Por quê?

A questão do ser volta a assomar de duas maneiras diferentes: primeiramente, o que quer dizer ser para uma Ideia? Em linguagem platônica, o ser é atribuído a *isto* ou a *aquilo*; portanto, há um problema próprio da significação do ser considerado absolutamente, daquilo de que participam as Ideias. O ser, como diz o Sofista, está "misturado" a todas as Ideias. Portanto, há um problema filosófico de saber "o que é o ser" como determinação atribuída a este ou àquele ser. Portanto, esta questão é a questão ontológica de segundo grau.

O socratismo partia da definição disto ou daquilo. "O que é (ou o que denominas) a coragem, a virtude etc." Respondeu-se que eram seres determinados. Essa ontologia de primeiro grau ou ontologia de determinações toma novo impulso numa ontologia de segundo grau; e, assim como a pergunta "o que é isto? o que é aquilo?" nascia de um embaraço, começava por uma aporia, a pergunta: "O que é o *ser* atribuído a isto ou àquilo?" começa também num embaraço: há uma aporia do ser. Assim, o aparecimento dessa questão não atesta nenhuma revisão do platonismo, e sim um redobramento da questão ontológica: numa linguagem aparentemente muito moderna, mas na realidade propriamente platônica, passamos da questão dos "entes" (*ta ónta*) para a questão do ser (*tó ón* ou *ousía*). É essa questão que o grupo dos diálogos ditos *metafísicos*[1] atesta. Mas onde está o embaraço e como mostrá-lo? A aporia dos "entes" era mostrada pela interrogação dos contemporâneos, em suma, pelo método socrático do "exame", originário do oráculo de Delfos; a aporia do ser é mostrada pela *retomada da história da filosofia*, por um novo mergulho nos pré-socráticos. É a história *deles* que é aporética.

Como se manifesta esse recurso à história do ser?

De diversos modos: primeiramente pela ficção do *Parmênides*, ficção de um diálogo muito antigo, retrocedido para cinquenta anos antes, e que teria posto em confronto o velho Parmênides e um Sócrates jovem e inexperiente, tomado de estupor pela dialética do velho mestre. A ficção de *arcaísmo* do debate é essencial: a ideia de fazer Zenão, Parmênides e Sócrates jovem encontrarem-se cria uma impressão de mergulho no tempo que simultaneamente representa a antiguidade do problema e convida a investigar nessa mesma antiguidade sua estrutura antinômica. É por isso que era preciso que Sócrates

---

1. Convém lembrar os argumentos de Diès em favor da ordem cronológica: Parmênides, Teeteto, Sofista, Político, in *Notice générale*, Paris, Les Belles Lettres, "Guillaume Budé", 1923-1924-1925, t. VIII/1-3, p. XIII: *Teeteto* lembra, em 183 c, o antigo encontro com Parmênides, que não é uma evocação histórica, e sim a alusão ao diálogo construído sobre a ficção desse encontro. O *Teeteto*, por sua vez, termina com o anúncio de um encontro com Teodoro e Teeteto, que ocorre precisamente no *Sofista*. Este prenuncia a definição do sofista, do político, do filósofo. A primeira definição ocupa o *Sofista*; o *Político* continua a conversação e faz alusão ao *Sofista* em 284 b. "A ordem *Parmênides, Teeteto, Sofista, Político* é justamente a ordem de sucessão desejada por Platão, e não temos motivo algum para pretender que essa ordem de leitura não seja a ordem de sucessão cronológica." (PR) [Auguste Diès (1875-1958) traduziu principalmente os diálogos metafísicos de Platão – *Parmênides, Político* etc. – para a coleção "Guillaume Budé".]

fosse inexperiente: a juventude de Sócrates é a própria juventude da reflexão, diante de um problema arcaico. E se no *Sofista* e no *Teeteto* Sócrates não brilha, é para que o próprio eleatismo admita seu fracasso, e não porque Platão mude de filosofia. Sócrates devia reaparecer no diálogo não escrito: o *Filósofo*. Assim, Aristóteles viu corretamente quando criticou no *Sofista*[2] (*Metafísica* N 1088 b-1089 a) sua "maneira arcaica de colocar o problema" (*tó apóresai arkhaikós*). Isso vale para todo o conjunto, cujo arcaísmo é intencional. Essa interpretação da ficção de arcaísmo do *Parmênides* é confirmada pela evocação explícita da história do problema do Ser no *Sofista*. Nela se percebe uma intenção muito diferente da de Aristóteles historiador: este quer mostrar na história um encaminhamento em sua direção, uma construção progressiva do aristotelismo; Platão quer mostrar nela uma *estrutura antinômica*, uma exibição da aporia do ser: pluralismo jônico- -monismo eleático (*Teeteto*), pluralismo das Ideias-monismo do Ser (*Parmênides*), materialista-idealista (*Sofista*). É um método perigoso do ponto de vista histórico, mas que tem apenas sentido meta-histórico, como um diálogo dos mortos em que o confronto das pessoas *dramatizasse* de uma só vez as oposições fundamentais do pensamento ontológico. Nessa dramatização, o conflito do UNO-MÚLTIPLO tem o papel piloto; é uma propedêutica arcaica. Mas a aporia se desenvolve em três direções: uno-múltiplo; movimento-repouso; mesmo e outro (vê-se a intersecção das três aporias em *Sofista* 252 a-b).

---

2. Em vez de "Sofista", seria de esperar "Parmênides", citado na passagem em foco e confirmado por Ricœur no início do parágrafo seguinte.

CAPÍTULO I
A QUESTÃO DO SER NO *PARMÊNIDES*

1. O problema do *Parmênides*: unidade interna do diálogo e ligação com a série *Parmênides-Sofista*

Nossa primeira tarefa é recuperar o *sentido do problema do ser* proposto por esse diálogo enigmático; precisamos recuperar esse sentido indo da fabulação externa (sobre a qual insistimos na introdução) para a questão radical que à primeira vista parece esconder-se atrás de um árduo jogo de dialética. Mais exatamente, na primeira leitura encontramos apenas duas metades de argumentação, das quais a primeira parece ser uma crítica ruinosa e a outra, um jogo estéril. Compreender o problema é compreender que o *Sofista*, diálogo não aporético, resolve as dificuldades do *Parmênides*, diálogo aporético. Mas para isso é preciso ter reconhecido *o* problema, que parece partido em dois, entre a crítica e o jogo.

a) Da fabulação para o problema

Assim, vamos partir da fabulação arcaica: o encontro entre Zenão de Eleia, Parmênides e Sócrates; a disposição dos personagens já tem um valor indicativo sobre as intenções de Platão. Numa espécie de prelúdio (127 e-130 a), Sócrates é posto em confronto com Zenão de Eleia, discípulo de Parmênides, e triunfa facilmente; depois, aplainado o terreno, de certo modo,

Sócrates é posto em dificuldade pelo próprio mestre, que acumula contra a teoria das Ideias objeções aparentemente mortais (130 a-135 c). Depois, em vez de continuar a enumerar objeções contra a teoria das Ideias, Parmênides faz uma brusca viravolta e indica que uma ciência mais extensa e mais profunda permitiria resolvê-las, e anuncia que vai dar um exemplo do método que eliminaria as objeções; vem então um imenso exercício, em que se extraem as consequências de uma série de hipóteses sobre o Uno, conforme lhe seja atribuído ou não lhe seja atribuído o ser. Mas esse exercício de discussão, de andamento hipotético-dedutivo, nos deixa insatisfeitos: à primeira vista, não se vê como esse exercício prepara as respostas às objeções da primeira parte. Parece ser um exercício puramente formal, puramente propedêutico.

É essa aparente discordância entre uma crítica sem resposta e um exercício sem aplicação que constitui o enigma do *Parmênides*. Segundo a análise de Brochard, será preciso compreender que "essa parte dialética é uma nova objeção contra a teoria das ideias, a mais formidável de todas, que se soma a todas as anteriores e as complementa", mas ao mesmo tempo ele "levanta um novo problema, de importância capital, prepara sua solução, já dá mais de metade dela sem que ninguém atente para isso"[1]. Se a última palavra ainda não é dita, talvez seja porque Platão ainda não esteja vendo claramente, ou porque queira retardar a revelação da verdade, ou jogar, também ele, com e como seus adversários.

b) O esquema de incoerência apresentado por Zenão

Dizíamos que a disposição dos personagens já tem um valor indicativo sobre as intenções de Platão: a eliminação de Zenão de Eleia por Sócrates não é um detalhe acessório; por que rebaixar Zenão de Eleia em proveito de Parmênides? Para dissociar o eleatismo ortodoxo do que aqui parece ser apenas

---

1. Victor Brochard, *Études de philosophie ancienne et de philosophie moderne*, Paris, Vrin, 1926, p. 117. (AC)

uma vã erística e fazer surgir o verdadeiro problema. Zenão quer demonstrar pelo absurdo que o múltiplo não pode existir porque é incoerente (o uno exclui o múltiplo); portanto, desde o início *o esquema de incoerência* já é a relação Uno-Múltiplo. Toda a arte do diálogo vai consistir em radicalizar esse esquema de incoerência para fazer surgir nele um esquema de coerência, mas de coerência dialética. Mas para isso é preciso radicalizá-lo; como? Primeiramente, levando-o ao mesmo nível das Ideias ou das Formas – é o que faz Sócrates em sua resposta a Zenão (128 e-130 a); depois, transformando-o em *aporia* na relação das formas com o sensível (130 a-135 c); depois, transformando-o em *exercício preparatório* para a solução no jogo dialético (segunda parte do Diálogo). Portanto, há uma progressão dramática: colocação do Uno-Múltiplo como esquema de incoerência no nível do sensível por Zenão, transposição desse esquema para o plano das ideias por Sócrates, radicalização por Parmênides em sua réplica a Sócrates, transformação em solução por meio do "jogo" no monólogo de Parmênides.

c) O esquema de incoerência transposto do sensível para as Formas (128 e-130 a)

Zenão formula um falso problema: como uma coisa pode ser semelhante a uma outra e dessemelhante a uma outra? Isso não prova que ela não exista: prova simplesmente que seu sentido é duplo ou, em linguagem platônica, que ela participa duplamente:
– da Ideia do semelhante;
– da Ideia do dissemelhante, ou seja, que ela é pensável sob duas regras de inteligibilidade (assim, Sócrates é um entre sete, mas múltiplo com relação às suas partes, propriedades, atributos; igualmente também o exemplo direita-esquerda). Mas, observa Sócrates, o que seria espantoso é que a própria ideia do semelhante fosse dessemelhante sob algum aspecto: "os gêneros e formas em si receberem em si mesmos afecções contrárias, isso valeria que nos maravilhássemos"; e, mais adiante: as formas como tais serem capazes de "se misturarem e se

separarem" (129 e), isso é que seria admirável. Está em causa, portanto, transformar em espanto o que foi praticado ingenuamente.

d) O esquema de incoerência transformado em aporia (130 a-135 c)

Aqui começa a crítica da teoria das Ideias – crítica formidável, que Aristóteles, em grande parte, não faz mais que retomar. Consiste em tornar *impensável* a participação dos sensíveis nas Ideias. Portanto, a aporia se refere à relação vertical, de certo modo, da participação Ideia-Sensível. Isso merece ser destacado, porque Sócrates havia anunciado uma discussão sobre a relação lateral de participação Ideia-Ideia; e o exercício dialético, conduzido por Parmênides como modelo de resolução, desenvolve-se precisamente de Ideia para Ideia; consequentemente, a unidade do *Parmênides* depende da unidade dos dois sentidos da participação: do sensível no Inteligível e do Inteligível no Inteligível. Tudo nos incita a desconfiar que resolver a segunda é resolver a primeira e, portanto, que radicalizar a primeira é introduzir a segunda. Assim, a aporia, ouso dizer, é aperitiva. A aporia é aperia*!

2. Implantação da crítica da teoria das Ideias

Vejamos como as objeções de Parmênides à teoria das Ideias podem inserir-se entre o espanto de Sócrates (que o Uno seja Múltiplo e vice-versa) e o exercício dialético de Parmênides.

a) Luta preliminar

As objeções versam essencialmente sobre a relação entre a forma e o objeto participante, mas são precedidas de uma

---

* "Apérie", aqui traduzido literalmente, muito provavelmente é uma criação de Ricœur para esse jogo de palavras. (N. da T.)

luta preliminar: há forma *de quê*? Qual é a *amplitude* do mundo das formas? Há forma do Uno, do Múltiplo, da Semelhança, da Dissemelhança, do Belo, do Bem. – Concordo. – Do homem, do Fogo, da água? – Sócrates hesita: a extensão da função ética, ou seja, a passagem da função "reguladora" (ou normativa) para a função "constitutiva" (ou causal), e matemática das ideias para sua função física é problemática; entretanto, é preciso dar esse passo, ou então a Ideia não seria mais a razão completa das coisas, se ela não fosse simultaneamente o *melhor* (ideal) e a *origem* (real). Toda a discussão do *Fédon* no início da terceira parte, sobre o papel da ideia como "causa", vai nesse sentido, e a gênese ideal do sensível que o *Timeu* constitui supõe que essa extensão deve ser ousada; mas então é preciso ir até o fim e expressar uma ideia dos objetos totalmente insignificantes (fio de cabelo, lama, sujidade), ou seja, dos objetos que não somente são, mas também não são belos nem bons, que saem do *kalós kagathós*. Sócrates recua ante o ridículo de ir "perder-se e afogar-se em algum abismo de tolice" (130 d); esse ridículo esconde a vergonha de expressar Ideias em que a função "causal" parece incoordenável com a função "final", em que *a origem* não parece mais ser *o melhor*.

Esse escrúpulo, portanto, deve ser relacionado com o problema da "causa errante" e da *anánke* do *Timeu*, que marca o limite inferior de uma gênese do sensível. Parmênides conclui essa primeira escaramuça nos seguintes termos (130 e 1-4): "Isso porque ainda és jovem, Sócrates, teria dito Parmênides, e ainda não foste dominado pela filosofia com a ascendência firme com que, assim espero, ela te dominará algum dia, *o dia em que não terás desprezo por nada disso tudo*."

b) Objeção à teoria de Formas

Todas as objeções que constituem a peça principal do processo de Sócrates jovem por Parmênides velho querem mostrar que a participação, admitida como hipótese e, de certo modo, praticada pela investigação da essência, não pode ser refletida* sem que subitamente pareça impensável: é uma relação *operada* prospectivamente, mas *impensável* reflexivamente. As dificuldades da participação vertical, portanto, são um aspecto da questão: o que é o *ser* disto ou daquilo que é. A aporia do ser, que assumirá outra forma no *Sofista*, toma aqui a forma seguinte: se o ser é o ser participado por..., o sentido do ser é tenebroso, pois não sabemos o que quer dizer "ser participado por..." (não mais do que saberemos o que quer dizer "participar de..." depois da segunda parte do *Parmênides*). Assim, eles** vão experimentar, como chaves sucessivas, várias interpretações possíveis da participação.

Tentam primeiramente uma representação material, por assim dizer, em que a forma seria como um todo inteiramente espalhado em suas partes, ou como a luz do dia, que está em todo lugar, ou como um véu lançado sobre as coisas. Tiram consequências absurdas dessa participação-partilha.

Em seguida, tentam uma representação mais sutil: a participação como relação de semelhança; portanto, uma relação intramundana, como é praticada entre um modelo e uma cópia. Mas, para que o modelo e a cópia se assemelhem, é preciso reuni-los sob uma terceira ideia; e, como a relação desse "terceiro" com o par inicial é também uma relação de semelhança, será preciso referir infinitamente a semelhança a um modelo prévio. Aristóteles fará disso o argumento do terceiro homem (Sócrates e a ideia de homem se parecem por participação num terceiro homem). Mas é preciso ver bem que, aos olhos de Platão, essa objeção, assim como a anterior, não arruína a participação; tanto uma objeção como a outra a rechaçam para mais além de uma inteligibilidade constituída por comparações de coisa com coisa.

Por fim, vão pôr à prova uma relação mais sutil, com quatro termos: 1) um homem e 2) a Ideia de homem; 3) uma ciência praticada efetivamente por homens concretos e 4) a Ideia de ciência. Veem bem que o homem faz ciência e que a Ideia de homem se relaciona com a Ideia de ciência; mas não veem co-

---

* Sobre este uso do verbo "refletir" (*réfléchir à, sur*, em francês) na voz passiva, cf. p. 17, a respeito do verbo "participar" (este volta a ser empregado passivamente logo a seguir no texto). (N. da T.)
  ** Os participantes do diálogo. (N. da T.)

mo o par homem-ciência, considerado no nível histórico, entre em relação com a par homem-ciência, considerado no nível das significações absolutas; o em si refere-se ao em si, o nós ao nosso, mas o em si nunca se torna "para nós". O argumento é mais sutil que o anterior, pois já não relaciona coisas e seu sentido, e sim homens e o sentido das coisas. A impossibilidade da participação torna-se a impossibilidade do conhecimento humano; a relação "em si – para nós", relação que podemos chamar de relação intencional[2], é impossível. O em si fecha-se sobre si, como um *Hinterwelt sem relação*; em outras palavras, o em si é o incognoscível. Portanto, oscilamos da relação material para a ausência de relação.

Porém, mais uma vez, o fracasso da representação material, o da representação analógica e o da representação intencional da participação não significam fracasso absoluto, e sim *impensabilidade*. A discussão só tem sentido porque os interlocutores concordam sobre a verdade da participação; é por isso que no início (133 b) e no final (135 a) Parmênides dá a entender que "uma rica experiência" e "uma natureza bem dotada" (133 b) a levariam a bom termo (cf. 135 a-b).

Conclusão provisória

1) As dificuldades da participação vertical devem ser *coordenadas* às dificuldades da participação lateral.

2) Ambas devem ser *subordinadas* à questão: o que significa o *ser* de cada um desses seres que são as Ideias ou Formas?

3. O emprego aporético da dialética na seguda parte do *Parmênides*

Em vez de prosseguir com as objeções contra a teoria das Ideias, Parmênides subitamente faz uma viravolta: propõe um

---

2. Pode-se guiar a leitura pelo esquema seguinte:

    ciência em si   coisa em si
    nossa ciência   ciência para nós

exercício propedêutico imitado de Zenão, exercício que consiste em apresentar hipóteses e examiná-las por suas consequências. Está entendido que esse exercício não perderá mais tempo numa dialética do sensível para mostrar sua irrealidade, e sim que essa ginástica irá já de imediato ao nível das ideias. Parmênides vai dar uma amostra dessa ginástica a propósito da Ideia do Uno, que lhe é familiar, e "jogar esse jogo trabalhoso" que consiste em elaborar e derrubar sucessivamente todas as hipóteses (137 b). Mas desse jogo, que pretende ser propedêutico, não se percebe nem a ligação com as dificuldades precedentes nem a função preparatória para uma solução. Primeiramente vamos apresentar a estrutura da argumentação (§ 3) e esboçar as diversas interpretações possíveis (§ 4); levaremos em conta apenas o que parece responder à questão que é a nossa: o ser das Ideias.

Primeira observação preliminar

Essa argumentação porta o nome de dialética e não parece ter ligação com o método que a *República* e o *Fedro* denominavam dialético e que reaparece no *Sofista*. A dialética apresenta-se aqui com sua face mais suspeita, como uma *erística*, a qual todo o platonismo quer pôr em xeque. Essa recaída na erística – e mesmo na sofística – faz parte do *arcaísmo intencional* que domina a problemática nova que Parmênides quer fazer surgir. A dialética praticada, ou pelo menos projetada como programa, requer de fato uma reflexão sobre suas condições de possibilidade; sob esse aspecto, o problema da comunicação das ideias é o problema de segundo grau que a utilização da dialética levanta. Para que a "união" e a "divisão" do *Fedro* sejam possíveis, é preciso que o ser de uma ideia seja tal que ele seja também o *não-ser* de uma outra Ideia. Em suma, a dialética das ideias supõe uma estrutura dialética do ser das Ideias. Portanto, é uma dialética duplicada, de certo modo, que é posta em jogo no *Parmênides*. Assim como o problema mais radical do ser exigia que se tornassem mais velhos que Sócrates, que se tornassem pré-socráticos, assim também o problema mais radical da dialética exigia que se entregassem ao que é o mais válido na erística dos Górgias, Protágoras, Euclides, Antístenes. A "ironia" do *Parmênides* consiste em deixar-nos completamente desarmados em face dessa erística triunfante; para apresentar o problema era preciso pôr em evidência a *verdade da sofística*[3]. Essa verdade, que ultrapassa a sofística, é que a sofística é o envoltório lúdico da "aporia" mais fundamental: a do próprio ser, e não mais dos "entes". A dúvida socrática levou aos "entes" (*ta ónta*); a retomada da sofística põe em questão o próprio ser atribuído às essências.

Segunda observação preliminar

A função "aporética" da sofística é ainda acentuada pelo emprego das "hipóteses", que, entretanto, a *República* parecia ter relegado ao nível inferior da matemática. Para fundamentar a dialética dos seres numa dialética do ser, é preciso retornar ao procedimento hipotético dos eleatas e megáricos, que volta a mergulhar a investigação numa atmosfera problemática.

Terceira observação

Esse aspecto ainda é acentuado pela duplicação de cada série de hipóteses positivas por uma *série negativa*. Ex.: se o Uno

---

3. Em seu *Étude sur le* Parménide *de Platon*, Jean Wahl refaz a história dessa dialética pré-socrática, de Anaxágoras aos sofistas (pp. 53-60), e mostra bem como "essa antilogia, que ele havia reprovado tão vivamente na *República* (1. VII), no *Fédon* (101 c), no *Fedro* (261 c), se transforma numa ciência superior" (p. 61). A sofística tem um valor purificador, comparável ao da tragédia; ela transporta a *douta ignorância* dos sensíveis para os inteligíveis. Há assim "uma sofística da *diánoia* que nos faz ir para a *nóesis*". Jean Wahl até mesmo ousa a expressão: "Há uma *dóxa* das Ideias" (p. 63), há, por assim dizer, opinião no que Parmênides julgara ser a verdade; o que refuta Sócrates refuta Parmênides ainda mais radicalmente. Jean Wahl vê aí um meio de pôr em evidência um "mais além da *ousía*", segundo o projeto da *República*, e de colocar as Ideias em relação pelo movimento de implicação do *ser* e do *não-ser*. Veremos se essas duas funções são compatíveis. (PR)

não é, o que acontece? ("É preciso utilizar os processos de Zenão para converter as ideias em juízos hipotéticos a respeito de sua própria existência, mas é preciso acrescentar que esses juízos hipotéticos podem ser afirmativos ou negativos."[4]). Ao mesmo tempo, a *não-colocação* de uma ideia constitui um conteúdo de hipótese: é um modo de já introduzir o *não-ser* entre as condições de possibilidades dos seres ideais, ou, como dirá o *Sofista*, a alteridade como "gênero supremo".

Quarta observação

Por fim, o aspecto "aporético" de toda a discussão será consagrado pela *destruição* das hipóteses; levantar e derrubar uma série de hipóteses, elas mesmas positivas e negativas, será o estilo aporético do *Parmênides* em seu exercício dialético. Jean Wahl vê nisso uma espécie de "noite do entendimento" que dá sequência ao pensamento imerso nas imagens e constitui o acesso ao que está acima do inteligível e das hipóteses. Mas voltaremos a essa interpretação mais "mística" do que "propedêutica" do *Parmênides*, que era fundamentalmente a de Proclo (Proclo compara o *anhypótheton* da *República* VI 510 b e 511 b com a destruição das hipóteses do *Parmênides*[5]). Deve-se notar, aliás, que essa destruição não é obtida por uma dedução rigorosa; as "consequências" da hipótese são compostas de assonâncias de ideias: a dialética aqui é um método maleável de exame das hipóteses, um "mundo flexível de naturezas simples que estão em comunicação e cujos *vincula* são o próprio movimento do espírito"[6]. O todo constitui uma espécie de vagueação, de "voo planado" sobre o oceano do discurso, que Proclo já comparava com a viagem de Ulisses.

Podemos agora dar o esquema das "hipóteses" do *Parmênides*. A hipótese "se o Uno é" desdobra-se uma primeira vez:

---

4. Wahl, *id.*, p. 66. (AC)
5. Citado por Wahl, *id.*, p. 70. (AC)
6. Wahl, *id.*, p. 71, que opõe esta passagem a Espinosa e Hegel e aproxima-a de Descartes. (AC)

"Se o Uno não é"; desdobra-se uma segunda vez: que resulta disso para si? Que resulta disso para os outros (*t'álla*)? Por fim ela se desdobra mais sutilmente, de acordo com um princípio que é indicado somente no início da segunda hipótese (142 b-c). O que quer dizer: o Uno é? Essa hipótese é tomada em dois sentidos, conforme se acentue a Unidade do Uno ou sua *Realidade*, "pois, se o Uno *é*, no sentido pleno do verbo ser, não é totalmente uno, visto que a ele se liga realidade; e, se o Uno é *um*, no sentido pleno da palavra um, não é completamente real... É preciso abandonar o ser para ter o Uno, ou abandonar o um para ter o ser."[7]

Temos assim um campo de hipóteses complexo:
1) Se afirmarmos o *Um* do Uno, o que resulta disso para si?
2) Se afirmarmos o *Ser* do Uno, o que resulta disso para si?
3) Se afirmarmos o *Ser* do Uno, o que resulta disso para as outras coisas?
4) Se afirmarmos o *Um* do Uno, o que resulta disso para as outras coisas?
5) Se negarmos o *Ser* do Uno, o que resulta disso para o Uno?
6) Se negarmos o *Um* do Uno, o que resulta disso para o Uno?
7) Se negarmos o *Ser* do Uno, o que resulta disso para as outras coisas?
8) Se negarmos o *Um* do Uno, o que resulta disso para as outras coisas?

4. A interpretação formalista

O problema da interpretação do *Parmênides* apresentava-se já na Antiguidade como se apresenta em nossos dias. Trata-se de um jogo ou de um diálogo esotérico[8]? Essa questão está estreitamente ligada à questão de saber o que é aqui o Uno. É apenas um exemplo, como o do pescador a anzol do *Sofista*? Ou é

---

7. Wahl, *id.*, p. 86. (AC)
8. Cf. a citação de Proclo em Wahl, *id.*, notas, p. 243. (AC)

precisamente o Bem da *República*, que se tornará o Uno no *Filebo*? É o que afirmam os neoplatônicos que, ao mesmo tempo, privilegiam a primeira hipótese. E os "outros" com que o Uno é relacionado é o sensível, como afirma a escola de Marburg? Então a dialética seria a do inteligível e do sensível; ou essa alteridade é uma estrutura do inteligível? Então em nenhum momento a dialética sai do campo racional dos elementos principais da representação. E, ainda, essas diversas interpretações não levam em conta o número total de hipóteses. Por que todas essas hipóteses? Por que há outras depois da primeira e da segunda? Deve-se atribuir à terceira, e mesmo à quarta, uma situação chave?

Tomaremos como guia Brochard[9], porque sua interpretação é a mais próxima da teoria do puro jogo, embora ele procure na forma do jogo o elemento de seriedade. Brochard se empenha, aliás como toda a tradição, em reduzir a uma alternativa as oito hipóteses. A alternativa não está de modo algum entre a hipótese afirmativa e a hipótese negativa (portanto, entre o primeiro grupo de quatro e o segundo grupo de quatro), nem entre as consequências "para si" e "para os outros", e sim na decomposição do Ser e do Uno, que abre duas possibilidades: ou o Uno só pode repetir ele mesmo, ou o ser pode ser atribuído ao Uno; há então duas colunas de hipóteses, pilotadas, uma pela primeira hipótese e a outra, pela segunda. O que significa a decomposição da tese parmenidiana em duas hipóteses? Segundo Brochard, não é de modo algum a teologia do Uno que está em causa: o Uno é um exemplo entre outros. O que está em causa é a atribuição do Ser ao Uno. Na primeira hipótese, a participação é impossível; na segunda hipótese, ela é possível. Com isso, tudo se esclarece: o *Parmênides* é um exercício sobre a "participação". Mas esse exercício é "aporético", porque precisamente há apenas duas hipóteses, disfarçadas, de certo modo – pelo prazer do jogo (é essa a parte do jogo, o lado "erístico") –, sob uma complicação aparente.

Em que consiste a aporia? Vamos olhar a conclusão de cada uma das séries. Se o Uno é, no sentido de estarmos afir-

---

9. Brochard, *Études de philosophie ancienne et moderne*, op. cit. (AC)

mando sua unidade e não seu ser, a não-participação faz com que o uno não seja nem isto nem aquilo, seja totalmente indeterminado; não podemos dizer nada sobre ele: *nada é verdadeiro*. – Se o Uno é, no sentido de estarmos afirmando sua realidade, o ser que lhe atribuímos é compreendido de maneira tão determinada que nos perdemos em todas as determinações: ele é tudo o que quisermos, toda determinação lhe convém; em suma, *tudo é verdadeiro*.

Portanto, o *Parmênides* seria a última e mais formidável objeção contra a teoria das Ideias. A primeira parte mostrava que a participação do sensível no inteligível é ininteligível; a segunda parte mostraria que a participação do inteligível no inteligível é ela mesma ininteligível, visto que, se não a admitirmos, nada é verdadeiro e, se a admitirmos, tudo é verdadeiro. Também é essa a indicação de 166 c, que Brochard resume assim: "Pode-se afirmar tudo sobre o Uno e as outras coisas; não se pode afirmar nada sobre o Uno e as outras coisas."[10] O *Parmênides* seria uma retomada virtuosística da tese de Protágoras, dos cínicos e dos megáricos, que consideravam impossível o erro e mais geralmente toda atribuição. Brochard resume assim sua interpretação: "Afirme a participação de uma ideia qualquer no ser, e tudo é verdadeiro; negue essa participação, e nada é verdadeiro. Portanto, de qualquer maneira que seja entendida, a participação é totalmente impossível e com ela desmorona a teoria das Ideias."[11]

Essa interpretação, que reduz o *Parmênides* à ruinosa alternativa: tudo é verdadeiro – nada é verdadeiro, tem a vantagem de mostrar de modo luminoso a unidade do *Parmênides* e do *Sofista*: a chave do enigma estaria então no *Sofista*, em 251 d-252 e, onde é mostrado que não há duas soluções (nada comunica com nada – tudo pode ser afirmado sobre tudo), e sim três. Portanto, a "terceira solução", a da *compossibilidade de algumas Ideias com algumas Ideias*, é a solução do *Parmênides*. A aporia do *Parmênides* consistiria em Platão, por fingimento ou por ignorância real da solução, ter se fechado numa alternativa

---

10. Brochard, *id.*, p. 128. (AC)
11. *Id.*, p. 129. (AC)

ruinosa sobre o problema da participação. Aliás, pode ser que ao escrever o *Parmênides* ele ainda não tivesse a chave do enigma, pois a participação de algumas Ideias com algumas Ideias supõe a elaboração dos gêneros supremos, em que, por sua vez, as Ideias de ser e de não-ser participam uma da outra, ou seja, implicam-se ao mesmo tempo que se distinguem. E Brochard conclui: no *Parmênides*, Platão peca "somente por omissão: ele não indica a solução que Platão sem dúvida já tinha diante de si. O jogo consiste em discutir apenas duas soluções do problema, sendo que na realidade há três". "O *Parmênides* seria um tecido de sofismas somente se seu autor não houvesse escrito o *Sofista*."[12]

5. Observações críticas: que o sentido do *Parmênides* é sobredeterminado

Ao ligar assim o *Parmênides* e o *Sofista* pela problemática da participação, Brochard introduz uma simplicidade prestativa nesse jogo extraordinariamente complexo. Mas, ao tratar o Uno como um exemplo de Ideia entre outros (o que Platão autoriza, ao dizer claramente que poderia ter feito a mesma coisa com o Múltiplo, a Semelhança, a Dessemelhança, o Movimento, o Repouso, a Gênese, a Destruição, o Ser ou o Não-Ser, e "para tudo aquilo de que afirmares a existência ou a não-existência ou qualquer outra determinação"[13], 136 b), ele deixa escapar outras dimensões do *Parmênides*, sobre o qual Jean Wahl diz que é "esterométrico" ou pluridimensional. Talvez Platão persiga simultaneamente vários desígnios: já no nível em que Brochard se colocou, pode-se supor o desígnio de confundir os erísticos com o uso e abuso da própria dialética destes; haveria assim um objetivo polêmico que em grande parte nos escapa, por causa de nossa ignorância sobre as desavenças de escolas entre os descendentes cruzados dos elatas e dos socráticos.

---

12. *Id.*, pp. 131-2. (AC)
13. Trad. Émile Chambry (GF-Flammarion, 1967): "tudo o que puderes supor ser ou não ser ou sentir qualquer outra afecção".

Mas não parece contestável que, a pretexto do problema puramente *lógico* da atribuição do Ser a tudo o que se quiser, Platão persegue ao mesmo tempo o desígnio de uma filosofia do Uno na linha da *República* e do *Filebo*. O Uno é então mais que um exemplo: é também uma questão central. Haveria, portanto, pelo menos duas questões centrais: a primeira, totalmente formal, ligada ao desdobramento da hipótese do Uno (o Uno do Uno, o Ser do Uno), que é a questão da comunicação dos gêneros, ou seja, da possibilidade da atribuição; a outra, ontológica e mesmo teológica, ligada à própria escolha do Uno como tema de exercício. A primeira hipótese consistiria então em levar ao ponto extremo a ideia da transcendência do Uno até fazer ruir todo e qualquer discurso: ela seria então a radicalização pela "noite do entendimento" da tese da *República* (o Bem é *epékeina tês ousías* = ἐπέκεινα τῆς οὐσίας). A segunda hipótese, ao contrário, levaria ao ponto extremo a imanência do Uno às determinações do discurso; para salvar o conhecimento, seria considerada impossível. Assim, a aporia do platonismo que o *Parmênides* põe à mostra seria mais que a aporia da atribuição: seria a própria aporia de uma filosofia do discurso, impossibilitada em seus dois polos: o polo do uno sem palavras, o polo do múltiplo, da realidade fugitiva e movente que, também ela, deita abaixo a fala. O que estaria em jogo seria então o equilíbrio, no platonismo, entre o elã que o impulsiona mais além das determinações do discurso, rumo ao silêncio e à noite, e o elã que o impulsiona rumo ao domínio de um discurso ele próprio múltiplo e movente, e que, paradoxalmente, faz triunfar Heráclito no centro mesmo do inteligível que lhe haviam oposto vitoriosamente ao construir a teoria das Ideias. É o que o estudo do *Sofista* vai confirmar.

Conclusão do capítulo I: do Parmênides *ao* Sofista

Vamos voltar à questão inicial do capítulo e levá-la um pouco mais longe.
O que dá unidade interna ao *Parmênides*, portanto, é o que também dá unidade interna à série *Parmênides-Teeteto-Sofista-*

-*Político*, a saber, a questão da "participação" considerada em sua dupla dimensão: participação dos sensíveis nas ideias, participação das ideias entre elas. Como esse problema se relaciona com a questão que havíamos chamado de *ontológica* de segundo grau (não mais: o que é isto, aquilo? e sim: o que é o ser?)? De fato, a questão da participação não diz respeito à unidade de significação (primeira parte, cap. I), na qual se baseia a denominação, e sim à relação, na qual se baseia a atribuição verdadeira ou falsa. Mas, dirão, já tratamos essa questão no contexto da dialética: a dialética, sob o nome de "união" e de "divisão", já nos forçou a acrescentar ao princípio de determinação distinta um princípio de compossibilidade. O que o problema da "participação dos gêneros" acrescenta ao da dialética? A dialética é a participação agindo, trabalhando em um método; a participação é a dialética refletida, ou seja, considerada pelo ângulo de suas condições de possibilidade. É por isso que ela exige uma retomada arcaizante do problema, que primeiramente foi tratado no estilo da investigação metodológica no *Fedro*.

Ora, se nos colocarmos num sistema realista da verdade, refletir sobre as condições de possibilidade da dialética das ideias é fazer surgirem novas ideias, mas ideias que são elas mesmas de segundo grau e que Platão chama de "os maiores gêneros". Aqui temos de evitar fazer kantismo e tratar esses gêneros supremos como possíveis, cujo único enraizamento fosse o "Eu Penso". Os próprios gêneros supremos são formas das quais as precedentes participam; diz-se que elas circulam entre as outras formas; essa expressão realista da questão explica que a categoria do não-ser, que torna possível a atribuição em geral e o erro em particular, seja dita SER: o *Sofista* encurrala o pensamento nesta tese difícil de defender: o não-ser é. Isso quer dizer que, para tornar *possível* a atribuição, o não-ser deve ser *real*; e para ser realmente não-ser, como dirá o *Sofista*, ele próprio precisará participar do ser, ou seja, de seu "outro". Assim, a atribuição do não-ser ao ser e do ser ao não-ser será uma estrutura de participação de segundo grau. Para que eu possa dizer: "Sócrates está sentado" é preciso, no primeiro grau, uma participação entre o sujeito Sócrates e o verbo "estar sentado"; mas, para que essa participação seja possível, é preciso que eu possa dizer, no segundo grau: a alteridade *é*; esse ser da alteridade é a condição de possibilidade da atribuição. Assim, a atribuição transcendental do ser ao não-ser e do não-ser ao ser é a estrutura ontológica de segundo grau que torna possível a atribuição no primeiro nível de pensamento (por exemplo, quando digo que o três *é* ímpar). Poderíamos dizer a mesma coisa em outras palavras: o problema do *Sofista* e do *Parmênides* procede de uma reflexão sobre a dialética como *método*, em que a atribuição é simplesmente operada por meio da cópula ser; essa reflexão duplica a dialética numa dialética fundadora, em que o ser é novamente atribuído, porém não mais à essência, e sim à alteridade, à identidade, ao movimento, que são as categorias mobilizadas pela dialética de primeiro grau: é então que a reciprocidade do ser e do não-ser se revela.

CAPÍTULO II
SUCESSOS E FRACASSOS DO PLATONISMO NO *SOFISTA*

A comparação entre o *Sofista* e o *Parmênides* é muito esclarecedora sob vários aspectos: por um lado, constitui uma solução de várias dificuldades fundamentais do platonismo; por outro, ratifica o abandono de certos problemas que continuam aporéticos; por fim, abre novas dificuldades no centro do platonismo. Assim, essa comparação põe em evidência a mistura de solucionado e não-solucionado no platonismo – pelo menos no dos diálogos publicados.

Vamos começar pelas questões deixadas de lado, pois esses abandonos são o preço do sucesso parcial do *Sofista*.

1. O desvanecimento do problema Uno-Múltiplo

Primeiramente é digno de nota que o problema Uno-Múltiplo perca a posição chave que ocupava no *Parmênides*, em proveito da questão ser/não-ser, ou melhor, ser-outro. O que significa esse deslocamento de ênfase?

a) Consideremos primeiro o *Sofista*. O problema do Uno é reintegrado nas aporias da história da filosofia: é notável que seja na grande retrospecção sobre as doutrinas do ser que o problema de Parmênides figure como uma questão abandonada: "Quantos seres há e quais são eles" (242 c). Aqui, de certo modo, o problema do ser é quantificado. Enquanto no *Parmê-*

nides a refutação do Uno-todo procede por destruição de hipóteses, para chegar ao "tudo é verdadeiro-nada é verdadeiro", no *Sofista* a refutação baseia-se na própria operação de denominação: dizer "o Uno é" é dizer "dois", é dizer "Uno" e depois "Ser" (244 b-c); mais ainda: dizer "Uno" é colocar alguma coisa *e* seu nome e, portanto, novamente desdobrar o Uno (244 d) (deixamos de lado aqui a sequência da refutação do *Parmênides* que trata da Ideia de "Todo", que reencontraremos na crítica da Ideia de Ser).

b) Se voltarmos ao *Parmênides*, por assim dizer retrospectivamente ou retroativamente a partir do *Sofista*, o que isso mostra no jogo tão vão das "hipóteses"?

O seguinte: a noção de ser, no *Parmênides*, é sempre considerada num sentido corporal e mesmo material; como se a noção de ser tivesse sido intencionalmente degradada pela problemática, afinal impraticável, do Uno. Está entendido, na primeira e na segunda hipóteses, que as determinações, tais como todo-parte, começo-fim, meio, limite, figura, espaço, tempo, são as determinações do ser; então a primeira hipótese conclui assim: participar do tempo é participar do ser, sob forma de é, foi, será (*Parmênides* 141 e). A aderência da ideia de ser às determinações espaciais e temporais é o postulado implícito de toda essa argumentação. A segunda hipótese (o Uno que é) permanece fiel ao mesmo postulado: todo-parte, figura, tempo etc. são as determinações ontológicas do Uno: especificamente, é confirmado que a participação no ser é uma *méthexis ousías metá khrónou toû paróntos* = μέθεξις οὐσίας μετὰ χρόνου τοῦ παρόντος. O deslocamento de tônica do *Parmênides* para o *Sofista* sugere essa ideia de que é possível recuperar a questão do ser – a questão "o que é o ser?", *ti tó ón* (*Sofista* 218 a, 243 d-e, 244 b) – à custa da questão: "se o Uno é", *ei ón estín*. O que significa esse desvanecimento para o platonismo como um todo? Esse abandono da questão do Uno – abandono provisório, como atesta o *Filebo* – é o abandono de uma questão autenticamente platônica, visto que é a questão do termo da dialética ascendente. Aqui o *Filebo* é muito esclarecedor (23 c-27 e): o Uno é o Bem da *República*; ora, a *República* não falava dele de modo absolutamente aporético, visto que o Bem era o que torna cognoscente o sujeito e conhecidos os seres e, além disso, o que confere às Ideias a essência e a existência. O Bem, portanto, é a origem radical. Platão não pode renegar uma filosofia do Bem ou do Uno sem decapitar sua filosofia. Mas o que Platão compreende por meio do *Parmênides* é que o Uno, como o múltiplo mas na outra extremidade do sistema, é uma espécie de nada, não um nada absoluto, e sim um nada de determinação e o limite de toda a filosofia da linguagem; ao contrário, o problema do ser, tal como é colocado no *Sofista*, permanece nos limites do questionável e nos limites do *légein*: *dizendo* o ser, *diz-se* alguma coisa? O problema do Uno é o fim do discurso, ao passo que o problema da *Ousía*[1] é ainda o reino da fala filosófica.

O *Filebo* não contradiz essa interpretação; ao deixar de chamar de Bem o termo da dialética, ele ratifica a afirmação da *República* de que a *ousía* permanece aquém do "nada do discurso" que o problema do Uno constitui, visto que o Bem era dito "mais além da *ousía*". O *Parmênides*, esclarecido pelo *Sofista*, mostra que uma filosofia do inteligível como a de Platão, ou seja, uma filosofia que tem seu alicerce principal na denominação e na realidade das significações faladas, move-se num *certo intervalo* que não é mais nem o Uno nem o Múltiplo. O *Sofista* move-se precisamente nesse intervalo, o mais perto possível do Uno mas aquém do Uno. Uma segunda comparação com o *Filebo* vai esclarecê-lo melhor; o *Filebo* não é apenas a exaltação do Uno, é também uma advertência sobre a sobriedade da dialética: na passagem 16 c-18 d, é dito que o dialético conta as *ideias intermediárias* entre o Uno e o Múltiplo e que o erístico, ao contrário, "diz depressa demais uno" ou "depressa demais múltiplo". O *Sofista* é fiel a esta regra: ele conta os "gêneros supremos": "Havíamos concordado em *contar* como cinco gêneros distintos os gêneros que colhemos em nosso exame..." Teeteto responde ao Estrangeiro: "É realmente impossível aceitarmos reduzir esse *número* abaixo do obtido claramente há pouco" (256 c).

---

1. *Ousía* com inicial maiúscula nesta passagem do *Curso*.

É a este preço que a filosofia da definição pode ser perseguida radicalmente: desistindo de definir o Uno, que se torna limite superior do discurso, e procurando a definição do ser no âmbito de uma enumeração de determinações múltiplas, mas não ilimitadas.

2. Resolução explícita do problema do ser: o mesmo e o outro

Por sua vez, a questão *ti ón* – o que é o ser? – só é passível de *definição* com a condição de primeiramente tornar-se tão obscura quanto a questão do não-ser. Esse abandono do dogmatismo ontológico é todo o sentido da longa *retomada da história da filosofia*, que ocupa um espaço tão grande no *Sofista*. Mas essa aporia [é][2] construtiva, por assim dizer, e não destrutiva. Pois ela resulta na afirmação de que penso o ser – e portanto o defino – unicamente numa relação com uma outra ideia, que é precisamente a ideia do Outro. A dialética ruinosa do Uno é substituída por uma dialética definidora, ou, se preferirmos, pela definição dialética do Ser pelo Mesmo e pelo Outro: Heráclito e Parmênides são salvos ao mesmo tempo, depois de ficarem perdidos separadamente, o primeiro no começo do socratismo e o segundo, no final do socratismo.

Ora, é importante compreender bem como a promoção dessa Ideia insólita do "Outro" salva do fracasso a questão *ti ón*. O *Parmênides* beira continuamente as ideias do Mesmo e do Outro, mas sem proveito, porque são determinações quaisquer, subordinadas à investigação do Uno. As mesmas noções que servem para a solução do problema do Ser servem para a destruição do problema do Uno. Na primeira hipótese, o Mesmo e o Outro são recusados ao Uno (139 b-e) porque são "naturezas" alheias e "separadas" (cf. as palavras *phýsis* e *khôris*): "Se ao Uno for atribuído um caráter que seja distinto de sua própria unidade, com essa atribuição ele se tornará algo mais que um, e isso é impossível" (146 a). A relação "Uno-mesmo"

---

2. Este "é" foi restabelecido.

ou "Uno-outro" está fora do campo de toda e qualquer "participação" (cf. a repetição da palavra μετέχον = *metékhon* em 140 a-e). Na segunda hipótese, o Mesmo e o Outro são afirmados do Uno, mas de um modo muito diferente do *Sofista*: por confusão pura e simples (146 b-147 a).

No *Sofista*, o Mesmo e o Outro (e o Mesmo só está ali pelo Outro) não são de modo algum significações entre outras, sobre as quais se pergunte se é possível aplicá-las a um princípio radical como o Uno; são determinações superiores, obtidas por uma reflexão sobre uma primeira dialética, a do Ser com o Movimento e o Repouso. Consequentemente, primeiro é preciso que a Ideia de Ser tenha sido relacionada com "dois grandes gêneros" para que, de sua situação dialética, surjam as duas categorias que expressam essa mesma situação dialética; de fato, a trilogia Ser-Movimento-Repouso já havia sido estabelecida na discussão com os Amigos das Formas: desde que uma ideia é conhecida, seu ser implica movimento e repouso – repouso porque ela é o que é, movimento porque lhe advém ser conhecida.

Cornford insiste com força nessa posição eminente dos dois últimos entre os cinco gêneros com relação aos anteriores: o Mesmo e o Outro são "gêneros ainda maiores" que o Movimento, o Repouso ou o Ser.

O que isso implica para a ideia de Ser? Duas coisas, que podemos extrair do lugar da ideia do Ser no ponto de junção dos cinco gêneros:

– de um lado, o Ser é o que domina a oposição Movimento-Repouso; na linguagem de Platão, essas duas Ideias se "excluem", ao passo que o Ser se "mistura" às duas; o Ser é participado* pelo Movimento e pelo Repouso. Em outras palavras, fazer uma filosofia da permanência ou uma filosofia do devir ainda não é pensar o Ser. O ser não é nem o devir nem a permanência, e sim o que permite fundamentar a oposição destes e sua alternância na história da filosofia. Empregando uma linguagem heideggeriana, direi que o devir e a permanência ficam no *ôntico* e ainda não estão no *ontológico*. Isso é impor-

---

* Sobre esta construção passiva do verbo "participar", cf. p. 17. (N. da T.)

tante para alertar contra as ilusões de uma filosofia da permanência; pois, quer se fale de átomos lógicos à maneira dos Amigos das Formas ou de átomos físicos à maneira dos atomistas, ainda é *ta ónta*, ainda não é *tó ón*. As filosofias do devir e as filosofias da substância ainda não estão no nível do problema do Ser e estão condenadas a derrubar-se mutuamente. O Ser é um *tríton ti* (algo "terceiro"). Assim, em toda oposição há um primeiro estágio da definição do Ser, sinalizado por um *tríton ti*, um terceiro termo.

– depois há um segundo estágio: o *tríton ti*, por sua vez, só é pensável porque há um quarto gênero e principalmente um quinto. Portanto, a noção de Ser olha para dois lados: ela é o que domina as oposições históricas entre as filosofias da mudança e as filosofias da eternidade, e assim escapa da sempiterna oscilação destas; mas, por outro lado, essa noção só é pensável dialetizada por dois gêneros ainda maiores, em certo sentido; Platão expressa isso dizendo: os três gêneros, Ser, Mesmo e Outro, *são mutuamente predicáveis*, ao passo que Movimento e Repouso "participam do mesmo e do outro" (*Sofista* 255 b) sem participar um do outro. O que isso implica afinal para o problema do Ser? O seguinte: que o ser disto ou daquilo deve sempre ser definido pelo "relativamente a si" e pelo "relativamente a outra coisa". Ao mesmo tempo, o *Outro* tem um privilégio sobre o Ser, assim como há pouco o Ser com relação ao Movimento e ao Repouso: o Outro tem esse aspecto notável de ser a categoria que reflete sobre a própria relação de todas as categorias (por exemplo, se digo que o movimento é algo *outro* que não o repouso, ou algo *outro* que não o ser): essa categoria, diz Platão, "está espalhada através de todas elas; de fato, cada uma é outra que não o restante, não em virtude de sua própria natureza, e sim pelo fato de participar da forma da outra" (*Sofista* 255 e). Portanto, é a categoria que, ao refletir sobre a relação mútua das categorias, reitera a si mesma sem remeter a nenhuma outra. É por isso que é a quinta e última (Platão insiste na dignidade desse grande gênero: "Em toda a sequência dos gêneros, a natureza do Outro faz cada um deles outro que não o Ser e, por isso mesmo, não-Ser", *Sofista* 256 e; cf. também 258 b, d).

Assim, o Ser só é a mais alta noção da filosofia, com relação à mudança e à permanência, se ela aceitar ser suplantada pela categoria mais inapreensível; o Ser só é o "terceiro" porque há um "quinto". Sua situação de terceiro é consolidada desse modo dialético pelo papel do quinto; isso quer dizer que alguma coisa é ser com a condição de ser também não-ser: ser por sua identidade consigo e não-ser por sua alteridade com o restante. "Assim, nesse aspecto, sobre todos os gêneros universalmente diremos corretamente não-ser; e, em contrapartida, porque participam do ser, diremos que são e os denominaremos seres (*Sofista* 256 e). É essa situação dialética da noção de ser que Platão resume esplendidamente em 259 a-b (ler cuidadosamente 259 a-b).

É o que sai do jogo estéril do *Parmênides* para constituir uma crítica positiva do ser (259 c). Mas esta é também uma relação dialética que condena as ontologias que gostariam de estabilizar-se na noção *dogmática* do Ser, alcançada no nível do terceiro gênero pela refutação mútua do movimento e do repouso. Assim, uma ontologia tem a dupla tarefa de ir além dos contrastes históricos do movimento e do repouso, do tempo e da intemporalidade, e deixar-se criticar e limitar por "o Mesmo e o Outro".

3. Resolução parcial das dificuldades da primeira parte do *Parmênides*

O *Sofista* está voltado explicitamente para a resolução do problema da atribuição em geral e da falsa atribuição em particular, ou seja, o problema do erro. Por essa razão, a dialética resolve primeiro o problema do *Teeteto* – o problema do erro do erro: a categoria do Outro é introduzida com esse objetivo no final do diálogo; porém mais geralmente ela fornece ao *enigma* do início do *Parmênides* uma solução que a segunda metade não parecia anunciar. Mas talvez essa resolução só possa ser implícita, como a indicação de uma direção que não se pode seguir até o fim.

a) O problema da participação dos sensíveis no inteligível, que está no centro das aporias da primeira parte (129 d-e), tem uma resposta, mesmo indireta, na dialética dos cinco grandes gêneros? Explicitamente não, visto que esse problema não é de modo algum abordado no *Sofista*; implicitamente talvez, na medida em que se pode conjecturar que a participação das ideias entre si é a chave da participação dos sensíveis no inteligível. É o que Brochard pensa: "As relações entre as coisas e as ideias são, sem dúvida, as mesmas que as das ideias entre si."[3] Ele invoca o texto sobre a dialética que já discutimos (253 d): "uma única ideia espalhada numa infinidade de outras". A presença em si segundo o *Mesmo* e a presença em outra coisa segundo o *Outro* seria a estrutura universal da participação.

Essa extensão da dialética na passagem do inteligível para o sensível é muito sugestiva: de fato, por que a participação parecia absurda no *Parmênides*? Porque era imaginada de acordo com um modelo material (o todo que se espalha em suas partes, o modelo que se deixa imitar por sua cópia etc.). Assim, "partilha" e "semelhança" falhavam com relação à participação. Talvez se deva pensar que a relação do "isto" com seu "sentido", do sensível com a Ideia, é uma relação dialética do Mesmo e do Outro; seria a resposta dialética ao argumento do terceiro homem, que afinal é tão ingênuo quanto a representação da própria participação como uma semelhança. ("Aristóteles deveria se lembrar disso quando insiste complacentemente na objeção do 'terceiro homem'."[4]) Portanto, a dialética permitiria *corrigir* todas as representações materialistas da participação.

Embora essa hipótese seja interessante e sedutora, é preciso reconhecer que Platão beirou aqui um limite de sua filosofia, um limite inferior, de certo modo. Assim como o Uno é o limite superior de um discurso filosófico, o sensível é o limite inferior desse discurso. É o que ele me parece discernir no texto do *Filebo* sobre a dialética: "Saber qual número total a multidão abrange entre o Infinito e o Uno; *só então deixar cada uma das unidades desse conjunto dispersar-se no infinito*" (16 e)

---

3. Brochard, *op. cit.*, p. 148. (AC)
4. *Id.*, p. 148. (AC)

(χαίρειν ἐᾶν = *khaírein eân* significa expressamente "mandar passear", "dizer adeus"). A passagem do "sentido" para a "existência" plena e bruta não é mais um ato do pensar dialético. Esta é a confissão de uma filosofia das Ideias: há algo de escandaloso na relação da Ideia, mesmo a mais concreta, com a presença bruta; é o escândalo de uma "gênese" não inteiramente redutível a uma "dialética das Ideias".

Esse escândalo, que é o limite inferior do discurso, pode ser assinalado, ao longo da obra de Platão, pelo mito quase sexual da geração do sensível a partir de um par do qual um dos termos é ininteligível; os três marcos fundamentais são o casamento de *ploûtos* e *penía* no *Fedro*, a união entre o "limite" e o "ilimitado" no *Filebo* e o papel da *khôra* no *Timeu*. O texto do *Filebo* é o mais marcante, porque se empenha em suplantar o mito; entretanto, a *míksis* entre limite e ilimitado guarda uma ressonância sexual. "O resultado dessa união, lembra Diès em seu prefácio do *Filebo*, é a geração de um produto (*ékgonon*), o aparecimento de uma existência não mais eterna como são os princípios, e sim composta e engendrada (*meikté kaí gegeneméne ousía*, 27 b)."[5] O *Filebo* fala do *ápeiron*, em termos análogos aos do *Timeu*, sobre a *khôra*, que é muito mais que um espaço geométrico, é uma "nutriz", uma "matriz de existência", algo que se move sem ordem. A justificação da tese de Brochard, de que a participação entre ideias é a chave da participação do sensível nas Ideias, baseia-se na convicção, expressa em outro lugar[6], de que a *khôra* do *Timeu* é uma Ideia, a Ideia do Outro. A instabilidade da *khôra*, sua agitação qualitativa que lhe possibilita "tudo receber" e leva a chamarem-na de "causa errante", a aproximaria do *ápeiron* do *Filebo* – do "Grande-Pequeno" do *Fédon*, da díade do Grande-Pequeno segundo a *Metafísica* de Aristóteles e, portanto, de um princípio de indeterminação; em suma, da Ideia do Outro: "Não há diferença essencial entre o Outro e essa matéria do mundo sensível que é a própria matéria."[7]

---

5. Auguste Diès, *Notice du* Philèbe, tr. Paris, Les Belles Lettres, 1941.

6. Victor Brochard, "Le Devenir dans la philosophie de Platon", em *Histoire de la philosophie* (com L. Dauriac), Paris, 1902, pp. 105-10. (AC) *Khôra*: lit. "lugar, posição, localização".

7. Brochard, *id.*, p. 109. (AC)

Mais ainda, esse Outro é uma Ideia, é a "Ideia do Outro", segundo o *Timeu* (51 a), que chama a *khôra* de um *eidos*. Mas então, se a matéria é ela mesma uma Ideia, a própria Ideia do não-Ser, o mundo sensível não difere fundamentalmente do mundo inteligível? "A essa pergunta, diz Brochard, deve-se responder que a diferença entre os dois mundos é toda de grau." No inteligível, as Ideias seriam somente aptas a participar; "no mundo do devir, ao contrário, essa participação acontece"[8]. Tese insustentável, refutada pela própria dialética dos cinco gêneros e pela interpretação que o *Fédon* dá do devir em suas ligações com as relações lógicas entre Ideias. Esse texto de Brochard mostra bem sobre quais bases aventurosas é construída essa soberania da dialética até no sensível: coisa curiosa, Brochard chega mesmo a dizer que a participação só ocorre efetivamente no sensível! No fundo, o que não é platônico "é que fora da Ideia não há nada real"[9]. Só a existência da alma, que não é Ideia, já basta para contestá-lo.

Mais vale reconhecer que a filosofia fica entre os dois extremos da "quantidade enumerada"; voltamos a encontrar o problema do "número intermediário" de que trata o texto (mencionado várias vezes) sobre a dialética (όπόσα = *hopósa*, de *Filebo* 16 d). A "maneira erística", à qual Platão opõe aqui a "maneira dialética" (*Filebo* 17 a), consiste em prestar-se, sem reflexão e sem medida (é o caso de falar assim), do polo Uno ao polo múltiplo.

Portanto, parece-me que resta algo de misterioso na participação do sensível na Ideia. Deter-se no "isto" é deixar-se fascinar pela presença da qual não há discurso; talvez seja *viver*; em todo caso, não é "filosofar". "Não ir além da multidão infinita das coisas individuais e da infinita multiplicidade que cada uma encerra te impede, em cada caso, de formar delas uma noção completa e de te tornares um homem que conta e que faz número (*ellógimon... enárithmon*), visto que por nenhuma delas conseguiste alcançar um número definido" (*Filebo* 17 e)[10].

---

8. *Id.*, pp. 109-10. (AC)
9. *Id.* (AC)
10. A tradução Chambry, GF-Flammarion, 1969, é bastante diferente: "Mas a infinidade de indivíduos e a multidão que neles existe são a causa de não os

Para Platão, não tem sentido falar de uma "filosofia do concreto". Ao mesmo tempo, a participação do sensível no inteligível é uma relação que é *praticada* diariamente no ato de falar, de denominar, de definir, mas não é refletida* como uma relação também inteligível; tudo se passa como se da existência bruta para o "sentido" houvesse um *salto* operado pelo *légein*, pela Palavra, e como se, inversamente, do *dizer* para o *perceber* houvesse um salto inverso, um *khaírein eân*, um "dizer adeus" – que é silêncio. Veremos no capítulo seguinte como a introdução do demiurgo resolve parcialmente a dificuldade.

b) Um segundo aspecto da participação do sensível no inteligível era posto em jogo no *Parmênides* pelo argumento do ser incognoscível. O "em si" não pode ser "para nós". Aqui, o sensível é o saber humano contingente e histórico – em outras palavras, a alma. O argumento consiste em dizer que o "em si" não pode comunicar-se com o "para nós". No fundo, é uma outra espécie de participação do sensível no inteligível, ou pelo menos da existência na essência, ou seja, a participação da alma existente na essência da verdade.

Será que também esta não é esclarecida de viés pela dialética do *Sofista*? Sim, mas só em certa medida. A refutação dos Amigos das Formas é a resposta indireta à tese do incognoscível: em 248 a, faz-se admitir que "pelo corpo, temos comunidade com o devir, por meio da sensação; mas, pela alma, por meio do raciocínio, com a existência real (πρὸς τὴν ὄντως οὐσίαν = *prós tén óntos ousían*)"; isso exige que se dê à *ousía* o "poder" de ser conhecida – portanto, essa "paixão" mínima que autoriza a colocar o ser na categoria do movimento, se não como ser que move, pelo menos como ser movido (ser conhecido equivale a sofrer ação, equivale a ser movido, 248 e). É por isso que era preciso forjar a ideia do *pantelôs ón*, ou seja, do ser universal ou ser total, que envolve intelecto, vida, alma (249 a). Ora, isso nada tem de escandaloso, em virtude da comunidade

---

compreenderes e de não seres estimado nem levado em conta, porque nunca deténs o olhar em nenhum número nem em coisa alguma."

* Sobre este uso passivo do verbo "refletir", cf. p. 84. (N. da T.)

dos grandes gêneros: movimento, repouso, ser (249 b já o diz por antecipação: "Portanto, ao Movido e ao Movimento é preciso conceder o ser"[11]). "O ser conhecido", portanto, faz parte dessa dialética do Movimento e do Repouso, que a afirmação de todo ser comporta. Platão não dá alma às ideias, mas afirma a comunidade mesma da alma com as Ideias, que é o próprio conhecimento[12].

A dialética Ser-Movimento-Repouso introduz assim sua inteligibilidade própria na relação obscura da alma com o ser, que no *Fédon* permanece obscura: neste, a alma é apenas "parente" da Ideia (é "o que mais se assemelha a ela") sem ser-lhe idêntica (é justamente por isso que sua imortalidade é problemática, pois é a de uma existência e não de uma Ideia). A dialética Ser-Movimento-Repouso do *Sofista* vem estruturar essa relação intencional da alma com as Ideias; a Ideia, como poder de ser conhecida, entra na categoria do movimento, ao mesmo tempo que permanece em repouso; e a alma que sabe está em repouso ao mesmo tempo que se move entre as relações. Mas essa inteligibilidade que o *Sofista* introduz aqui continua igualmente parcial. Resta na alma todo um devir irredutível a uma dialética de Ideia e que expressões como "estar embaraçado", "procurar", "aprender", "esquecer" assinalam. É por isso que é preciso um mito – e mitos – para narrar essa proximidade e essa distância da alma com relação às Ideias: proximidade absoluta na "visão" que é também "consumação" ("comer" simbolizando a identificação), distância absoluta na "queda"; mas é sempre num mito que a alma é Mesmo ou Outro para com a Ideia.

Assim, o platonismo, na medida em que permanece uma filosofia do inteligível, toca este outro limite: a obscuridade do devir da alma e do conhecimento.

---

11. Trad. Chambry (*op. cit.*, p. 104): "Portanto, é preciso admitir que o que é movido e o movimento são seres."

12. Aqui Ross é muito esclarecedor: "*His real meaning becomes clear in 249 b, 5-10, where he says, in effect, that knowledge implies minds that are real and subject to change. He has not given up his belief in unchanging Ideas... but he adds that minds subjects to change must also be accepted as completely real... that both unchanging Ideas and changing minds are perfectly real*"; cf. Ross, *op. cit.*, p. 110. (AC)

CAPÍTULO III
A GÊNESE DO SENSÍVEL NO *TIMEU*

O *Sofista* resolve apenas parcialmente o problema da participação do sensível no inteligível: essa participação conserva algo de opaco, de irracional; portanto, há uma *distância intransponível* entre a participação "vertical" (das coisas sensíveis nas Ideias) e a participação "lateral" (das Ideias nas Ideias).
Pode o filósofo preencher essa distância de outra maneira que não pela dialética? Sim, e essa reativação do problema, com o *Timeu*, vai ao mesmo tempo confirmar nossa interpretação do *Sofista*, como por efeito reflexo; é justamente porque há no *Timeu* uma outra explicação da gênese do sensível que o *Sofista* é só uma resposta parcial ao problema levantado no início do *Parmênides*. É bem verdade que também a resposta do *Timeu* é uma resposta parcial; mas, pelo menos, ela para um pouco mais longe: não é o sensível em bloco que está fora da compreensão filosófica, e sim aquele "resíduo" da gênese do sensível que Platão chama de χώρα[1]; o irracional foi transferido para mais longe, e isso não é pouco.
Portanto, vamos procurar explicar a problemática do demiurgo no *Timeu* como uma retomada da resposta imperfeita do *Sofista* à questão do início do *Parmênides* sobre a possibilidade da participação.

---
1. Ler: *khóra*.

A ideia central deste capítulo será que Platão tentou reforçar a *causalidade formal* da Ideia com a *ação responsável* de um agente – portanto, reforçar a αἰτία com um αἴτιον².

1. Salvar os fenômenos

A tentativa do *Timeu* não teria sentido caso se perdesse de vista que o platonismo não é só a contestação do sensível enquanto *verdade*, mas também sua justificação enquanto *realidade*. O *Fédon* não hesita em chamar as coisas participadas de "seres". Portanto, o que está em jogo é a universalidade do ser que é ser das ideias *e* ser das coisas. O problema não aparece, enquanto a imagem é apenas uma sombra e ainda não um retrato. Ora, Platão, mesmo em sua fase mais "órfica" e mais "mística", nunca foi até o fim do movimento que tenderia a anular o grau ontológico deste mundo; mesmo a sombra é mais que um simulacro; é um "aparente" que já é "parecente", visto que pode suscitar a lembrança da Ideia, como "a lira faz os amantes pensarem no amor".

A partir daí, uma simples *contestação epistemológica* da imagem-simulacro não pode ser a última palavra da filosofia do sensível; essa contestação deve ser compensada por uma *justificação cosmológica* da imagem-retrato. A aparência, de acordo com a ordem de purificação "científica", deve tornar-se a aparição, de acordo com a gênese das "essências devindas" (repetindo as palavras do *Filebo*).

Pode-se acompanhar esse movimento de consolidação da imagem a partir do próprio *Filebo*. O *Fédon* chama as Ideias de as verdadeiras "causas" do devir (*Fédon* 100 d); ora, uma ilusão não requer "causas" ideais; livramo-nos dela praticamente, não a justificamos especulativamente. No *Fedro*, também o corpo é uma realidade anterior à "queda": as almas conduzem carros alados que são como seus corpos gloriosos; a queda não gera o corporal, e sim o "terreno", ou seja, o índice de ilusão e de fascinação que daí em diante se atrela à corporalidade e fará

---

2. Ler: *aitía* e *aítion*.

dela a prisão e a tortura da alma[3]; mas o corpo é originalmente aquilo que a alma move quando ela mesma se move, o corpo é órgão antes de ser obstáculo. O *Filebo* salva o prazer colocando-o num lugar que, sem ser o primeiro, não é infamante; ele liga essa justificação do prazer, numa posição secundária, a uma teoria da gênese dos "mistos" que já não é construção dialética das Ideias, e sim gênese de significações sensíveis no claro-escuro do Uno-Múltiplo.

É essa linha que triunfa no *Timeu*. Mas o grande achado do *Timeu* é que a gênese do sensível só é possível a partir do *Todo*; uma justificação de "isto" ou de "aquilo" – da maçã no prato – é impraticável; é o *mundo*, apresentado em bloco, que é a imagem bela, boa e perfeita; "o deus que é sempre e o deus que devia nascer um dia" (34 a), o "deus visível à imagem do deus invisível" é o mundo... Portanto, a mediação é operada pela ideia de totalidade, que, por um lado, precede suas partes, e assim está ligada à ordem ideal por seu caráter formal e, por outro, é imanente a suas partes, e assim dá início à ordem sensível – mais exatamente, apresenta-a como ordem e não mais como caos de imagens flutuantes e variáveis. E essa mediação inteligível – sensível – é operada na emoção cósmica de admiração pela *beleza* do mundo ("o mundo é belo", 29 a). Essa sinopse admirativa, é bem verdade, está ligada a um esquema cósmico hoje abolido, ao mesmo tempo que a esfera dos fixos; não sabemos mais, ou em todo caso não *vemos* mais a unidade e a indivisibilidade do mundo; mas, mesmo depois de Newton, Kant – o sóbrio Kant – ainda cedia ao sublime da ordem cósmica ("o céu estrelado acima de nossas cabeças..."). Kant sabe melhor que Platão que o Todo é uma Ideia e não uma experiência; mas Platão já sabe que o Todo não é uma soma de experiências; nesse sentido, mais do que ser a soma das coisas visíveis, o Todo existe no visível; pelo menos essa totalidade, para Platão, ainda adere a uma figura visível, a da esfera (33 a) e do movimento circular (34 a). É por isso que a visão propriamente dita é reabilitada, como descoberta do cosmos (47 a); para os olhos, a individualidade e a unidade do mundo apare-

---

3. Ver adiante § 4. (PR)

cem (31 ab); salvando os fenômenos, a forma do mundo salva também os olhos do corpo[4].

Assim, não há uma justificação direta dos fenômenos, mas indireta, pela mediação do Todo. Daí em diante esse todo se chamará κόσμος. Os pitagóricos já haviam dado o nome de κόσμος ao οὐρανός[5] dos jônios (D.L. VIII 48[6]) para marcar que ele é Lei, ordem visível; Platão justapõe uma última vez os dois títulos, οὐρανός – κόσμος (28 b, com alusão às invocações clássicas: "se este nome lhe apraz", como em *Agamêmnon* 160). Ao mesmo tempo, Parmênides é morto uma segunda vez: o mundo condenado como objeto fictício na via da opinião recupera a divindade que Heráclito lhe havia conferido: "Este mundo aqui nenhum entre os deuses ou os homens fez (ἐποί ησεν[7]): ele sempre foi, sempre é e será – fogo eternamente vivo...", Heráclito 35[8].

2. A causa (ἀιτία) e o agente (αἴτιον)

Mas, se o mundo como totalidade é a mediação entre a Inteligível e o sensível, essa totalidade requer uma nova mediação. Esta tem nome: é o Demiurgo, na junção entre o Paradigma e o Cosmos.

Mas aqui é preciso eliminar uma objeção. Dirão: o demiurgo não pertence mais à explicação filosófica, é um mito.

É preciso descartar claramente essa objeção. O demiurgo não pertence à parte mítica do *Timeu*; é depois de falar do demiurgo que Platão introduz a diferença entre o "verossímil" e

---

4. No *Curso*, a frase ficou sem pontuação interna; pode-se colocar um ponto-e-vírgula depois da referência "(31 ab)", como fizemos, mas ele poderia também ser colocado depois de "os fenômenos".
5. Ler: *cósmos* e *ouranós*, o mundo e o céu.
6. Remissão a Diógenes Laércio. O cap. VIII de *Vies, doctrines et sentences des philosophes illustres* versa de fato sobre os pitagóricos.
7. Ler: *epoíesen*.
8. O *Curso* dá a referência "35". Na edição estabelecida por Jean-Paul Dumont, *Les Écoles présocratiques*, Paris, Gallimard, "Folio-Essais", 1991, p. 73, esse é o fragmento XXX.

o "inabalável" (29 b-d). O "conto verossímil" (εἰκότα μῦθον[9]), que Platão propõe então, corresponde a duas questões: *por que* o inteligível não ficou sem efeito e *como* ele fez um mundo; mas não à questão: *que* o mundo tem como causa um "artífice". É a "gesta" divina que é mítica; mas a causalidade exemplar passar pelo canal de uma causalidade artesã é necessário e verdadeiro (πᾶσα ἀνάγκη τόνδε τὸν κόσμος εἰκόνα τινὸς εἶναι..., 29 b[10]). É sem recorrer ao mito que Platão afirma 1) que "o mundo nasceu, pois ele é sensível e tangível" e 2) que "tudo o que nasce, nasce necessariamente pela ação de uma causa" (αἰτίον, 28 a-28 b).

Platão está consciente da dificuldade; ele próprio admite: "No entanto, descobrir o autor e o pai (ποιητήν καὶ πατέρα[11]) deste Universo é uma grande façanha e, quando descoberto, é impossível divulgá-lo para todos" (28 c). Entretanto, ele está igualmente seguro de mover-se num terreno filosófico e não mítico, pois *integra aqui à sua teoria da causalidade os resultados de sua teoria da alma, obtidos de outro lado no* Fedro.

A alma, segundo o *Fedro*, não é mais somente aquilo que quer evadir-se, mas aquilo que move a si mesmo e, fazendo isso, move um corpo. (O argumento servia para demonstrar a imortalidade: "pois o que se move" é um vivente imperecível; aqui vamos deixar esse problema e considerar só a renovação do problema da causa.) Por esse poder de mover outra coisa ao mover-se, a alma adquire a dignidade de *princípio* (ἀρχή[12], 245 d). Essa ἀρχή já não é só razão de ser, mas também responsabilidade de existência: "Toda espécie de alma tem a seu encargo (ἐπιμελεῖται[13]) tudo o que é sem alma" (246 b). Trata-se, portanto, de uma qualificação geral da alma, ousaríamos dizer, de uma *estrutura do ser* que abrange igualmente as almas humanas, a alma do mundo, o demiurgo (246 b).

---

9. Ler: *eikóta mython* ("mito verossímil").
10. Ler: *pása anángke tónde tón kósmos eikóna tinós eînai* ("O mundo deve necessariamente ser a imagem de alguma coisa". *Timée*, trad. fr. Luc Brisson, Paris, GF-Flammarion, 1992, p. 117).
11. Ler: *poietén kaí patéra*.
12. Ler: *arkhé*.
13. Ler: *epimeleîtai*.

Que o demiurgo pertence a essa nova dimensão da causalidade, muitos textos do final do platonismo confirmam: o *Timeu* retoma a palavra ἀρχή (28 b), atestando que o demiurgo é um primeiro não absoluto e sim na ordem da causalidade artesã; pois a questão da causa da causa se extingue com o αἴτιον; só há causa daquilo que devém, não do que se move movendo o *Todo*. O *Filebo* identifica a causa da mistura e o demiurgo[14] (27 b). As *Leis* (893 *sq.*) confirmam esse desdobramento da causalidade, entre a causalidade exemplar e a que Platão caracteriza assim: "O movimento que pode pôr em movimento a si mesmo e a todas as coisas" (894 b, também mais adiante, 895 e); ora, essa causalidade é justamente a causalidade espontânea, a iniciativa de uma alma; por fim, deus é chamado de "alma excelente" (ἀριστή ψυχή[15]).

3. O desdobramento da causalidade

Esse desdobramento da causalidade carrega consigo muitas consequências.

Primeiramente, ele atesta que a gênese do sensível não podia ser concluída com base nos exercícios dialéticos do *Parmênides*; a dialética do inteligível não se deixa extrapolar para o sensível; é preciso que as leis de exclusão e inclusão que regulam as "misturas" ideais sejam substituídas pela operação de uma causalidade artesã cujo símbolo o artificialismo humano propõe.

Mas essa solução, por sua vez, abre um novo ciclo de dificuldades. Passa a haver dois sentidos da ἀρχή: a razão de ser e a iniciativa de existência; nenhum dos dois pode suplantar o outro: *Timeu* 27 d-28 apresentou conjuntamente a filosofia do Modelo e a do Artista; de um lado, o corte entre o ser eterno das Ideias e o devir que nunca é; do outro, a referência daquilo que devém àquilo que nasce e daquilo que nasce àquilo que causa.

---

14. Chambry (Paris, GF-Flammarion, 1969, p. 298) traduz "o demiurgo" por "a geração".
15. Ler: *aristé psykhé*.

Poderíamos dizer que o platonismo requer sempre uma mediação: o Todo do κόσμος[16] era a mediação entre o Inteligível e o Sensível; o demiurgo, entre o Inteligível e o Todo. Entre o Inteligível e o demiurgo, Platão lança uma última ponte: é o *Olhar* do demiurgo sobre o Modelo perfeito. Esse Olhar nós conhecemos; é o das almas antes da queda, no *Fedro*: "Enquanto faz esse giro, ela tem ante os olhos a Justiça em si mesma, tem ante os olhos a Sabedoria" (247 c-d; 248 b-e; 250 b-d; 254 b); é o Olhar que é também a Refeição[17] sagrada, a identificação sacramental entre a alma e o ser ou o verdadeiro. Esse é também o Olhar que, no *Timeu*, junta a causalidade artesã à causalidade exemplar. Mas esse olhar, como o "sabemos"? Na verdade, não o "sabemos", pois ele constitui a bondade do demiurgo; ora, essa bondade do demiurgo podemos dizer, em certo sentido, que é manifesta (σαφές[18], 29 a), visto que a beleza do mundo[19] é sua cifra; mas o Sublime é a Ciência? Não seria "opinião reta"? Platão dá a entender isto: não é permitido (οὐ θέμις[20]) supor que o artífice seja mau, que seja "invejoso", pois os "homens sábios" (φρονίμων[21]) (29 c) o disseram. Assim, apenas os sábios e os piedosos conhecem a derradeira mediação da filosofia, assim como, no *Banquete*, Diotima falava como inspirada da visão súbita da Beleza e assim como, no *Filebo*, os "sábios de outrora" anunciavam o *Noûs* que governa o Todo com sabedoria e bondade. É por isso que também no *Timeu* a providência (πρόνοια[22]) é da alçada do raciocínio verdadeiro e não da ciência (30 b-c), embora o demiurgo seja alcançado como verdade e como necessidade pelo pensamento.

Que o artífice supremo participa Ele mesmo do Bem é a última participação em que é preciso acreditar. Essa fé põe em

---

16. Ler: *cósmos*.
17. "Modelo", "Artista", "Inteligível", "Sensível", "Olhar", "Refeição" etc.: com inicial maiúscula no *Curso*.
18. Ler: *saphés*.
19. A palavra "mundo" está faltando no texto, certamente devido a um erro tipográfico; mas *Timeu* 29 a indica sem equívoco que se trata da beleza do mundo.
20. Ler: *thémis* ("não é permitido"; ou *thémis* teria sido mais pertinente aqui).
21. Ler: *phronímimon* (trata-se de um genitivo em grego).
22. Ler: *prónoia*.

fuga toda a problemática da tragédia grega e do "deus maldoso" que desnorteia e fulmina. Essa fé torna possível a passagem da dialética do Inteligível para a gênese do sensível.

4. O resíduo

Mas essa gênese não é total.

a) A ação do Modelo perfeito, por intermédio da "melhor alma", pressupõe um dado* opaco que representa a distância entre o real e o Bem, entre a imagem e o modelo. "Caos", "causa errante", "lugar" (χώρα²³), "nutriz" ou matriz do real, "necessidade": de qualquer nome que seja chamado, esse Outro não é o *outro* de acordo com a dialética do Sofista, pois aquele Outro era participado por todos os "gêneros do ser"; portanto, ele é do âmbito do Modelo absoluto, se assim podemos dizer. A χώρα do *Timeu* só tem sentido com relação à segunda espécie de causalidade, que havíamos chamado de causalidade artesã; o Não-Ser é uma "transcendental" da Palavra; o Lugar é o "limite" inferior do trabalho; é o que na obra não é mais obrado; o artífice faz o melhor que pode, não faz tudo: *Timeu* 30 a, 49 a, 53 c. Enquanto não se introduzir a segunda causalidade a título de mediação entre o Modelo ideal e a Totalidade sensível, não se encontra a χώρα. A χώρα pertence à problemática do demiurgo ou da grande-alma, não à dos gêneros do ser; o não--ser ainda é um gênero do ser; a χώρα é aquilo de que não há mais gênese; como diz Platão, a Necessidade não se deixa "persuadir" inteiramente (*Timeu*, 48 a); a χώρα é a própria distância entre a Necessidade e a Finalidade.

Não se dirá que o Deus de Platão – se pelo menos ele for o demiurgo²⁴ – é "impotente"; não é impotente, pois não é absolutamente uma potência. O demiurgo nada quer; ele olha, e por meio de seu olhar permite que o Paradigma seja participado;

---

* O termo "dado" significa aqui aquilo que é apresentado à mente de forma direta, imediata (em oposição ao que é construído, elaborado). (N. da T.)
23. Ler: *khóra*.
24. Ver adiante a terceira parte, cap. II, § 3. (PR)

esse é seu modo de persuadir. Por isso não há escândalo do mal em Platão, não há queixa, como em Jó; Deus não é um criador, e sim um ordenador; Jó se queixa de Deus que se tornou seu "inimigo"; o platônico não pode queixar-se nem dos modelos perfeitos nem do demiurgo que olha para eles; e a Necessidade não é ninguém nem, a bem dizer, "nada", a não ser o limite para a "persuasão" do Bem. É assim, sem dúvida, que se deve compreender o "Deus é inocente" de *República* X[25]: ele é inocente, não ao cabo de uma apologética que o ilibe, mas originariamente, por não-criação da matéria. Pode-se pensar que assim o helenismo deixou de reconhecer o enigma do sofrimento injusto e de aprofundar o problema de Deus sob o aguilhão desse enigma. Mas, em compensação, escapou das dificuldades da teodiceia.

Portanto, a "corrupção", no mundo das coisas, não cria nenhum problema ontológico radical, pelo menos na região do transcendente; o platonismo pressupõe uma espécie de participação ao contrário que não tem origem radical no divino; tudo o que nasce está sujeito à corrupção (*República* VIII 546 a), não por impotência de Deus, e sim por impotência da matéria para receber o ser. Goldschmidt mostrou muito bem esse ponto em seu *Religion de Platon*; ele chega à conclusão de que não há um "trágico" platônico.

Mas, em compensação, o platonismo tem o encargo de formular um princípio de ininteligibilidade – se ainda podemos falar de princípio – na origem do real; ininteligibilidade que, de certo modo, a alma deve repetir em si mesma para designá--la e nomeá-la por intermédio de algum "raciocínio bastardo".

b) Isso não é tudo: pode-se dizer que há no platonismo dois resíduos, duas origens do mal, pois a desordem humana parece constituir um mal espontâneo e adicional. É bem verdade que o *Fédon* diz: "Nossa alma é moldada com uma coisa má" (66 b); o corpo, por sua "desmedida" (67 a), parece encarnar essa Necessidade que não se deixou persuadir; caso se fosse até o fim desse movimento de pensamento, a matéria seria o

---

25. *República* X 617 e.

mal e, segundo o platonismo, haveria uma infelicidade da existência. Mas o mesmo *Fédon* inverte o movimento: é o desejo que crava a alma no corpo e não o corpo que crava a alma no desejo: "E o espantoso desse enclausuramento, *como a filosofia compreendeu*, é que ele é obra do desejo, e que o que mais contribui para prender o prisioneiro com suas correntes talvez seja ele mesmo" (82 e). Mais fortemente ainda: "A alma é então o carrasco de si mesma" (82 e). A essa iniciativa "psíquica" – se assim podemos dizer – do mal Platão deu o nome de injustiça; e nenhum texto permite reduzir à unidade o Não-Ser que dialetiza o ser, a Necessidade que limita sua expansão no sensível, a Injustiça que recusa a luz do Bem. Toda a política de Platão gira em torno de um enigma do Mal que constitui um "resíduo" suplementar da gênese do sensível; Platão apontou os diversos afloramentos do enigma: é o "turbilhão" no qual o Legislador enlouquecido da linguagem viciosa soçobrou (*Crátilo* 439 c); é a maldade do "tirano" segundo o *Górgias* e o *Teeteto*; aliás, a perversão da linguagem e a do poder andam juntas, visto que o "tirano" só reina com ajuda das *falsas* artes da palavra, lisonja e persuasão (*Górgias*). Mas, qualquer que seja o foco de proliferação desse mal humano de fala e de política, a alma injusta começa de algum modo o mal (cf. no mesmo sentido: *República* II 379 b-c; X 617 e; *Timeu* 41 e-42 d; *Político* 269 e, 273 b-c). Platão nunca transferiu sua origem para o Princípio do Bem; eticamente injustificável, a injustiça é também ontologicamente indedutível.

Portanto, Platão conheceu bem os *limites* de uma ontologia das essências; explorou esses limites nos dois sentidos, para cima e para baixo. Marcado pelo problema da linguagem, já desde sua origem socrática, o platonismo é uma filosofia das determinações inteligíveis – portanto, uma filosofia *dos* seres e não do ser. Mas Platão sabe:

1) que a multiplicidade discreta dos seres essenciais resiste apenas por meio do Uno-Bem que está mais além da essência, ou seja, mais além do ser como dimensão do discurso;

2) que *os* seres essenciais têm *ser* apenas por meio do não--ser que os torna mutuamente participáveis;

3) que os seres não essenciais, que são também τά ὄντα[26] – as coisas sensíveis –, implicam um ininteligível de baixo que é o limite de toda gênese do sensível;
4) que esse outro ser não essencial, a alma existente, é presa de uma injustiça que é o limite de toda educação filosófica.

Assim, Platão deixa uma ontologia inacabada, prenhe de vários desenvolvimentos. É Plotino que fará dela *um* sistema. Platão não quis fazer mais do que compor diálogos, no plural.

---

26. Ler: *ta ónta*.

TERCEIRA PARTE
O SER E O "DIVINO"

Nos capítulos III a VI da primeira parte, consideramos o aspecto *epistemológico* da descoberta do ser. Foi também o aspecto epistemológico das Ideias do Uno, do ser, do não-ser, do outro, que destacamos na segunda parte. Ora a partir dessa função da ontologia das essências, considerada como uma "Ciência" – como *a* Ciência –, Platão opera uma "retomada" ou, como diz Diès, uma "transposição" da religião. Não destinaríamos uma nova seção a essa aventura da religião, transposta como religião racional, se ela só envolvesse a religião. A transposição platônica diz respeito à própria filosofia, que de certo modo se *recarrega* de Sagrado graças a essa "retomada". É esse efeito reflexo da transposição filosófica da religião sobre a ontologia que vamos considerar aqui. À medida que a religião se torna religião racional, a razão e a ontologia recebem um índice "religioso" que é importante reconhecer.

Ademais, esta última peripécia nos pareceu essencial para compreender a conexão entre a ontologia e a teologia em Aristóteles. Essa conexão já é operada de um certo modo em Platão.

Mas estaria no caminho errado quem identificasse prematuramente o problema religioso do platonismo com a questão de saber se há um Deus no platonismo. Não que essa questão não tenha sentido, mas está subordinada a uma questão mais ampla: o que é *divino* no platonismo?

Teremos de indagar, no capítulo I, o que significa essa promoção do "divino" à dignidade filosófica; ficará claro então que Platão transfere para sua filosofia das Ideias o prestígio do "divino" que antes dele os pré-socráticos haviam identificado com a noção de Princípio ou de Origem (Ἀρχή = *Arkhé*). No capítulo II, consideraremos o "divino" em toda sua amplitude no platonismo. Como mostrou Goldschmidt, a função religiosa é assumida pelo mundo das Ideias como tal. Indagaremos:

1) qual *recarga* de Sagrado essa identificação das Formas com o "divino" significa para as próprias formas cuja origem reconstituímos a partir de uma ontologia da linguagem? (primeira parte, capítulo II);

2) em compensação, qual complexidade o "divino" recebe se recolocarmos a ontologia das Ideias na perspectiva do Bem da *República* ou do Uno do *Filebo* e do *Parmênides*? O "divino" não é ao mesmo tempo *estendido* nas Ideias e *concentrado* no Bem ou no Uno?

3) como, no platonismo, se passa do "divino" para Deus;

4) se há uma passagem de Deus para os deuses que ainda diga respeito ao filósofo.

Já vemos em que sentido a ontologia platônica pode sair enriquecida dessa investigação. Não se trata apenas de um atributo novo – o θεῖον[1] – que o ser recebe, mas, talvez, de uma certa tendência a personalizar o ser. Veremos em quais limites estreitos isso é verdadeiro em Platão.

---

1. Ler: *theîon*.

CAPÍTULO I
O PROBLEMA DO "DIVINO" E A FILOSOFIA
PRÉ-SOCRÁTICA

O problema do "divino" está acima do problema de "Deus" no platonismo. Foi por essa integração do "divino" à filosofia que a religião pôde ser retomada na filosofia. Vamos mostrar que essa religião racional dos filósofos começa com a própria filosofia. Este é um aspecto que Aristóteles encobre nos livros A e B da *Metafísica*, preocupado que estava com suas próprias pesquisas sobre a *divisão* da causalidade de acordo com o esquema das quatro causas. Entretanto, é o ponto decisivo da oposição entre a tradição helênica que reflete sobre o divino e a tradição semítica, que está em debate com um deus ou deuses.

1. A *phýsis* e o divino

É preciso ir buscar a *primeira raiz* dessa filosofia do "divino" lá nos "físicos", a despeito da interpretação puramente "naturalista" da escola de Mileto. Não devemos deter-nos demais nas palavras de Tales – "tudo está repleto de deuses" (em que o velho Platão das *Leis* 899 b vê o epítome de toda filosofia) –, que talvez já contenham uma transposição dos deuses dos mitos numa *dimensão da Phýsis*. Em contrapartida, pode-se reconhecer a origem da retomada da religião na filosofia numa meditação sobre o Princípio (*Arkhé*) da natureza. Partiremos

do texto capital de Aristóteles na *Física* III 4 203 b 1-15, que se encerra com uma referência a Anaximandro:
"Está claro que o estudo do indeterminado (ou ilimitado) é afim com o da Natureza; e todos (os que o aceitam) têm razão de considerá-lo como um *princípio*; pois, se ele existe, deve afetar as coisas de alguma maneira, e só o pode na qualidade de princípio; pois toda coisa ou é determinada por algum princípio ou ela mesma é um princípio; ora, o indeterminado não pode ser determinado e, assim, não pode depender de nada que seja seu princípio. Além disso, sendo princípio, não pode ter nem começo nem fim; pois tudo o que vem a ser deve ter um fim, e deve haver um término para todo processo de corrupção. Assim, o ilimitado não pode ser derivado de nenhum outro princípio: ele próprio é visto como o princípio de todas as coisas, 'abarcando-as e governando-as todas'... esse ilimitado seria então o divino, pois é imortal e indestrutível, como dizem Anaximandro e a maioria dos fisiólogos."[1]

Terá Anaximandro efetivamente chamado de "princípio" o Infinito? Simplício assim afirma, em seu comentário da *Física* de Aristóteles. Isso importa menos que a estrutura do argumento que aqui vemos reconstituído e que nos oferece, num resumo impressionante, os conceitos-chave da teologia pré-socrática: Infinito – ausência de começo – princípio – imortal e indestrutível – divino: é o estilo desse encadeamento que precisamos tentar compreender.

Primeira observação

Temos nesse texto uma verdadeira dedução do "divino". O Infinito implica os atributos Imortal e Indestrutível, e estes, o Divino. "E é isso o divino", diz Aristóteles. O ponto de partida dessa dedução é a colocação de algo que é Princípio. Não importa aqui a *natureza* desse Princípio; portanto, não importa que

---

[1]. A tradução de Pierre Pellegrin (Aristóteles, *Physique*, Paris, GF-Flammarion, 2002, pp. 175-6) comporta diferenças bastante importantes.

Aristóteles (e Burnet[2]) tenham razão de ver aí um reservatório material de devir, embora o próprio termo *Phýsis*, por seu sufixo – *sis* –, diga mais que uma simples estrutura dada e contenha a ideia de origem e de geração. O importante é a *função* desse Princípio; ele dá um *fundamento sem começo* a tudo o que começa. É essa função de *Arkhế*[3] que define o "divino" e recria filosoficamente a religião; a imortalidade dos deuses transpõe-se para a ausência de começo do princípio: "e é isso o divino".

Segunda observação

Nessa retomada, a religião é simultaneamente negada e mantida. Negada, pois o "mito" que sonda o "por quê?" se perde nas gêneses sem fim das teogonias e não pode dar o salto da gênese indefinida para a posição de um Princípio, de um algo sem começo no começo das coisas. Mantida, pois o princípio assume a dignidade que a fala poética havia conferido aos deuses; "e a todas ele abarca e dirige". W. Jaeger destaca o estilo poético, ou antes *hínico*, dessas expressões, numa obra que foi precisamente a primeira filosofia em prosa[4]. Na maioria dos

---

2. Remissão a "Burnet", sem nenhuma especificação (também mais adiante, p. 128). John Burnet é conhecido por várias obras: *The Ethics of Aristotle*, Londres, 1900; *The Socratic Doctrine of the Soul*, Londres, 1915; *Atistotle on Education*, Cambridge, 1931; e principalmente, na França, por *L'Aurore de la philosophie grecque*, Paris, Payot, 1919.

3. Terá o próprio Anaximandro chamado seu Infinito de um Princípio? Se a palavra não estiver nele, Aristóteles não inventou a ideia. Cf. o texto de Simplício A 9, que confirma a atribuição da *Arkhé* a Anaximandro (Diels, *Die Fragmente der Vorsokratiker*). (PR) [O fragmento A 9 de Simplício, a respeito de Anaximandro, corresponde ao fragmento B 1 citado na nota seguinte, 118; cf. *Les Écoles présocratiques*, Jean-Paul Dumont (ed.), Paris, Gallimard, "Folio-Essais", 1991, p. 47.]

4. Comparar com este texto sobre o Ilimitado o famoso fgt [fragmento] B 1 (Diels) que Nietzsche, E. Rohde, W. Jaeger, Heidegger comentaram: "Quaisquer que sejam as coisas de que devêm as que são, é nessas coisas que a destruição devêm de acordo com a necessidade; pois elas oferecem umas às outras retribuição e expiação por sua injustiça, de acordo com a ordem do tempo." (PR) [Hermann Diels realizou, em 1903, a edição de referência monumental dos pré-socráticos – edição revista e aumentada várias vezes após essa data.]

pré-socráticos[5] – em Anaxímenes fr. 2, Empédocles, Anaxágoras B 2, B 14, Heráclito fr. 41, Parmênides fr. 12, 3, Diógenes e mesmo Demócrito (B 30) – encontram-se essas mesmas expressões, ou outras semelhantes, para *celebrar* o princípio divino do Cosmos; observa-se o mesmo tom de reverência, como de uma prece racional de reconhecimento. Assim, por essa retomada, o hino fundamental se transmite para a filosofia; ao mesmo tempo que racionaliza o divino, a filosofia se recarrega na linguagem primordial da admiração e da adoração. Nessa conjunção entre a razão e o hino reside a unidade grega da filosofia e da religião; mas a filosofia tem o papel condutor; o predicado divino só é recuperado porque é extraído especulativamente da *Phýsis* e transferido das deidades tradicionais para o princípio do ser.

Daí a atitude ambígua ante a religião popular. Xenófanes declara guerra aos antigos deuses: "Um único deus, o mais elevado entre os deuses e os homens. Nem por sua forma nem por seu pensamento ele se assemelha aos mortais."[6] O que não "combina" com o "divino" é recusado aos deuses – e primeiramente o "contorno", a *morphé*. É por isso que em algum momento todos os filósofos gregos serão acusados de a-teísmo*; o processo de Sócrates insere-se nesse grande processo da filosofia; o ataque de Platão contra a poesia e os mitos, em *República* II, também faz parte dessa linha. Entretanto, a força desse ateísmo é religiosa e desce até o hino antigo. E, mesmo quando o filósofo grego não é a-teu, sua filosofia do divino torna-o indiferente à oposição monoteísmo-politeísmo; o próprio Platão fala do deus e dos deuses; já Parmênides não sente dificuldade para integrar o politeísmo num lugar secundário. A razão profunda é que a filosofia versa mais sobre o divino que sobre os deuses.

---

5. Ross, *Aristotle's Physics, Commentary*, p. 546; essa nota de Ross segue a mesma linha de W. Jaeger, *op. cit.*, p. 31. (PR) [Título completo: *Aristotle's Physics. A Revised Text with Introd. and Commentary by W. D. Ross*, Nova York, Clarendon Press, 1936.]

6. Diels, B 23. (AC)

* "A-teísmo" e, em seguida, "ateísmo" e "a-teu": sic no original. (N. da T.)

Terceira observação

A afirmação da *Arkhé* não é fruto de uma prova; mais que uma demonstração, trata-se de uma mostração do fundamento. Esse ato soberano, idêntico ao "pensar" – *noeîn* ou *phroneîn* – (como o *Denken* kantiano que afirma o incondicionado), está mais perto do argumento ontológico que de todas as provas que argumentam pelos efeitos. A filosofia é um retorno à origem, uma repetição da *Arkhé*; esse é o verdadeiro sentido da Reminiscência. A *Phýsis* dos jônios foi a primeira afirmação de um ser primordial pela filosofia; o Uno do parmenidiano, a Ideia platônica, o ser enquanto ser de Aristóteles são afirmados da maneira[7]; ou melhor, é ao afirmar-se que o Princípio, qualquer que seja, afirma o ato filosófico, o Pensar.

2. O "Uno" e o divino

Parmênides é a segunda raiz da religião racional de Platão. Enfatizou-se sua indiferença a Deus (K. Reinhardt). Isso é verdade, mas não esgota a questão do alcance religioso de seu pensamento do ser. Até mesmo é nele que temos o primeiro modelo completo de uma religião racional. A tonalidade religiosa é dada pelo *Prelúdio*, que não é de modo algum um *hors-d'œuvre*; dois momentos devem ser considerados: a "viagem" e a "revelação" pela deusa. A viagem significa o desenraizamento do mundo, a Odisseia do pensamento que retorna ao fundamento; toda a simbólica do "transporte" (o carro, as rodas, a saudação das jovens) prenuncia um certo arrebatamento do espírito por potências benéficas que já lembram o Eros platônico e de modo geral a "conversão" platônica; a revelação pela deusa significa que a "Verdade" é menos um discurso articulado pelo homem que um discurso do ser, proferido pelo próprio ser. Nesse sentido, pode-se falar de uma "des-coberta" do ser. Conversão e descoberta talvez tenham um modelo órfico; mas o que importa é o estilo filosófico da transposição: a

---

[7]. Faltam uma ou mais palavras.

miséria de que o iniciado será curado torna-se "a errância" dos mortais; a "via" da salvação torna-se especulação; o fervor do iniciado torna-se saber absoluto (B 1, 3: "o homem que sabe")[8]. Objetarão que o objeto da revelação filosófica contradiz o movimento dessa revelação, por seu caráter absolutamente a--religioso; mas a tradição de Mileto já nos preparou para a ideia de que para o filósofo grego o objeto religioso não é primeiramente um deus ou deuses, e sim o divino. Ora, o "ele é" do *Poema* de Parmênides assume a mesma função da *phýsis* jônica e particularmente do "infinito" de Anaximandro. O que é novo é que o Princípio não é mais natureza e não pode mais ser natureza; o Princípio exclui as determinações naturais; os ὄντα do *physiológos* não são o ser verdadeiro; daí o estilo negativo: ele não é múltiplo nem está em movimento; não tem nem começo nem fim.

Será afastada também a objeção segundo a qual o "ele é" não pode ser religioso, mesmo num sentido transposto, pois é somente pensado. Mas a objeção procede de um contrassenso sobre o "pensar e ser são uma mesma coisa". Não é dito que o ser se reduz a ser pensado, e sim que o ser é o único a pensar, no sentido de ser pensável, que o não-ser está fora do campo do νοεῖν[9]. Ora, é precisamente o νοεῖν que se carrega de religiosidade, pois ele não é exaltação de *meu* pensamento, e sim subordinação *do* pensamento *à* verdade do ser. Encontra-se na relação da alma platônica com a Verdade das Ideias a mesma subordinação: a ideia exige ser pensada assim e não de outro modo; filosofar é submeter-se ao que a Ideia quer (Goldschmidt). Nisto reside a função religiosa da razão: ela não é arbitrária nem vazia, e sim ligada pelo ser e plena dele.

Dirão ainda que o Uno de Parmênides tem uma forma, a de uma esfera, e que, assim sendo, Parmênides é o pai do materialismo (Burnet[10]): os "elementos" de Empédocles, os "ho-

---

8. Werner Jaeger: "O elemento religioso reside mais na maneira como o homem é afetado por sua descoberta e em seu tratamento firme e resoluto da alternativa verdade-erro do que em qualquer classificação do objeto de sua busca como divino" (Jaeger, *op. cit.*, p. 107). (PR)
9. Ler: *noeîn*.
10. Cf. anteriormente p. 125, nota 3.

meômeros" de Anaxágoras, os "átomos" de Epicuro, dirão, são os rebentos do Uno-esfera. Mas não é certo que essa representação do Uno com os recursos do pensamento "físico" seja essencial para o pensamento do Ser; aliás, Platão nunca se deteve nesse aspecto de Parmênides; mas principalmente é preciso compreender o que significa esfera: significa o auge da determinação; é o "limite", o πέρας[11], que os pitagóricos, em suas tabelas de opostos, colocavam na mesma "série" que o Bem.

Assim, Parmênides acrescenta ao universo teológico dos pré-socráticos estas duas características: o divino é a Verdade oposta à opinião, é o Uno oposto ao múltiplo. Justamente por isso, contribuiu para afastar a especulação grega da identidade do Ser com um deus; o "mistério do ser" que ele proclama é uma espécie de autorrevelação da dimensão ontológica como tal. Além disso, ele direciona a ontologia para o âmbito do limitado, do finito. A abertura, operada por Anaximandro, para uma filosofia do infinito em ligação com a ideia de Ἀρχή, de Princípio, volta a fechar-se. Platão ficará embaraçado com a dupla qualificação do infinito como poderoso de um lado e imperfeito do outro.

Plotino é que optará definitivamente pelo Infinito e juntará o Bem, o Uno e o Infinito; pois o Uno não é o que o pensamento pensa, o determinado, o "finito", e sim aquilo de que procedem tanto o pensante como seus pensamentos indefinidamente finitos.

3. As outras raízes pré-socráticas da religião racional

Às duas grandes tradições, jônica e parmenidiana, é preciso acrescentar duas influências decisivas: a do λόγος de Heráclito e a do νοῦς[12] de Anaxágoras.

a) Heráclito deveria ser posto no mesmo nível de Parmênides; mas Platão e Aristóteles simularam conhecer nele ape-

---
11. Ler: *péras*.
12. Ler: *lógos* e *noûs*.

nas o filósofo do "fluxo" – portanto, a antítese de Parmênides. Platão até mesmo o caluniou praticando um amálgama entre ele e Protágoras (e a sofística em geral). Serão os estoicos que, procurando ancestrais para si entre os pré-socráticos, perceberão a amplitude dessa filosofia do λόγος, da qual o "fluxo" é apenas um aspecto subordinado. Plotino saberá integrar essa doutrina da arbitragem dos contrários em sua própria filosofia, numa posição subordinada, é bem verdade (*Enéadas* III, 1-3).

Ora, o fervor profético de Heráclito não é menor que o de Parmênides; dissimula-se num falar por enigmas, que dá um ar oracular à sua revelação. Esse fervor não vai para o "fluxo", e sim para o λόγος do fluxo; assim, esse λόγος reassume para ele a dignidade ontológica do "infinito" de Anaximandro e do "ele é" de Parmênides; constitui a fala eterna que os homens não compreendem; não a fala de Heráclito mas a verdade da realidade que se dirige a ele (B 1); essa fala cinde os homens em "vigilantes" e "dormentes" e torna seus portadores solitários no meio do sono universal.

Na filosofia grega esse λόγος se alternará com o νοῦς; designará o "sentido imanente" aos contrários, enquanto o νοῦς designará uma inteligência separada, transcendente; é por isso que os estoicos voltarão ao λόγος, por cima do νοῦς aristotélico.

A qual característica do λόγος se prendeu então o fervor de Heráclito? Ao poder de arbitragem e de medida que exerce no próprio interior das contradições; para ele, o admirável é que a contradição não seja ruinosa, e sim fecunda: "A Guerra é o pai de tudo e o rei de tudo. De alguns ele faz deuses e dos outros, homens; de alguns, escravos e de outros, homens livres" (B 53). Pai e Rei é a linguagem do hino antigo (B 67 diz mesmo ὁ θεός[13]). Portanto, o espantoso, o admirável é a imanência da Lei, da Medida (B 94; B 114). Reencontramos aqui a δίκη[14] de Anaximandro, que arbitra os desbordamentos dos elementos e das forças no grande "processo" da natureza; Heráclito magnifica-a e glorifica-a numa vasta identificação da lógica dos contrários, de cosmologia das forças e da política dos homens. Essa

---
13. Ler: *ho theós*, "o Deus".
14. Ler: *díke*.

grande identidade é o κόσμος, medida imanente a todos seus conflitos (B 30). Daí o oráculo supremo: "De tudo, um; e Uno de tudo."[15] Equivalência "totalidade-unidade" (B 50).

Como se pode ver, Heráclito não prova mais que Anaximandro ou que Parmênides; ele desvela; não induz, exemplifica; em um exemplo capta o sentido global. Portanto, nada de uma prova pelos efeitos; só a descoberta de um fundamento (B 54; B 123); assim fazia o oráculo de Delfos, não mostrando nem escondendo, e sim "indicando" (B 93). O ser então não constitui problema, e sim enigma. Para Heráclito, o enigma é que o Uno seja o Múltiplo e que a Paz seja a Guerra.

b) É preciso dar um lugar especial para *Anaxágoras*, por causa não só do tema do νοῦς[16] mas também de suas ramificações "providencialistas", fundamentais para se compreender certos aspectos religiosos do socratismo e enfim o que havíamos chamado de mediação do demiurgo no *Timeu*.

É bem verdade que Platão decepcionou-se com o νοῦς de Anaxágoras, que põe tudo em ordem e depois se revela inutilizável nas explicações detalhadas (*Fédon* 97 b-99 a). Entretanto, o *Filebo* reabilita-o: todos os sábios, diz ele, concordam que o νοῦς é "o rei do céu e da terra" (28 c), que ele "governou" todas as coisas (28), "ordenou" todas as coisas. Todas essas expressões remontam, através dos pré-socráticos, ao hino do divino[17].

Com o νοῦς é enfatizado o caráter "não misturado" do princípio, ao passo que tudo está originalmente misturado a tudo: "Infinito, ele basta a si mesmo; não se mistura com nada;

---

15. Heráclito, fragmento B 10. Dumont (*op. cit.*, p. 68), traduz com mais exatidão: "E de todas as coisas o Uno/e do Uno todas as coisas." Terá o próprio Ricœur traduzido esse fragmento, ou está utilizando uma tradução já existente? Seja como for, a tradução do *Curso* repete, invertendo-a, a mesma fórmula.
16. Ler: *noûs*.
17. Karl Deichgräber, "Hymnische Elemente in der philosophischen Prosa der Presokratiker" ["Elementos hínicos na prosa filosófica dos pré-socráticos"], *Philologos* 88, 1933, p. 347 (Aristóteles fala da "solenidade" do tema do "infinito" em Anaximandro, *Física* III 6, 207 a 18 – citado por W. Jaeger, *op. cit.*, p. 202, n. 42). (PR) [Pierre Pellegrin traduz "dignidade" do infinito, cf. Aristóteles, *Física*, Paris, GF-Flammarion, 2002, p. 193.]

é sozinho, si-mesmo por si-mesmo." Por não estar misturado, "governa"; "Ele conhece cada coisa e tem a força mais extrema". "O Espírito controla todas as coisas que têm alma, as maiores e as menores." Assim, esse tema da "soberania" do "governo", "abarcar", "reger" e também o da "paternidade" são o derradeiro aporte hínico na filosofia pré-socrática; são transpostos dos deuses para o divino, para o princípio não personalizado das coisas: "Infinito", "Ser", "Logos", "Espírito".

Mas a novidade é que a partir do νοῦς de Anaxágoras delineia-se uma *semipersonalização* do divino que em Platão resulta no demiurgo, por identificação com uma alma motora e automotora. Essa inflexão está delineada na própria expressão "pôr em ordem" (διακοσμεῖν[18], 28 e). A questão era considerar o princípio não só como um princípio de caráter *final*, mas como uma causa *eficiente* separada. Foi essa passagem que Anaxágoras não conseguiu fazer; daí a decepção de Platão e a reserva de Aristóteles (*Metafísica* A 3, 984 b 15; 4, 985 a 17). Platão só o conseguirá duplicando a causalidade exemplar do Paradigma com a causalidade artesã do demiurgo.

Ora, essa passagem é preparada pela teologia providencialista e finalista proveniente de Diógenes e atestada pelo Sócrates de Xenofonte (*Memoráveis* I 4, IV 3)[19], que desabrochará na Providência estoica. É ali que se vê, em contrapartida dessa personalização do divino, a cisão entre o reino do Fim e o da "Necessidade"; por efeito reflexo, a Natureza volta a cair na condição de massa cega e arbitrária; finalidade e mecanicismo dissociam-se e opõem-se. Essa cisão, ignorada pelos pré-socráticos anteriores, pode ser considerada responsável por uma mudança importante do regime do pensamento ontológico, que se torna "meta-físico"; ao mesmo tempo, nasce a argumentação, a busca da prova, também ela ignorada pelos pré-socráticos que formulam o Fundamento, ou seja, ao mesmo tempo o

---

18. Ler: *diakosmeîn*.
19. A inteligência ordenadora tem um "desígnio" (γνώμη); como um "artífice" (δημιουργός), ela "obra" (δημιουργεῖν). (PR) [As palavras gregas leem-se: *gnóme, demiourgós* e *demiourgeîn*.]

ser e o pensamento do ser (quer este seja "infinito", "Uno", "Lógos"). Essa descoberta é substituída por uma interpretação dos sinais da finalidade, uma demonstração indireta pelas obras, pelo arranjo do todo e pela ordem das partes; pois, argumenta-se, para explicar a ordem é preciso outra coisa que não a matéria, que não a necessidade; é preciso um princípio adicional, do qual temos um exemplo na atividade intencional do homem. Historicamente, todas as "provas pelos efeitos" seguirão essa linha; mas o argumento ontológico é da raça desse pensamento do ser, segundo Anaximandro, Parmênides e Heráclito, em que o ser se deixa pensar pela Ideia que o formula.

Esse é o respeitável segundo plano da filosofia do "divino" e de "Deus" em Platão. Em sua admirável riqueza, duas tendências se delineiam: uma tendência maior, a de Parmênides (e de Heráclito, tão desconhecido quanto obscuro), e uma tendência menor, representada pela série Anaxágoras, Diógenes, Xenofonte. Segundo a primeira, a carga emocional veiculada pelos mitos e hinos transpõe-se para um Princípio pensado que recolhe a veneração da Razão; esse princípio é "divino", em vez de "deus". Na outra direção, o tema da "Inteligência", que *pensa* a ordem e a *instaura*, aproxima novamente o "divino" de "Deus". Mas essa tendência continuará sempre subordinada à anterior, pelo menos até Fílon, ou seja, até o encontro do pensamento grego com o pensamento hebraico.

No entanto, muito antes desse encontro, Platão vai tentar ligar as duas tradições pré-socráticas, unindo a filosofia do Bem e a do Demiurgo. E Aristóteles, principalmente, pretenderá fundamentar como razão a identidade intrínseca da ontologia e da teologia, "do ser enquanto ser" e da "substância primeira" (o Ato Puro ou Pensamento do Pensamento).

CAPÍTULO II
O "DIVINO" EM PLATÃO

São as Ideias, as Formas, que, no platonismo, assumem a função religiosa exercida pelo "infinito" de Anaximandro, pelo "Uno" de Parmênides, pelo "Logos" de Heráclito, pela "Inteligência" de Anaxágoras. É para elas que se transferem a homenagem solene proveniente do hino e o fervor das iniciações. Mas essa "transposição" (Diès) não teria sido possível sem a tradição pré-socrática que já comportava tal "transposição" do culto para a filosofia.

1) Assim, temos como tarefa inicial compreender em que sentido a filosofia das Ideias, que havíamos considerado de um ponto de vista simultaneamente ontológico e epistemológico, assume também uma significação religiosa.

2) Em seguida teremos de indagar o que significa para essa religião racional o novo impulso do problema ontológico com a Ideia do Bem e a do Uno e, por fim, com a dialética do *Parmênides* e do *Sofista*. A religião racional de Platão deve refletir todas as tensões da epistemologia platônica, que portanto vamos percorrer novamente, de um ponto de vista diferente.

3) Em seguida, será preciso indagar qual é a significação religiosa do tema do Demiurgo; particularmente, será preciso situar esse problema com relação à dupla tradição pré-socrática: a que se direciona para o "divino" e a que se direciona para "Deus".

4) Por fim, surge a questão de saber se há algo a extrair, para a filosofia, da referência aos deuses infernais nos mitos escatológicos[1].

1. A Ideia e o divino

Vimos (primeira parte, cap. II) o que significa a promoção ontológica da Ideia: primeiramente, a validação da linguagem questionada pelos sofistas. É por um realismo das significações que Platão reage contra a crise da palavra, aberta pela sofística (cf. *Crátilo* 386 e, 389 d). A Ideia reveste-se da dignidade do ser, oposto simultaneamente ao aparecer e ao devir; é esse o sentido da refutação de Protágoras no *Teeteto*; assim, a Ideia é o "verdadeiramente ente", o ὄντως ὄν (*Fédon* 66 c). Ora, essa promoção ontológica das significações se dá na mesma região que a do "Princípio" dos pré-socráticos. A Ideia vem ocupar um lugar e uma dignidade já circunscritos pelos pensadores anteriores: o lugar e a dignidade do que é Uno, do que permanece, do que é por si, do que é real e verdadeiro. Platão reconheceu na definição socrática a ἀρχὴ pré-socrática. É esse reconhecimento ou essa identificação que situa já de imediato a Ideia na esfera do "divino"; por ser o fundamento da denominação, ela é divina: "a Forma é divina, imortal, inteligível", *Fédon* 80 b (também: *República* VI 490 b; V 476 a; VII 532 a[2]; *Fedro* 246 d). Como o grau de divindade é proporcional ao grau de ser, o mais divino coincide com o ser que é o mais ser (Diès); deve-se notar a insistência de fórmulas ontológicas duplicadas e mesmo triplicadas, como estas: τὸ ὂν ὄντως..., ὁ ἐστὶν ὂν ὄντως, οὐσία ὄντως οὖσα[3] (*Fedro* 247 e, sq.). E, como a dignidade da Ideia se transmite para a Ciência (*República* V 476

---

1. A respeito de tudo isto, cf. Victor Goldschmidt, *La Religion de Platon*, Paris, PUF, 1949; Auguste Diès, *Autour de Platon*, t. II: *les Dialogues – Esquisses doctrinales*, Paris, Beauchesne, 1927; Paul Shorey, *On the Idea of God in Plato's Republic*, University of Chicago Classic Studies, 1895; René Mugnier, *Le Sens du mot Θεῖος chez Platon*, Paris, Vrin, 1930. (PR)
2. As referências à *República* parecem inexatas aqui.
3. Ler: *tó ón óntos..., ho estín ón óntos, ousía óntos oûsa*.

e, 477 b; *Teeteto* 146 e), a ciência também é divina. Platão recupera assim a ἀληθεῖα⁴ de Parmênides, que não é uma característica de nossos pensamentos, e sim o próprio ser enquanto descoberto (*República* VI 508 e). Portanto, é por intermédio da ἀρχὴ pré-socrática que a Ideia platônica assume tal papel. Esse papel é atestado pela transferência para a Ideia das emoções religiosas fundamentais; a Ideia capta essas emoções e em resposta adquire uma espécie de sublime racional.

a) A teoria das Ideias retoma para si o tema da "viagem", cuja importância vimos naquele *Poema* de Parmênides; o conhecimento é uma migração rumo ao "lugar inteligível" (*República*), rumo à "planície de verdade" (*Fedro*); é uma "fuga", uma "evasão deste mundo rumo ao alto (*Fédon, Teeteto*), uma "anábase" (*República*). É por isso que a educação filosófica não é uma técnica como as outras, que se possa acelerar; ela exige a maturidade, a disponibilidade e os penares da "viagem" do iniciado.

b) O ponto de partida dessa viagem é descrito na linguagem de Parmênides (a "errância") e de Heráclito (o "cegamento"); é uma decadência inicial que é igualmente "cativeiro" (*Fédon* e *República*), "turbilhão" (*Crátilo*), "queda" (*Fedro*), "indigência" (*Banquete*). Nessa situação inicial, obturada e cega, há mais que uma simples ignorância ou um simples erro: há uma miséria que requer purificação.

c) A crise decisiva do começo do caminho é a μετανοῖα⁵, a "conversão", retomada da purificação dos Mistérios. Essa purificação, expressamente nomeada nos textos mais "místicos" de Platão (*Fédon, Banquete, República* VI), é o tema implícito de preocupações que aparentam ser puramente epistemológicas; assim, é ela que está subentendida no método "aporético" de um bom número de diálogos. Não se trata apenas de reservar a resposta verdadeira e de pôr a nu a questão em si, de decapar

---

4. Ler: *aletheîa*, "verdade".
5. Ler: *metánoia*.

e desencrostar de algum modo a interrogação; nem mesmo se trata unicamente de juntar a essa função crítica uma função ética, quebrando com "a ironia" as pretensões dos falsos eruditos; trata-se de instaurar na alma um vazio, uma noite, uma impotência, uma ausência que preludiam a revelação. Assim, no *Teeteto*, a Ciência está presente-ausente em tudo o que ela não é: opinião, opinião reta, opinião reta com raciocínio. Que a aporia tenha valor de purificação o retrato do filósofo, inserido obliquamente na erística do *Teeteto* e que é a contraparte da apologia de Protágoras, atesta bem: a filosofia é o fracasso da vida; é preciso perder o mundo para encontrar a própria alma e a verdade.

d) Assim como a iniciação mística comporta "graus", o itinerário filosófico é demarcado por estágios. Já consideramos esse problema de um ponto de vista epistemológico[6]; surpreendemo-nos por a oposição com dois termos – ser-aparência – poder dar três ou quatro "estágios" ou mesmo mais (se compararmos os graus do *Teeteto*, os da *República* e os da *Carta VII*, sem contar a escala estética do *Banquete* e do *Fedro*); o ser será o "quinto", depois do nome, da definição, da imagem, da ciência na alma, de acordo com a *Carta VII*. Assim a lógica dos contrários, que só conhece os termos extremos "ignorar-saber", é dramatizada pelo movimento de uma alma esforçando-se rumo ao ser como rumo ao limite de sua aproximação: "A alma está em trabalho de parto a respeito do ser"[7], diz o *Teeteto* (187 a). O *Breve tratado* e a *Ética* de Espinosa reproduzirão essa ascese graduada.

e) Por fim, o termo da iniciação é marcado pela intuição, pela θεωρία[8]. Já discutimos o problema epistemológico da Intuição: há intuição de uma Ideia? E, se há intuição da Ideia apenas em sua ligação com a totalidade das Ideias e em sua

---
6. Primeira parte, caps. III-VI. (PR)
7. Trad. E. Chambry (GF-Flammarion, 1967, p. 129): "A alma... empenha-se ela mesma, sozinha, no estudo dos seres."
8. Ler: *theoría*.

referência ao Bem, pertence a Intuição à experiência desta vida, enquanto o sistema total não estiver encerrado, se ele nunca deve estar? Mas, precisamente porque o tema da intuição é um tema "transposto" da experiência religiosa, ele não precisa inserir-se na filosofia em termos de "dado", de "presença atual"; pode permanecer em suspenso, como o termo virtual, como o símbolo do acabamento da filosofia. A ligação entre esse acabamento escatológico e a existência pré-empírica de um lado, e, do outro, a Morte, confirma também o caráter virtual, projetivo, simbólico da "transposição" da experiência religiosa nesse último estágio de seu desenrolar.

Assim, a filosofia pode afiliar todos os movimentos da alma órfica, porque a Ideia assumiu a função de Princípio, de Αρχὴ, que já com os pré-socráticos havia se identificado com o "divino".

2. O Bem e o divino

O divino, no platonismo, precede Deus, porque as Ideias são o próprio ser do divino; é por isso que elas são o que "o pensamento de um deus" contempla (*Fedro* 247 d); são seu alimento e sua visão (*ibid.*). Platão chega mesmo a dizer que o pensamento do filósofo é o único "alado", "pois sempre se liga tanto quanto possível, pela lembrança, *às essências graças às quais Deus é divino*" (*Fedro* 249 c)[9].

Mas o platonismo não se reduz à filosofia das Ideias; as Ideias são transcendidas pelo Bem; o esforço propriamente epistemológico para integrar a visão do Bem a uma dialética total deve necessariamente ter uma significação para a religião racional de Platão.

Pode-se compreender por quê: a Ideia é mesmo um princípio de unidade para as coisas homônimas, mas elas são múltiplas; portanto, há seres, no plural (τὰ ὄντα, τὰ ὄντως ὄντα[10]); e perdemos a função unitária do ser parmenidiano: o "divino"

---
9. Trad. Mugnier, *op. cit.*, pp. 52-3. (AC)
10. Ler: *ta ónta, ta óntos ónta* ("os seres do ser").

reconstituiu-se numa filosofia do ser que não é mais uma filosofia do Uno. Essa estrutura distributiva (ἓν ἕκαστον τῶν ὄντων)[11], ligada à descontinuidade da denominação, implica uma espécie de distribuição do divino, um politeísmo das formas (Goldschmidt). A função religiosa da filosofia do Bem é recuperar a problemática do Uno numa filosofia que começa por desagregar o Ser; daí a ambiguidade do "divino" em Platão: ele é simultaneamente estendido na multiplicidade dos seres e *concentrado* na unidade de um último princípio constitutivo.

Vamos retomar, do ponto de vista desse duplo movimento do divino, a relação das Ideias com o Bem, que já consideramos do ponto de vista epistemológico (primeira parte, cap. VI).

a) A filosofia do "divino" tende, por um lado, para uma filosofia da *transcendência* que prenuncia o Uno plotiniano (*República* VI 508 c-509 b). Em vez de visão, visada: o Bem é "o que toda alma persegue"; é o fundamento unitário do teórico e do prático, do amor e do conhecimento. É obscuro (505 e), difícil de perceber (517 b); por isso não se dirá o que ele é, e sim a que se assemelha (506 e); dá-se assim a unidade do método apofático e do método analógico. O que havíamos chamado, de um ponto de vista epistemológico, de princípio de unificação final da Ciência – por oposição ao princípio de determinação distinta que preside a constituição da Ideia – agora nos aparece como o fundamento do "divino". De fato, é sua função de "causa" que é destacada (508 e); e isso tem um sentido duplo: o Bem é "causa" total do ser das Ideias, visto que nas Formas tudo é permeável à ação da causa inteligível, sem que seja necessária uma causa adjuvante ou concorrente, como na natureza (*Fédon* 99 b); além disso, ele é "causa" do poder de conhecer e do poder de ser conhecidos para todos os aspectos e para todas as Ideias.

Assim, o Bem retoma a função de *fundamento*, de Ἀρχή, da tradição pré-socrática, como as Ideias, porém mais radicalmente que as Ideias. Como as Ideias: é por isso que Platão diz ainda ἰδέα τοῦ ἀγαθοῦ[12], a Ideia do Bem; porém mais radical-

---
11. Ler: *hén hékaston tôn ónton* ["cada um dos seres"].
12. Ler: *idéa toû agathoû*.

mente que as Ideias: é por isso que é dito que ele reside "mais além da essência". Plotino eliminará essa ambiguidade distinguindo o Uno que está mais além das Ideias e a Inteligência que *é* todos os seres; mas já o *Filebo* parece corrigir a ambiguidade da *República* ao chamar o princípio supremo de Uno e não mais de Bem.

b) Por outro lado, a filosofia do "divino" é uma filosofia da *imanência*, que, como vamos ver, reativa a filosofia da *transcendência*. Vimos o lado epistemológico da dialética, o que Platão chama de atividade "sinóptica" do dialetista, *República* VI 537 c; o Princípio desempenha aqui o papel de aguilhão de conhecimento, incitando para análises regressivas na direção de um ponto de partida "suficiente" (*Fédon*) e por fim "anipotético" (*República*) e para sínteses progressivas na direção do múltiplo.

Ora, o caráter trabalhoso, parcial e inacabado dos exercícios dialéticos que o platonismo propõe tem uma significação religiosa importante: não há um sistema total, de tal modo que se possa dizer que a visão do Uno seja inteiramente recuperada e absorvida na dialética. Há apenas fragmentos dialéticos: é o caso da construção dos cinco "gêneros" do *Sofista*; há também um programa dialético: é o caso dos textos do *Fedro* 265 d-266 c, do *Sofista* 253 b-254 b e do *Filebo* 16 c-17 a; *mas em lugar nenhum se encontra o sistema completo; se fosse esse o caso, a transcendência do Bem seria igualada pelo próprio sistema e a filosofia de Platão seria a de Hegel.* Parece que para o próprio Platão o Bem afinal escapa do relacionamento; poderíamos dizer que ele "ilumina toda procura, (que) não é visado diretamente por nenhuma"[13]. É por isso que os Diálogos de Platão são, cada um a seu modo, uma obra completa; cada um revela um fragmento desse sistema, sem poder aproveitar os elementos de sistema pertencentes a um outro diálogo; cada um visa na direção do Bem, mas se atém a um grupo de Ideias fundadoras que, para *esse* diálogo, são o princípio "suficiente" mas não anipotético. Daí essa mistura de convicção e interrogação que caracteriza os diálogos aparentemente mais "acabados", menos "aporéticos".

---

13. Goldschmidt, *op. cit.*, p. 39. (AC)

c) Esse ritmo de transcendência e imanência se expressa em algumas noções platônicas, explicitamente ambíguas, que acumulam as duas intenções do platonismo.

– Assim, Platão frequentemente fala da "medida" ao mesmo tempo como "poder do Bem" e como regulação imanente ao sistema dialético das Ideias. Já estudamos esses grandes textos sobre a "justa medida" (*Político* 283 a-285 a, *Filebo* 64 e-65 a, 66 b), aos quais se deveria juntar o texto do *Timeu* 30 c sobre o Vivente Universal. Todos esses textos desenvolvem uma indicação da *República*: o termo da Anábase espiritual é a "causa" do que existe de bem e de belo. A descoberta da "justa medida" – em política, em ética, em física – desempenha, portanto, o papel de método de imanência para a ascensão ao fundamento. Em linguagem kantiana, diriam que o Incondicionado se "esquematiza" em relações de finalidade e de conveniência que são a verdadeira "causa" de todas as "misturas"; é na perspectiva dessa "esquematização" que as *Leis* chamarão Deus de "a medida de todas as coisas". Eu tenderia a pensar que, se Platão substitui o Bem da *República* pelo Uno do *Filebo*, é porque entreviu que o Bem já era tal "esquematização" do Uno numa causalidade final que domina simultaneamente a causalidade formal de cada Ideia, as relações dialéticas de todos os sistemas parciais e a estrutura do sistema total, que nenhum filósofo pode recompor.

Essa promoção da Ideia de Medida, na flexão da transcendência e da imanência, não é surpreendente; é da mesma linha do famoso texto de Anaximandro sobre a Δίκη[14] que arbitra os desbordamentos dos fenômenos; ela lembra também os aforismos de Heráclito sobre a Medida, imanente às contradições e idêntica ao Logos.

– É no mesmo estilo imanente-transcendente que Platão fala uma outra vez do "ser total" (παντελῶς ὄν[15], *Sofista* 248 e-249 a); de fato, pode-se pensar que o que acaba de ser dito sobre a medida pode esclarecer aquele texto difícil. Vamos re-

---
14. Ler: *Díke*.
15. Ler: *pantelôs ón*, "ser total" ou (mais adiante, na citação) "ser universal".

cordar em quais circunstâncias Platão é levado a invocar essa noção. Procurando uma definição do ser aceitável pelos mobilistas e pelos amigos das formas, propõe chamar o ser de um poder de agir e de sofrer ação; não que ele se converta subitamente a uma filosofia impensável para um antigo, a algum dinamismo ou energetismo (o Ser é a Força, a Energia!); a "paixão" que está em causa aqui é a passividade mínima que é preciso atribuir ao ser para que ele seja conhecido, é o ser-conhecido do ser. Portanto, entre a alma e a ideia há intercâmbio de poder, um Fazer (ποῖειν[16]) no âmbito do conhecer, um Sofrer no âmbito das ideias, embora seja a Ideia que exige e a alma que obedece. É então que Platão pronuncia estas palavras enigmáticas (248 e-249 a): "Ora essa, por Zeus! vamos nos deixar convencer tão facilmente de que o movimento, a vida, a alma, o pensamento não têm realmente lugar no sentido do ser universal, que ele não vive nem pensa e que, solene e sagrado, vazio de intelecto, fica ali, plantado, sem poder mover-se? – Teeteto – Que assustadora doutrina estaríamos aceitando, estrangeiro!"

Esse texto se esclarece, em nossa opinião, se o compararmos com a declaração da *República* 508 e, segundo a qual o Bem é o fundamento em comum do cognoscente e do conhecido, da Inteligência e do Inteligível, visto que possibilita que o Uno conheça e que o outro seja conhecido; assim como a luz é o "meio" entre o fogo das coisas e o fogo do olho, o Bem é a mediação que torna possível a relação intencional do conhecer; essa mediação resolve a descontinuidade que o *Fédon* havia percebido entre a alma e a Ideia (Sócrates declarava nele que a alma era o que havia de "mais próximo" da Ideia, o que "mais se assemelhava" a ela, sem, entretanto, ser Ideia). Portanto, o Bem permite uma totalização da Inteligência e do Inteligível.

Parece-me que é a partir disso que se deve compreender o ser total ou universal do *Sofista*; o Bem, que era *summum* do ser na *República*, torna-se aqui *soma* do ser[17]. A ênfase não recai mais na transcendência, e sim na completude na imanência. Desta vez o "perfeito" (τέλειος[18]) se "esquematiza" no

---
16. Ler: *poieîn*.
17. Diès, *Autour de Platon, op. cit.*, p. 556. (AC)
18. Ler: *téleios*.

"todo", no "total"[19]. A sequência do texto confirma isso; o ser que totaliza todas as características do intelecto, da alma, da vida, do movimento e do repouso, esse ser é um total e não mais uma visada: "o ser e o todo" (τὸ ὂν καὶ τὸ πᾶν[20], diz o *Sofista* 249 d) comportam movimento e repouso. Assim, aqui Platão passa da transcendência do Bem para "o ser total que abarca e contém ao mesmo tempo todas as realidades"[21]. Portanto, não há razão para ver aí uma alma inteligente do mundo, como Diès na época em que escreveu *La Définition de l'être et la nature des Idées dans le Sophiste de Platon*[22], pois essa divindade só aparecerá com o desdobramento da causalidade transcendente em causalidade exemplar e artesã no *Timeu* 92 b, 34 ab; além disso, não se vê em que tal alma atende à síntese do ser, da Inteligência e da vida; por fim, seria preciso admitir que não é mais a mesma totalidade que está em questão em 249 d; aliás, Diès corrigiu sua interpretação no prefácio do *Sofista*[23].

Parece, portanto, que a interpretação mais conforme com o platonismo como um todo consiste em dar ao ser total do *Sofista* uma situação comparável à medida ou à beleza; a transcendência do bem se "esquematiza" na totalidade constituída pelas determinações essenciais *mais* as almas pensantes – resumindo, no Em si-Para si; é porque o Bem possibilita que o Inteligível seja cognoscível, e que a Inteligência conheça, que há uma tal totalidade, um englobante das Ideias e das Almas; *República* 517 c diz também que o Bem "distribui e proporciona a verdade e a Inteligência". Quando Platão fala do ser morto, fala de um em-si, fechado em si, que não seria mais o conhe-

---

19. Talvez já na *República* 511 b, em que o Bem é considerado causa de tudo (πάντος [*pántos*]). (PR)
20. Ler: *tó ón kaí tó pân*.
21. Victor Brochard, "La théorie platonicienne de la Participation d'après le *Parménide* et le *Sophiste*", em *Études de philosophie ancienne et de philosophie moderne*, Paris, Vrin, 1926. (AC) [O artigo de Brochard foi publicado primeiro em *L'Année philosophique*, 1907.]
22. Paris, Alcan, 1909. (AC)
23. Les Belles Lettres, "Guillaume Budé", 1925, p. 288, n. 1. "A soma do ser", diz ele no prefácio, p. 275. (PR)

cido do cognoscente, o Inteligível para as Inteligências; e Platão brada: "Que assustadora doutrina estaríamos aceitando, estrangeiro!"

3. O divino e o demiurgo

Já estudamos o problema do "demiurgo" no *Timeu* de Platão (segunda parte, cap. III); o que nos interessou então foi o aspecto epistemológico, ou seja, a solução da aporia do *Parmênides* sobre a "participação" dos sensíveis nos inteligíveis; chegamos à conclusão de que essa "participação" não é justificada pela participação dos inteligíveis entre si, e sim pela adição, à causalidade formal das Ideias, da causalidade eficiente, operatória, de um Artífice.

Esse desdobramento da causalidade interessa diretamente à nossa pesquisa sobre o "divino" em Platão. Ao integrar à investigação da "causa" das coisas sua análise da alma no *Fedro*, Platão ao mesmo tempo integrava a segunda das grandes tradições pré-socráticas a respeito do Divino (cap. I, § 3): a tradição do νοῦς de Anaxágoras, que, segundo o próprio Platão, "governa" e "ordena" todas as coisas (*Filebo*). Ora, vimos que nessa segunda linha uma *semipersonalização* do divino se esboçou, até as explanações de tipo providencialista que se observam em Diógenes, Xenofonte e no próprio Sócrates. Pode-se mesmo indagar se essa semipersonalização não foi um tema constante, ainda que menor, em todos os pré-socráticos: "governar", "ordenar", "reger", "abarcar" são operações quase pessoais que a Ideia abstrata e anônima de ordem não esgota inteiramente. Seja como for, a causalidade artesã do demiurgo consagra essa tendência menor da filosofia pré-socrática; e isso não é uma concessão à filosofia popular: o demiurgo, como vimos, está solidamente ligado à teoria da alma, que no *Fedro* chega à maturidade. *República* VI 507 c, VII 530 a, *Político* 270 a, *Sofista* 265 c-d confirmam-no.

Dito isso, o mal-estar que havíamos sentido na teoria da causalidade repercute-se na teoria do divino. A causalidade *personalizada* articula-se com a causalidade *exemplar* pelo "olhar" do demiurgo sobre o Vivente inteligível; ora, esse "olhar", dizíamos, é o elemento de junção de toda essa construção e enfim de todas as participações que vão do inteligível ao sensível; e esse "olhar" é objeto de fé, visto que significa a bondade do demiurgo. O mesmo enigma assume agora a seguinte forma: qual é a relação entre o divino e Deus?

Não parece haver dúvida de que o platonismo seja uma filosofia que subordina a personalidade do demiurgo à exemplaridade das Ideias e, nessa medida, uma filosofia que subordina Deus ao divino (deixando-se de lado uma personalização, aliás improvável, do próprio Bem ou do Uno). É aqui que assumem todo seu sentido as palavras do *Fedro*: "A alma se recorda, de acordo com suas forças, das coisas que fazem Deus ser divino" (249 c). Deus é divino porque contempla as Ideias e o Bem; sua divindade é, nesse sentido último da palavra, participada; sem dúvida que para ele mesmo é verdadeira a tese da *República* de que o Bem possibilita que as Ideias sejam conhecidas e que as Inteligências conheçam; Deus existe em benefício do ser, da divindade do ser.

Pode-se ver a confirmação disso no fato de que toda a carga de reverência e devoção que a filosofia adotou dos mitos, das liturgias, dos hinos, da poesia sagrada Platão transpõe para o mundo das Ideias e não para o demiurgo. É o divino que é plenamente adorável; depois Deus, em consideração às "coisas que fazem com que ele seja divino".

Por outro lado, é preciso admitir também que essa filosofia das Ideias não esgota toda a capacidade de veneração da razão, visto que o Bem no alto e o demiurgo embaixo excedem sua realidade e inteligibilidade; se o divino é o inteligível, é preciso contar com um supradivino (se ousarmos falar assim) e um infradivino que é deus ou, pelo menos, demiurgo. Nesse sentido a filosofia platônica da religião não está concluída, assim como o "Sistema" da dialética nos pareceu não estar.

Um modo de concluí-la seria dizer que o Demiurgo é o *lugar* das Ideias, que as Ideias são *imanentes* a essa alma excelente. Pode-se dizê-lo; mas essa interpretação, que o platonismo não exclui, vai além do platonismo. Para isso seria preciso conseguir uma síntese ainda mais difícil, a do Bem e do Demiurgo. É bem verdade que a Ideia do Bem é "causa" do inteligível e mesmo do visível, segundo *República* VII 517 bc; ela *dá* o ser e o conhecer; com base nisso pode-se tentar um paralelo entre a Ideia do Bem e o Demiurgo[24]; mas onde está dito que o Bem "olha" o Modelo Perfeito, como é dito sobre o demiurgo? Os textos sobre o Bem e os textos sobre o Demiurgo formam duas séries que não se deve tentar unificar. Se Platão não quis colocar as Ideias *na* Alma excelente do demiurgo, talvez enfim tenha sido para não "psicologizá-las", como fazem os intérpretes neokantianos de sua obra; por isso preferiu deixar em suspenso a unidade de sua filosofia religiosa. Concluir essa unidade é obra nossa; já não é a dele.

4. O divino e os deuses

Até onde se estende, para baixo, a filosofia do divino? Estende-se às almas e por excelência à alma do filósofo[25]; estende-se também ao mundo. Mas Platão não desce abaixo do *Todo* do mundo, Cosmos visível na regularidade de seus movimentos circulares. Ele é o "deus visível", à imagem do deus invisível, "o deus que basta a si mesmo e que é o mais perfeito, o mundo" (68 e). A eternidade do mundo, ligada à eternidade das Ideias através da eternidade do demiurgo: é esse o termo derradeiro dessa hierarquia descendente do divino. Dirão que não se pode querer mais! Certamente. Pois o que não é incorporado ao divino? Mas precisamente os deuses! Não que Platão os ignore, mas eles pertencem não ao discurso filosófico, e sim ao mito.

A tradição religiosa na qual os pré-socráticos e Platão se abeberaram comportava uma referência aos deuses que deixamos de lado inteiramente: ou seja, um recurso a seu *papel es-*

---

24. No texto do *Filebo* 22 c pode-se ver o esboço dessa comparação. Cf. Mugnier, *op. cit.*, p. 132. (PR)

25. Deixou-se de lado aqui a qualificação divina da alma; a ontologia da alma constituiria um outro estudo. (PR)

PLATÃO   147

catológico, em relação com o destino do homem. Essa tradição veicula os temas do Juiz absoluto, do Tribunal dos mortos, do Julgamento final, da Expiação eterna, da Retribuição irrevogável. Entre os gregos, esse esquema, que podemos chamar de esquema Judicial ou esquema do Processo, às vezes estava ligado – pelo menos na tradição que Platão transpõe – ao da reencarnação, que permite aos Juízes inflingirem aos maus uma metamorfose degradante, e à representação fabulosa de "lugares" apropriados para essa escatologia e mais ou menos bem conectados à topografia de todo nosso universo visível.

O que Platão obteve da transposição desses mitos? Não se deve procurar nos grandes mitos escatológicos (*Górgias* 522 e-527 e; *Fédon* 107 d-115 a; *República* X 614 a-621 d; *Fedro* 246 a-257 b) uma ampliação de sua filosofia do divino; não é para sua doutrina do ser que eles contribuem, e sim para o conhecimento da alma; de fato, fazem parte daquele "encantamento" que a alma dirige a si mesma para exortar-se a tornar-se melhor, para "cuidar" de si mesma; pertencem a uma protréptica da alma, não a uma ontologia do Cosmos. Essa é a razão decisiva pela qual os deuses, implicados nesses mitos de Julgamento e de Retribuição, não são questionados enquanto seres; são incorporados a esse apelo, a essa "psicogogia" que a escatologia alimenta com seus símbolos e suas narrativas.

É com o *Górgias* que melhor se pode mostrar isso; o deus-juiz desempenha o papel de revelador a respeito da situação verdadeira de cada alma no final de sua vida; lê somente nela a marca deixada por suas obras: tem diante de si a alma má, "toda lacerada e ulcerada pelos perjúrios e injustiças cuja marca sua conduta foi repetidamente deixando nela..." (522 a). Nesse sentido nenhum *ser* exterior nos condena; "os filhos de Zeus, observa Goldschmidt, não fazem mais que dar um veredicto que fomos os primeiros a pronunciar sobre nós". Se transpusermos esse olhar absoluto sobre os mortos para a perspectiva dos vivos, o deus que julga a alma nua é uma figura do olhar filosófico que transpassa as aparências mundanas e discerne o grau ontológico, se assim podemos dizer, da alma justa e da alma injusta; o tribunal é uma figura da alma sozinha em face do delito sozinho.

Essa função de reveladora talvez seja mais notável ainda no caso das metamorfoses degradantes; o Bestiário, que Platão evoca antes de Brueghel e J. Bosch, é composto de modo que manifeste o aspecto das almas na simbólica dos corpos. A escatologia tem assim uma função de verdade no interior de um conhecimento ético da alma pela alma. Então os mitos escatológicos são recolocados por Platão na perspectiva *prática de uma busca da justiça entre os vivos*: "Quanto a mim, Cálicles, acredito nessas narrativas e empenho-me em agir de modo a apresentar ao juiz uma alma tão saudável quanto possível" (526 d). Mais precisamente, é inclusive sob a perspectiva de uma responsabilidade política do filósofo que o tirano é denunciado em sua natureza verdadeira – ou seja, na falsidade de sua essência – graças ao Julgamento que o expõe à luz; e Sócrates conclui: "Quando juntos tivermos praticado suficientemente este exercício, poderemos, se acharmos bom, abordar então a política" (527 d).

A mesma tônica prática, ética, é encontrada nos outros mitos escatológicos: "Não há escapatória nem salvaguarda, a não ser tornar-se, tanto quanto possível, melhor e mais sábio" (*Fédon* 107 c-d). Os lugares infernais, que o *Fédon* descreve com tanta atenção, são como a projeção fantástica da condição verdadeira da alma boa ou má numa paisagem apropriada, numa "morada que condiz com elas" (πρέπουσαν οἴκησιν[26], 108 c). Mas nada indica que os deuses do Processo, de certo modo implicados de viés nessa fabulação filosófica, possam estar ligados, *enquanto seres*, à investigação do divino, que esse divino seja Ideia, Bem, Demiurgo (e, seria preciso acrescentar, Alma). Desses deuses "escatológicos" não se tentou a transposição, a não ser no nível da "exortação", ou seja, de uma espécie de opinião reta. A *mítica* a que eles pertencem constitui esse encantamento poético que sustenta com seu canto interior a exortação em prosa pela qual o filósofo se põe a caminho. Ela assume todo seu sentido – mas não filosófico – com a equação final da Filosofia e da Morte com que tão frequentemente temos lidado[27].

---

26. Ler: *prépousan oíkesin*.
27. Pedimos ao leitor que complemente este curso com a leitura das *Leis*, do *Epínomis* e dos documentos sobre os últimos ensinamentos de Platão, de que infelizmente não falamos aqui. (PR)

II
ARISTÓTELES

INTRODUÇÃO

As relações entre Platão e Aristóteles, que estamos estudando aqui do ponto de vista da doutrina do ser, são singularmente mais complexas do que parecem de início. Tudo seria simples se o platonismo fosse aquele realismo ingênuo que o próprio Platão pinta sob os traços dos "Amigos das Formas" no *Sofista* e se Aristóteles fosse simplesmente seu contrário, ou seja, um amigo da Terra. A oposição se reduziria a uma filosofia das "essências" e a uma filosofia das "substâncias", supondo-se ademais que o centro de gravidade da filosofia aristótica da substância seja a teoria da substância sensível e móvel. Mas a substância aristotélica se chama *ousía* – palavra derivada do particípio substantivado τὸ ὄν, o ser: portanto, é seu índice ontológico, digamos assim, que é imediatamente designado; além disso, o que faz a "entência"* desse "ente" (traduzindo direto do grego) é sua forma, seu *eidos*; essa mesma palavra, que traduzimos inadequadamente por Ideia em Platão e por Forma em Aristóteles, deve esconder ao mesmo tempo uma continuidade e uma oposição mais sutis do que as que aparecem inicialmente entre Platão e Aristóteles. Isso ainda não é o mais importante; nem a ontologia platônica nem a ontologia aristotélica se reduzem a uma teoria das Ideias ou das Formas; as chaves do "essencialismo" platônico e do "substantivismo" aristotélico devem ser procuradas mais longe.

---

* Sobre o termo "entência" (*étance* no original), cf. p. 9. (N. da T.)

Vimos que a reflexão sobre a linguagem – sobre as significações idênticas que um falar exato requer – conduziu Platão a uma ontologia de primeiro grau que havíamos caracterizado com a expressão: as Ideias como seres, entes (ὄντα). Mas essa ontologia de primeiro grau se redobra na questão: o que é o ser das Ideias, se as Ideias *são*? E vimos o ser tornar-se problemático com o *Parmênides* e dialético com o *Sofista* ao ficar próximo de seu contrário, a Ideia do "Outro". E isso nos coloca longe do ingênuo essencialismo dos Amigos das Formas.

Mas Aristóteles não é menos radical; ousaríamos mesmo dizer que é mais: na mesma medida em que não começa por um realismo das significações, ele não se detém na etapa intermediária do "ser verdadeiro" – do ὄντως ὄν; vai diretamente para a questão do ser enquanto ser – ὄν ἦ ὄν[1]. Com isso, acabou formulando a própria questão da ontologia – ele, o pretenso filósofo do concreto, do movente, o observador dos animais e das constituições civis.

Portanto, há um nível da ontologia em que Platão e Aristóteles se prestam a uma aproximação inesperada, difícil, e em que os papéis chegam mesmo a ser trocados.

Mas por onde começar? A questão da "ordem das razões" não é fácil de se resolver em Aristóteles. A *Metafísica* apresenta-se numa ordem escolar em que o grande desígnio de Aristóteles se dissimula. Portanto, teremos de tratar primeiro dessa questão da ordem na *Metafísica*. Tomaremos como fio condutor a interpretação de Werner Jaeger[2], que propõe substituir essa ordem escolar tardia, embaralhada, emendada, por uma ordem de *desenvolvimento*, uma ordem cronológica. Esperamos mostrar que essa ordem de desenvolvimento, longe de afastar-nos da ordem sistemática – que com um pouco de atenção é possível extrair da ordem escolar –, leva-nos de volta a ela; graças a Werner Jaeger, compreendemos melhor quais dificuldades

---

1. Ler: *óntos ón* e *ón é ón*.
2. Werner Jaeger, *Aristoteles, Grundlegung einer Geschichte seiner Entwickelung*, Berlim, 1923, trad. ingl. 1934 e 1948. (PR) [Trad. fr.: *Aristote. Fondements pour une histoire de son évolution*, trad. fr. por Olivier Sedeyn, Paris, ed. de l'Éclat, 1997. A edição de Oxford em inglês, de 1948 (por Ruth Jaeger) foi modificada com relação à de Berlim, publicada em 1923; parece ser ela que Ricœur cita aqui.]

Aristóteles teve de vencer para introduzir os resultados antigos de uma ontologia de caráter mais teológico no novo projeto de uma ontologia geral, centrada na noção de "o ser enquanto ser".

Portanto, nossa primeira parte será voltada para este empreendimento: reencontrar o *projeto "sistemático"* de Aristóteles na *Metafísica*, tomando o desvio da *interpretação "histórica"*. Assim, as etapas do desenvolvimento da concepção aristotélica da Filosofia Primeira nos levarão de volta ao tema central dessa Filosofia: a doutrina do Ser enquanto Ser.

Essa primeira parte compreenderá quatro capítulos; no primeiro, extrairemos as conclusões do método genético aplicado por W. Jaeger ao *Corpus Aristotelicum*. Nos capítulos II e III investigaremos como Aristóteles prepara de modo sucessivamente histórico e problemático sua doutrina do ser nos livros A e B[3] da *Metafísica*. No capítulo IV tentaremos interpretar essa mesma doutrina, tal como é apresentada nos livros Γ e E. Teremos atingido assim o nível mais alto da meditação de Aristóteles sobre o objeto da metafísica. Mas nesse nível a *Metafísica* ainda permanece em estado de programa e ainda não se vê se a realização está à altura da ambição; especificamente, ainda não se vê se o projeto de uma ontologia geral, centrada no ser enquanto ser, permite recapturar, recuperar e integrar, a título de realização e de preenchimento, os resultados mais antigos de uma teologia. É essa questão que o método histórico possibilita formular melhor, se for verdade que essa teologia e essa ontologia representam dois períodos do pensamento de Aristóteles; mas não é mais a história que pode decidir se esses dois programas se excluem ou se o mais recente, que é também o

---

3. Convém lembrar que os livros da *Metafísica* de Aristóteles são classificados por ordem alfabética, com as letras gregas em maiúsculas, ou seja: A (Alfa), B (Beta), Γ (Gama), Δ (Delta), E (Épsilon), Z (Dzeta), H (Eta), Θ (Teta), I (Iota), K (Kapa), Λ (Lambda), M (Mu), N (Nu). Os Livros, por sua vez, estão divididos em capítulos (designados por números arábicos). Mas para citar a *Metafísica* faz-se referência além disso à edição Bekker (da Academia de Berlim, 1830-1836), com remissão a suas páginas e colunas.

mais vasto, o mais radical, pode englobar o mais antigo, que é também o mais preciso e o mais determinado.

A segunda parte versará sobre a realização do programa da filosofia primeira numa teoria da substância primeira, "separada", "imóvel". É somente essa realização que pode decidir sobre a coerência do sistema de Aristóteles. A teoria da substância sensível nos aparecerá então como o "desvio por baixo", como diremos, que prepara a realização do programa da ontologia; vamos destinar-lhe três capítulos para mostrar sucessivamente que a substância não é derradeiramente constituída em sua substancialidade pela matéria – a despeito das razões que advogam nesse sentido (cap. I) –, e sim por sua forma (cap. II). Nesse ponto da reflexão, compreenderemos melhor quanto Aristóteles está próximo de Platão, a despeito de sua filosofia diferente da realidade; a indiferença de Aristóteles pela singularidade dos indivíduos confirmará que Aristóteles é um filósofo da inteligibilidade e não da existência. É então que estaremos aptos a abordar a questão continuamente adiada e continuamente aproximada e preparada: a ontologia especial do "divino" ou teologia é realmente a realização da ontologia geral de "o ser enquanto ser"?

Esperamos mostrar que Aristóteles julgou que sim e que parcialmente o verificou; entretanto, será preciso dizer até que ponto esse sucesso parcial do grandioso programa da *Metafísica*, segundo Γ e E, é também um fracasso parcial.

Assim, a questão do desmembramento da *Metafísica* pelo método histórico e o direito de substituir por uma ordem cronológica a ordem sistemática (por sua vez obscurecida numa ordem escolar) permanecerão em suspenso até o último capítulo deste curso[4].

---

4. Muito devo aos trabalhos de Mansion (*Introduction à la physique d'Aristote*), Le Blond (*Logique et Méthode chez Aristote*), Ross (Introdução e comentário a sua edição da *Metafísica*), Robin (*Aristote*), Tricot (Introdução e comentário à tradução da *Metafísica*, 2 vols.) e principalmente Owens (*The Doctrine of Being in the Metaphysics of Aristotle*, Toronto, 1953), a quem devo a interpretação, desenvolvida aqui, da ordem sistemática da *Metafísica* de Aristóteles. (PR)

PRIMEIRA PARTE
O SER ENQUANTO SER

CAPÍTULO I
A INTERPRETAÇÃO "GENÉTICA" DA *METAFÍSICA*
DE ARISTÓTELES

O que se pode esperar da aplicação do método "genético" à obra de Aristóteles? Muito, mas não tudo. Muito, ou seja, um melhor entendimento das *tensões* dessa obra que se entrega primeiramente como um bloco intemporal, feito de partes aparentemente contemporâneas. Mas não tudo, ou seja, a substituição de uma interpretação sistemática por uma interpretação histórica.
Vejamos esse método em ação.
O método genético, que havia dado resultados tão decisivos para elucidar a ordem dos *Diálogos* de Platão, só foi aplicado muito tardiamente ao *Corpus Aristotelicum*; Bonitz e principalmente Werner Jaeger é que tentaram encontrar o *esquema de evolução* da obra de Aristóteles e assim renovaram profundamente o entendimento dessa obra.

1. Estado do *corpus* aristotélico

A obra de Aristóteles chegou a nós, através das edições alexandrinas iniciadas no século I a.C., por um peripatético de Rodes, Andronico, num estado caracterizado por duas marcas decisivas.

a) Primeiro fato: é uma obra mutilada, na qual faltam os escritos de juventude do período platônico, que nos permitiriam compreender a *passagem* de Platão para Aristóteles. Este primeiro fato tende a justificar a aparência de um Aristóteles monolítico, separado desde sempre de Platão. Ora, Aristóteles passou com Platão vinte anos, dos 17 anos de idade em 365 até a morte de Platão em 348-347; portanto, é um homem de cerca de 40 anos que adquire sua independência. Fato único na história da filosofia, observa W. Jaeger, que um homem, tão oposto ao mestre por sua compleição filosófica, tenha permanecido tanto tempo à sombra de um gênio. Foi sua experiência do mundo platônico que lhe permitiu tomar posse do seu próprio, por uma espécie de imposição liberadora. Mais ainda, esse período platônico se prolongou além da morte de Platão. Sua partida da Academia expressa, sem dúvida, mais um desacordo com o sucessor de Platão (seu genro Espeusipo)[1] do que uma ruptura com a Academia como um todo. É com um platônico de Atenas e com outros correspondentes da Academia em outros lugares que ele emigra para Assos, até partir em 343-342 para a corte de Filipe, na qual se torna preceptor do jovem Alexandre. Assim, temos todos os motivos para crer que Aristóteles "havia aceitado com toda alma as doutrinas de Platão e que o esforço para descobrir sua relação pessoal com elas ocupou-lhe toda a vida e é a chave de seu desenvolvimento"[2].

Temos aí, portanto, uma obra *mutilada*, que não nos deixa ver como o pensamento de Aristóteles saiu do "encanto" platônico (alusões: *Metafísica* A 3 984 b 8-11 e principalmente *Ética nicomaqueia* 1096 a 13-17).

O platonismo com que Aristóteles estava envolvido não é o do *Banquete* e do *Fédon*, e sim o da autocrítica intrépida do *Parmênides*. É preciso imaginar Aristóteles duplamente implicado na última etapa do platonismo. Por um lado, ele provavelmente esteve associado à fase abstrata e metodológica que deve ter começado com a morte de Teeteto em 369. De certo modo, a autocrítica do *Parmênides* faz parte desse bem comum

---

1. O *Curso* comporta aqui dois pequenos erros: está escrito – certamente um erro de datilografia – "Spensippe" em vez de Speusippe; e este é declarado "genro" de Platão, sendo que era seu sobrinho. Em 348 Espeusipo sucede seu tio no comando da Academia.

2. Werner Jaeger, *Aristotle, op. cit.*, p. 13. (AC)

a Platão e Aristóteles. Em todo caso, é nesse nível que Aristóteles engrena com Platão. Por outro lado, Aristóteles deve ter se envolvido com o desenvolvimento do platonismo no sentido de uma teologia astral, que pode ser acompanhada ao longo do eixo *Timeu – Leis – Epínomis* (e da qual não falamos nas aulas anteriores).

É essencial levar em conta estas duas características: autocrítica da metafísica das Ideias e desenvolvimento da teologia astral, pois o "Aristóteles perdido" deve ter sido testemunha simultaneamente do desmoronamento da teoria das Ideias e do triunfo da teologia astral; os dois fenômenos estão ligados, pois, quando o céu inteligível desaparece, resta o céu visível dos deuses siderais, e a "dialética" cede lugar à "teologia". Reencontra-se até na *Metafísica* (Livro Lambda) a marca desse platonismo de Aristóteles sobre sua "teologia".

Ora, o que resta desse período platônico? Pedaços. Entretanto os diálogos de Aristóteles foram não só conhecidos na Antiguidade mas os únicos conhecidos, pois os cursos eram inéditos ou quase; alguns, como o *Protréptico*, chegaram a ter grande sucesso. Assim, o *Protréptico* serviu de modelo para o *Hortensius* de Cícero, que desempenhará um papel importante na conversão de Agostinho. O ponto terminal desse período seria o diálogo *Sobre a filosofia*, do qual temos trechos mais substanciais, que Cícero cita abundantemente no *De Natura Deorum* e que, até a publicação da *Metafísica* por Andronico, foi o único acesso à filosofia de Aristóteles, particularmente para os estoicos e Epicuro (o que explica a facilidade com que estes resvalam para o sincretismo). Esse diálogo devia ser o manifesto da ruptura com a teoria platônica das ideias após a morte de Platão e, sem dúvida, ao cabo de um longo debate no interior da Academia e fora dela (em particular sobre as Ideias-números). Mas também esse diálogo mostra duas características fundamentais do período de transição:

– primeiramente, o esforço para constituir uma história da filosofia que mergulha no Oriente dos egípcios, dos caldeus e dos iranianos (os "magos") e nos "teólogos" da venerável sabedoria grega (órficos, Hesíodo, Sete Sábios e piedade apolínea); o sentido profundo dessa tentativa histórica é mostrar a ressurgência em número indefinido das mesmas verdades. Toda

instauração é uma restauração (tal como Sócrates com relação à religião apolínea);
— a segunda característica está ligada à anterior: a inflação de teologia astral, que alinha Aristóteles com o Platão do *Epínomis*, é justificada por essa ressurgência (como Schopenhauer redescobrindo Zaratustra). Para a história do pensamento helenístico, esse Aristóteles tem um peso tão grande quanto o Aristóteles dos tratados; pois sua teologia estelar faz dele "o real fundador da religião cósmica das filosofias helenísticas, a qual, emancipada das crenças populares, buscava o objeto de sua piedade unicamente nos corpos celestes"[3]. Assim, ele é o intermediário obrigatório entre a religião estelar da Academia e a teologia estoica[4].

Aristóteles acaba de selar o pacto entre a teologia e a astronomia (já as *Leis* identificam a heterodoxia em astronomia com o ateísmo), anulando o antigo pacto entre a astronomia e o espírito positivista. Mas a promoção religiosa do céu é exatamente paralela ao declínio das Ideias[5].

b) Segundo fato: o *corpus* aristotélico apresenta-se não só como uma obra mutilada, mas também como uma obra cujas primeiras edições apagaram a evolução interna. Ela se apresenta como uma coletânea de cursos e de tratados destinados a ser proferidos (daí o nome de escritos "acroamáticos": *akróasis* = ato de escutar), que, diferentemente dos diálogos perdidos, não foram publicados. (Note-se a curiosa situação: os sucessores, particularmente os estoicos, conheceram o Aristóteles platonizante que perdemos e ignoraram o Aristóteles dos tratados, que é o nosso.)

Esses tratados não são secretos: têm uma destinação escolar. Sua ordem interna é sistemática e nem um pouco histó-

---

3. *Id.*, p. 138. (AC)
4. Sobre esse assunto, cf. Joseph Moreau, *L'Âme du monde de Platon aux Stoïciens*, Paris, Les Belles Lettres, 1939. (AC)
5. Cf. a discussão da cronologia dos περὶ φιλοσοφίας [*perí philosophías*] por F. Nuyens, *L'Évolution de la psychologie d'Aristote*, Louvain, ed. do Institut supérieur de philosophie, 1948, pp. 100-6, e Moreau, *id.*, pp. 114-29. (PR) [O *Curso* diz "Nuyens, *Le Problème noétique dans la psychologie d'Aristote*, pp. 100-6", mas, que saibamos, esse livro não existe.]

rica (de acordo com as matérias e não de acordo com as épocas de redação): Lógica, Física, Filosofia Primeira, Moral, Política, Retórica, Poética.

Tudo ocorre como se, entre sua partida da Academia em 348-347 e a fundação do Liceu em 335, Aristóteles não houvesse pensado; como se essa obra houvesse surgido de um só bloco durante os treze anos em que Aristóteles dirigiu o Liceu: um "pleno" de treze anos após um "vazio" de doze anos! (A morte de Alexandre em 323 provoca um reavivamento do partido antimacedônico e uma ameaça para Aristóteles, acusado de impiedade, como Sócrates e, antes deste, Protágoras e Anaxágoras. Aristóteles foge para Cálcis, onde morre pouco depois.)

Daí um problema: como reintroduzir o tempo e a história numa massa de tratados que os editores dispuseram expressamente numa ordem sistemática, de acordo com as matérias?

O problema não é facilitado – até mesmo é agravado – pelo papel dos comentadores e pelo uso que a tradição fez de Aristóteles. (Esses comentadores cuja obra chegou até nós se escalonam do século II ao século VI – sobretudo o VI – e são principalmente neoplatônicos empenhados em associar Platão e Aristóteles; depois vêm os árabes; depois Alberto o Grande; depois são Tomás.) Seu empenho é absolutamente alheio à história. Enquanto o próprio Aristóteles se situou historicamente e até mesmo "inventou a noção de desenvolvimento no tempo" (W. Jaeger), a tradição embalsamou-o no sistema. Nem mesmo seus adversários deixam de abastecer-se nele de teses e teorias arrancadas de toda lei de desenvolvimento. Aristóteles, Werner Jaeger pode dizer, é "a única grande figura da filosofia e da literatura antiga que nunca teve renascimento"[6].

2. O sentido geral do desenvolvimento da *Metafísica* de Aristóteles (segundo Werner Jaeger)

Foi Werner Jaeger – seguindo (é preciso dizer) Bonitz – que sistematicamente tentou uma interpretação de Aristóteles

---
6. Jaeger, *id.*, p. 5. (AC)

em termos de "desenvolvimento" (ele mesmo muito marcado por Goethe: a forma promovida por um desenvolvimento). O sentido geral do empreendimento é:
1 – existência de um platonismo inicial e duradouro de Aristóteles;
2 – progressivo desprendimento do aristotelismo de sua ganga platônica.
Observação: esses dois temas estão ligados: platonismo inicial e desenvolvimento orgânico. Pois um Aristóteles sem história é também um Aristóteles antiplatônico.
O esforço de W. Jaeger concentrou-se em dois pontos principais:
– reconstituir "o Aristóteles perdido" para obter um ponto de partida (falamos disso no primeiro parágrafo);
– recuperar no edifício sistemático os vestígios das estratificações sucessivas, a fim de lançar uma ponte entre o "platonismo" e o "aristotelismo" de Aristóteles.
Esse esforço resultou principalmente em destacar uma *Urmetaphysik*.

a) Evolução do problema do ser

Sem entrar nos detalhes da demonstração de W. Jaeger, pode-se dizer de imediato o que não faz parte da *Metafísica* original e que em nossa pesquisa é importante para o sentido do ser em Aristóteles. Basicamente, o grupo de livros Z – H – Θ (dzeta – eta – teta). Esse grupo de livros versa sobre a teoria da *substância sensível*, ou seja, das formas submersas na matéria.
A segunda parte destas aulas sobre Aristóteles mostrará que é aqui o ponto de partida da ontologia propriamente aristotélica: enquanto Platão parte das *significações da linguagem*, Aristóteles partirá da realidade em sua *individualidade* física, se não em sua singularidade.
Foi só pouco a pouco que Aristóteles tomou consciência de que a teoria das substâncias materiais e perceptíveis podia prefaciar uma nova teoria do ser e pertencer à pesquisa filosófica.

O *problema do ser*, antes do remanejamento provocado pela inserção da teoria da substância (Z, H, Θ), é saber se há uma *realidade suprassensível*. A questão é platônica já em sua formulação; permanece platônica em sua resposta, se considerarmos que a teologia (astral ou não) toma o lugar da teoria das Ideias; assim, a metafísica é uma "teologia" (e mais precisamente uma "teologia astral"). Procurar o ser é procurar *um* ser (ou seres). A introdução da teoria da substância vai reequilibrar o sentido do ser pela incorporação à filosofia de autênticos seres sensíveis. Ao mesmo tempo, a noção de ser deverá ser recuada para além da bifurcação entre o sensível e o suprassensível, e a metafísica será uma ontologia. Portanto, pela perspectiva histórica, o ponto terminal é o que se considerava como o ponto inicial pela perspectiva sistemática, ou seja, a famosa teoria dos "sentidos múltiplos do ser" (E 2-4), dominada pela noção de "o ser enquanto ser", totalmente dissociada da noção de um ser supremo, suprassensível. É aí que se deverá procurar a derradeira e frágil síntese do aristotelismo: numa espécie de "fenomenologia ontológica", nas palavras de W. Jaeger; essa elucidação das múltiplas significações segundo as quais o ser se diz permitirá que a teoria da substância seja integrada na filosofia primeira. Compreende-se que E 2-4, essa *peça de encaixe* de toda a *Metafísica*, esteja nesse lugar, *depois* da grande introdução (de A até E 1) e *antes* da peça de resistência da substância (Z, H, Θ).

Assim, essa ontologia soberana é capaz de dominar ao mesmo tempo as enteléquias da mudança (segundo a teoria da substância) e o Ato puro do pensamento divino, "no qual a velha doutrina platônica da forma transcendente e imaterial permanece a título de conclusão, mas não ocupa mais o centro de interesse"[7]. Pode-se ver a fecundidade do método genético: ele dramatiza a investigação e dá a chave das *tensões* habilmente dissimuladas entre uma ontologia (teoria do ser enquanto ser) e uma teologia (teoria do ser supremo).

---

7. Jaeger, *id.*, p. 204. (AC)

b) *O que faz parte dessa* Urmetaphysik

LIVRO A. – Pequena história da filosofia, incluindo a crítica das Ideias platônicas (A 9). Aristóteles ainda diz *noûs*, como se ainda fosse platônico; ao contrário, a segunda crítica das Ideias (M 4-5) mostra uma ruptura assente; o tom ali é mais seco e desdenhoso. No entanto, A já parece fazer um inventário de argumentos já consolidados.
O paralelismo com o *perí philosophías* é evidente pelo emprego do método genético para fundamentar uma teoria das "causas".

LIVRO B. – Desenvolve o programa da filosofia primeira, chamada de "a ciência que procuramos", e não anuncia a teoria da substância sensível de Z, H, Θ; o grupo Z, H, Θ não é a execução de plano de B. É no livro N que se deve buscar a resposta à questão formulada por B. Qual é essa questão? É uma questão platônica: quais realidades existem verdadeiramente fora do real sensível? São as Ideias platônicas? E, se não são estas, quais são? B procede por colocação de *aporias* e desenvolve quatro delas sobre a natureza da ciência procurada e onze sobre seu conteúdo. Esse método de aporias, aliás, é muito diferente do de Platão, pois não revela um real embaraço, e sim uma dramatização posterior à descoberta da solução. Portanto, são aporias puramente pedagógicas.

LIVROS GAMA, ÉPSILON 1 – E (menos E 2-4)[8] respondem as quatro primeiras aporias sobre a ciência que procuramos.
(*Observação*. O livro DELTA não pertence a esta série; é um léxico dos termos do aristotelismo já constituído.)

LIVRO K 1-8. – Ele sozinho forma um pequeno conjunto: é um sumário de B Γ E, atestando um primeiro estágio de ela-

---

8. Como mostra a sequência, esta referência um pouco complicada indica a ruptura, no livro *Épsilon*, entre o capítulo 1 e os capítulos seguintes 2-4, que ocupam um lugar à parte no desenvolvimento.

boração. É valioso para a análise genética: W. Jaeger diz que é *"crystal-pure"*[9]; a teoria dos "sentidos do ser" (E 2-4), que deve ter permitido a inserção da teoria da substância sensível numa filosofia que inicialmente buscava apenas substâncias suprassensíveis, ainda não é elaborada. K 8 (1064-1065) desempenha esse papel de "ponte" entre a introdução (A-E 1) e a teoria do ser suprassensível.

Portanto, nessa época a *Metafísica* ainda é a ciência das coisas imateriais.

Observação: W. Jaeger até mesmo vê K 1-8 como anterior a B Γ E 1 e contemporâneo de M 9-10; de fato, nele se indaga se a ciência procurada contém *ou não* substâncias sensíveis (= alternativa); B indaga se, *ademais* do sensível, há um ser suprassensível. Assim, vai-se do "ou... ou" para o "não só... mas também".

Entretanto, K já mantém em equilíbrio dois sentidos da metafísica:
– ser enquanto ser;
– ser enquanto não movido, eterno, transcendente.

LIVRO LAMBDA (exceto capítulo 8: muito tardio): é também uma obra independente, que contém um panorama de todo o pensamento de Aristóteles, o que é bastante raro[10].

LIVRO M 9 (1086 a 21 *sq.*) – 10: pequeno prefácio, cheio de alusões a A, B, ao livro N.

LIVRO N: formaria corpo com M. É esse conjunto M 9-10 + N que teria sido substituído pelo prefácio melhor M 1 e pelo corpo M 1-9, mais perfeito que N.

---

9. Jaeger, *id.*, p. 208. (AC)
10. Ver crítica de Mansion, *op. cit.*, *in* Nuyens, *op. cit.*, p. 26. (AC) [O título exato do livro de Augustin Mansion é *Introduction à la physique aristotélicienne*; foi publicado pelo Institut supérieur de philosophie, Louvain, 1913, reed. ampliada em 1987.]

Conclusão

1) O principal fruto do método genético é colocar numa perspectiva de evolução a tensão entre duas concepções da metafísica:

• De acordo com uma, o objeto da metafísica distingue-se do objeto da física e da matemática por ser não movido e independente (1026 a 13); então, a metafísica é uma ciência acima das outras, mas comparável às outras: é a ciência do "gênero mais nobre", do ser mais elevado – em suma, a metafísica é teologia.

• De acordo com a segunda, a metafísica é a ciência do ser enquanto ser e todas as ciências dividem seus objetos de acordo com uma determinada perspectiva (enquanto numa matéria, ou então enquanto mensurável). O corte não é mais entre o sensível e o suprassensível, e sim entre o ser como tal e o ser de um ponto de vista especial. A metafísica é ontologia, ou seja, teoria geral do ser e de suas espécies. Pode-se dizer então que a filosofia primeira se desloca do polo teológico (o mais platônico) para o polo ontológico (o mais aristotélico).

2) O método de Werner Jaeger não foi criticado seriamente nem em seu princípio nem em suas linhas gerais[11]. O que se contestou foi a cronologia, mas não o sentido geral do desenvolvimento: isso basta para nossa pesquisa. Contestou-se que o essencial da filosofia especulativa pertença ao período intermediário e que o período de maturidade, o da direção do Liceu, seja mais experimental e cultural. Por isso é preciso, em reação contra Werner Jaeger, esticar mais para a maturidade a finalização da *Metafísica* e, ao contrário, adiantar os trabalhos lógicos, físicos, de história natural e de história da cultura. A visão de Aristóteles indo de uma fase metafísica para uma fase empírica é o ponto mais contestado.

Dito isso, a questão de fundo continua intocada: saber se as tensões que o método genético detecta e expõe ao longo do

---

11. Ver em Nuyens, *id.*, pp. 17-25, um resumo das apreciações da obra de W. Jaeger. (AC)

tempo são uma contradição ruinosa para o "Sistema" de Aristóteles. Essa questão não pode ser resolvida pelo método histórico, e sim pela compreensão interna da obra e pelo confronto entre o projeto e sua realização.

Consideremos portanto esse projeto, tal como ele 1º) se busca, por meio da história (livro A); 2º) se dramatiza, por meio do método "diaporemático" (livro B); 3º) se coloca em forma de programa (livros Γ, E 1).

CAPÍTULO II
A FILOSOFIA: SUA INTENÇÃO E SUA MEMÓRIA

Os editores de Aristóteles colocaram no início da *Metafísica* o livro A, que constitui uma introdução à filosofia por meio de sua história. Nós bem podemos começar também por esse começo, primeiramente porque ele deve ser contemporâneo do περὶ φιλοσοφίας[1] e atesta um estágio antigo da *Metafísica*; em seguida, porque culmina no exame crítico do platonismo; e, por fim e principalmente, porque permite detectar o que é o sentido propriamente dito da filosofia. Ora, não é por esse sentido propriamente dito que Aristóteles está ligado a Platão, a despeito da crítica do platonismo. Pode-se dizer que a crítica das teses platônicas é feita no interior de uma "intenção filosófica" que permanece fundamentalmente platônica.
Até mesmo o plano de Aristóteles no livro A é significativo. Aristóteles não se entrega à história da filosofia sem antes justificar sua destinação. Sua história da filosofia não é a de um simples historiador: a história da filosofia é inseparável de seu próprio projeto. É um projeto que se apresenta primeiro em sua maturidade e em seguida se recupera de sua própria infância. (Isso estabelece, observemos de passagem, todo o sentido da história da filosofia, que só pode ser uma obra *de filosofia*.)

---

1. Ler: *perí philosophías*.

1. A intenção filosófica

Há uma unidade do desígnio filosófico em Platão e em Aristóteles. É a ciência dos primeiros princípios e das primeiras causas; não se deve separar o capítulo 1 do capítulo 2 do livro A da *Metafísica* que, de um só fôlego, define a ciência pelo conhecimento das causas e a "ciência que procuramos" pelo conhecimento do que é primeiro na ordem dos princípios e das causas. "O objetivo desta nossa discussão é mostrar que, sob a denominação de sabedoria, todos comumente entendem aquilo que trata das primeiras causas e dos primeiros princípios" (A 1 981 b 27).

a) A cisão entre o prático e o teórico

O "elogio da filosofia" que constitui o início do livro A está no terreno essencialmente platônico do desinteresse: do saber para saber. As primeiras palavras da *Metafísica*: "Todos os homens desejam naturalmente saber"; Aristóteles encontra esse instinto até na *visão* e na sua curiosidade. Se Aristóteles procede por uma espécie de *gênese* da ciência a partir do sensível (procedimento à primeira vista antiplatônico, em que se chegou a ver uma "crítica indireta ao platonismo, para o qual ciência e seu objeto eram do âmbito do mundo transcendente"[2]), essa gênese é uma emergência: o animal é reduzido às imagens e às lembranças: "Eles só participam fracamente do conhecimento empírico, ao passo que o gênero humano se eleva até a arte e o raciocínio." Esse percurso de níveis (*empeiría*, τέχνη[3], *logismós*) não é de modo algum uma "genealogia da lógica", e sim a demarcação de um surgimento, sem dúvida progressivo mas seguramente irredutível em seu dinamismo: a lembrança consolida-se na experiência (limitada ao ὅτι[4]); depois a expe-

---
2. Tricot, *Métaphysique*, p. 4, nota. [Trata-se da tradução francesa, com comentário, da *Metafísica* por Jules Tricot, Paris, Vrin, 1933, nova ed. 1953. É a tradução que o *Curso* geralmente cita, mas às vezes não fielmente.]
3. Ler: *tékhne*.
4. Ler: *hóti* ("que", i. e., a experiência e a afirmação da existência, em contraste com o *dióti*, o "porquê").

riência é superada como "técnica" pelo juízo, já universal mas prisioneiro da prática; por fim, a ciência supera a *tékhne*, pelo conhecimento da causa, do *dióti*; a sensação permanece muda a respeito do porquê; a partir disso a ciência – contemporânea do ensino – é vista por Aristóteles como um fruto da disponibilidade e do espanto. É preciso compreender bem essa dupla descontinuidade. A disponibilidade e a ocasião sociológica, por assim dizer. "O Egito foi o berço das artes matemáticas, pois nele se deixava mais tempo livre para a casta sacerdotal" (A 1 981 b 24); o sacerdote é visto como o homem da disponibilidade.

O espanto como descolamento do fazer e do saber-fazer, como tomada de distância, está essencialmente ligado à questão do *por quê?*. Nada é mais platônico, visto que o espanto procede do *Teeteto* 155 d[5]. É como platônico que ele repete: "De fato, foi o espanto que, como hoje, impeliu os primeiros pensadores às especulações filosóficas" (A 2 982 b 12, e a sequência sobre o papel da *aporía*, que ocupará todo o livro B). É bem por isso que Aristóteles é mais sensível à filiação da ciência a partir dos mitos do que a partir das técnicas (contrariando Heródoto e os modernos, como Bergson); o *philómythos*, simultaneamente por sua disponibilidade e por sua reação contra a ignorância escavada pelo espanto, é parente do *philósophos* (A 2 982 b 17-20). Essa cisão entre a disponibilidade e o espanto é a própria cisão entre o *prático* e o *teórico*.

b) Cisão entre o liberal e o servil

Essa primeira cisão, por sua vez, equivale à cisão entre o liberal e o servil, que é uma cisão política (cf. A 2 982 b 25-27). Aí também se encontra a convicção de que a verdadeira superioridade entre os homens é *cultural* e não de força ou de habilidade. Aquele que provoca "admiração", aquele que se torna "superior" aos outros, aquele que é considerado "mais sábio" é aquele que se espanta e conhece a causa. Aristóteles simples-

---

5. Expressão um tanto infeliz. Nessa passagem do *Teeteto* lê-se que "a filosofia não tem outra origem que não o sentimento de espanto" (trad. franc. Chambry, GF-Flammarion, 1967, p. 80).

mente invoca o consenso universal sobre a dignidade da sabedoria assim compreendida; dispensa qualquer outra prova.

c) O "divino" e o "demasiado humano"

É por isso que o "teórico", o "liberal" (o "digno", o "superior") é por fim o "divino": "A ciência mais divina é também a mais elevada em dignidade e apenas a ciência de que estamos falando deve, por dois motivos, ser a mais divina; pois uma ciência divina é simultaneamente aquela que Deus possuiria preferencialmente e que trataria das coisas divinas" (A 2 983 a 5-7). Note-se a identificação do objeto da filosofia com Deus, ou seja, com o ser primeiro ("na opinião corrente, Deus é uma causa de todas as coisas e um primeiro Ser"), e não com o ser enquanto ser: isso também atesta a ligação com Platão.

Não se poderia estar mais perto de Platão: os harmônicos do "divino" são, como em Platão, a intemporalidade e o repouso perfeito para a alma que sabe (cf. também *De Anima*[6] I 3 407 a 32 *sq.*). Como se verá, na doutrina do intelecto o ato de pensamento é afastado do movimento e do devir. "O intelecto assemelha-se mais a um repouso ou a uma quietação do que a um movimento, e o mesmo acontece com o silogismo. E, por outro lado, não é soberanamente feliz o que for difícil e forçado; ora, se o movimento da alma for o contrário de sua essência, é contrariamente à sua natureza que ela será movida." Mais fortemente ainda em *Física* VII 4 247 b 13: "A razão conhece e pensa por repouso e quietação." Estamos bem na linha do *Mênon*, que comparava a ciência a um saber "encadeado", diferente da *dóxa* instável como as estátuas de Dédalo.

2. A filosofia e seu passado

A história da filosofia, tal como Aristóteles a compreende, tem duas preliminares. Primeiramente, porque é precedida

---

6. *Sobre a alma*. Ricœur, certamente por hábito, cita em latim esse livro de Aristóteles.

por uma *colocação do sentido ou da intenção filosófica*: a filosofia é a ciência dos primeiros princípios e das primeiras causas; em seguida, porque pressupõe a teoria propriamente aristotélica das quatro causas: aqui a *Metafísica* se articula com a *Física* e a pressupõe. Observação importante, pois, se a teoria da substância – se não em sua forma definitiva, pelo menos em sua primeira elaboração – não está originalmente no interior da *Metafísica*, a metafísica pressupõe pelo menos os princípios fundamentais do conhecimento físico. Qual é a incidência dessa preocupação sobre a reconstituição histórica que vem a seguir?

O livro A da *Metafísica* não constitui um ensaio para medir as outras filosofias por suas problemáticas próprias, e sim pela de Aristóteles (ao mesmo tempo Metafísica e Física): mais exatamente, para Aristóteles está fora de questão que as outras filosofias tenham se proposto algum problema diferente do dele, pois o seu é, digamos assim, o *problema em si*. Portanto, as filosofias anteriores só podem ser aberrações ou esboços da filosofia de Aristóteles: transpostas para a linguagem de Aristóteles, devem ser vistas como a omissão de uma das causas e a consideração exclusiva de uma outra – em suma, como uma inadequação ao sistema das causas em sua integralidade e em sua arquitetônica. Vamos considerar quatro exemplos diferentes desse tratamento aos pensadores do passado:

a) Em linguagem aristotélica, a filosofia jônica parece uma redução de todas as causas à "causa material", uma hipóstase da matéria promovida à posição de em si, ao passo que na realidade – ou seja, na filosofia de Aristóteles – ela é apenas um simples correlativo da forma inteligível. No interior da filosofia jônica, a variedade de filosofias reduz-se à permutação entre este ou aquele princípio material: água, ar, e a uma discussão sobre o número de princípios materiais: um? *quatro* (Empédocles)? *infinito* (Anaxágoras)? Uma verdadeira cama de Procusto, da qual a complexa filosofia jônica sai diminuída e amputada.

b) O avanço da filosofia, em contrapartida, será "a coerção da verdade propriamente dita" (igualmente um pouco antes no texto: "Mas, nesse ponto de sua marcha, a própria realidade traçou-lhes o caminho e obrigou-as a uma investigação mais aprofundada"[7]; ou seja, à investigação do "porquê da mudança" que a matéria não explica. Anaxágoras, com seu *noûs*, já lembrado por Platão no *Fédon*, atesta essa coerção. Assim, a própria verdade abre para si um caminho ao longo da história, e a história é menos *evento* contingente do que *advento* do verdadeiro: é assim que o historiador da filosofia pode simultaneamente narrar e criticar. Anaxágoras – com seu *noûs* que "pôs todas as coisas em ordem" – pareceu o único sensato em face das divagações de seus predecessores (A 3 984 b 18). História e ortodoxia coincidem nesse julgamento.

Esse advento mesmo se dá por pressentimento obscuro; os primeiros filósofos tocaram o verdadeiro, "como nos combates se portam os soldados mal treinados, que se lançam para todos os lados e frequentemente dão golpes certeiros sem que a ciência tenha algo a ver com isso" (A 4 985 a 14-17). Portanto, o que a história faz advir assim é uma *e*xplicação das causas (no sentido de uma desimplicação); essa *ex-plicação* começa pela *dis-tinção* da causa material e da causa formal; daí a significação excepcional de Empédocles e de Anaxágoras, segundo Aristóteles. Isso fica evidente na conclusão do Livro A, que, por cima da crítica de Platão, retoma todo o movimento do Livro A (cf. as doze primeiras linhas de A 10).

c) Mas esse alinhamento de todas as filosofias por uma única problemática, ou seja, uma "etiologia", mostra-se particularmente arbitrário no caso dos pitagóricos – o que é ainda mais importante na medida em que Aristóteles liga Platão ao pitagorismo, seja por filiação verdadeira, seja por simples semelhança (A 6). Aristóteles diz explicitamente que o exame do pitagorismo será conduzido na perspectiva estrita da investigação dos princípios: "Já tratamos de todos esses pontos em outros lugares com mais precisão. Mas, se estamos voltando a eles, é para aprender desses filósofos também o que eles afirmam

---
7. A 3 984 a 18.

como princípios e como seus princípios se apresentam diante das causas de que falamos" (A 5 986 a 12-15). Os pitagóricos, portanto, vão ser assimilados aos fisiólogos, pois "também eles" (986 b 16-17) conhecem apenas a causa material: o número será uma espécie de causa material, e todo o restante serão os *páthe kaí hékseis* (modificações e estados) dessa matéria. (Uma discussão dos comentadores procura saber se sob esse título de *páthe kaí hékseis* entra a causa eficiente ou, segundo Ross, a causa formal vagamente pressentida. De qualquer maneira, é um problema conciliar essa interpretação que joga o pitagorismo para o lado dos fisiólogos e a que faz dos números *modelos*.)

Aristóteles não deixa de ser incomodado pela percepção de que é difícil reduzir à sua própria problemática das quatro causas as distinções pitagóricas: limitado e ilimitado, par e ímpar, uno e múltiplo, direito e esquerdo etc., ou seja, contrariedades primordiais, das quais um termo é um princípio de ordem, de perfeição, de limitação, e o outro, de desordem, de ilimitação, de imperfeição (cf. a admissão do embaraço em A 5 986 b 5-7: "Mas, quanto ao modo como é possível reduzi-las às causas de que falamos, é o que não foi claramente articulado por esses filósofos; entretanto, eles parecem submeter seus elementos à ideia de matéria, visto que é a partir desses elementos, tomados como partes imanentes de todas as coisas, que, segundo eles, é constituída e composta a substância.").

d) O caso de Parmênides é ainda mais embaraçoso para Aristóteles: a negação do movimento e do múltiplo suprime o problema do "princípio" e da "causa"; por isso é preciso dizer que "a discussão das doutrinas deles não pode de modo algum entrar no âmbito deste nosso exame das causas" (A 5 986 b 13). É somente por uma inconsequência que Parmênides entrará no esquema aristotélico da história, ou seja, por sua famosa "via da opinião" que reintroduz a pluralidade sensível – sinal, na visão de Aristóteles, dessa coerção dos fatos (*id.*, 986 b 31)[8] já mencionada a propósito do *noûs* de Anaxágoras.

---

8. Cf. p. 173.

3. A crítica do platonismo

a) Questão preliminar: o que Aristóteles compreendeu no platonismo? Isso porque toda sua crítica é comandada por sua própria leitura de Platão. Dois aspectos devem ser considerados:
– Primeiramente, é um platonismo dogmático e ingênuo que é descrito por Aristóteles; é aproximadamente a filosofia do "além-mundo" de que Nietzsche zomba; uma espécie de *coisismo* das Ideias. O modo como ele imagina a *motivação* do platonismo já é característico (Livros A, B): o ponto de partida de Platão é heraclitiano (através de seu mestre Crátilo): "As coisas sensíveis estão num fluxo perpétuo e não podem ser objeto da ciência." Mais adiante[9] Aristóteles acrescenta: "Platão se manteve fiel a essa doutrina." Platão é o filósofo que desesperou da verdade do sensível e, segundo o *Fédon*, "refugiou-se" nas Ideias – em suma, que procurou a realidade verdadeira *em outro lugar*. O encontro com Sócrates é o segundo motivo; Sócrates ensinou a "definir" e a "buscar o universal". Mas "sua formação inicial" (ou seja, heraclitiana) levou-o a pensar que "esse universal devia existir em realidades de uma outra ordem que não a das coisas[10] sensíveis" (A 6 987 b 1 5 *sq.*).

É evidente que o divórcio entre Aristóteles e Platão se delineia já nessa interpretação dos motivos do platonismo. Platão desesperou da realidade sensível; Aristóteles fez a aposta ou o juramento inverso: há uma ciência possível das coisas físicas; é bem por isso que, já no primeiro livro da *Metafísica*, é a *Física* que cede à *Metafísica* seus moldes de explicação: as "quatro causas". Essa aposta diferente é o motivo da incompreensão mesma de Aristóteles. Pois o modelo de existência, por assim dizer, está originariamente situado em dimensões diferentes: para Aristóteles, ele está perto de nós, está aqui; para Platão, está mais além. Assim sendo, Platão só podia ser visto como o filósofo que atribuiu aos inteligíveis *a existência que cabe apenas*

---

9. Trata-se da mesma frase em A 6 987 a 33-34.
10. Tricot, cuja tradução Ricœur parece citar aqui, disse "seres" em vez de "coisas" (*Métaphysique*, t. 1, Paris, Vrin, 1991, p. 30 – trata-se da *editio minor* com relação à que foi publicada pela primeira vez em 1933). Lembramos que as citações da tradução de Tricot por Ricœur nem sempre são muito literais.

às *coisas*, que esvaziou o sensível de sua realidade, por intimidação heraclitiana, diríamos, para transpor a realidade "mais além".

De fato, é nos termos mais ingênuos que o platonismo é descrito – mais ou menos os que o próprio Platão atribuía aos Amigos das Formas no *Sofista*, ou ao jovem Sócrates no *Parmênides*: as Ideias estão "separadas" do sensível e as coisas sensíveis "homônimas" participam delas por uma "imitação" semelhante à do pitagorismo ("só a palavra mudou", nota Aristóteles). É espantoso que Aristóteles possa dizer: "Entretanto, essa participação ou imitação das Ideias, qualquer que possa ser sua natureza, é uma investigação que eles deixaram na indecisão" (A 6 987 b 12-13). Espantoso quando nos lembramos da crítica das diversas representações imagéticas da participação no *Parmênides*. Em suma, Platão julgou que essas interpretações grosseiras da participação fossem simples caricaturas das quais ele podia se libertar; Aristóteles reconheceu nessa caricatura a face verdadeira de Platão.

– *Segundo aspecto*: o platonismo não só é considerado em seu enunciado menos crítico e mais dogmático como também é projetado no próprio plano da problemática aristotélica de *explicação do real sensível*: Platão "procurando apreender as causas dos seres que nos cercam..." (A 8 990 b 1). De fato, é preciso não perder de vista que essa crítica é introduzida obliquamente no Livro A, dominado desde o capítulo 3 pela enumeração das "quatro causas". No capítulo 7 (entre a "exposição" e a "crítica") ainda é lembrado que "nenhum daqueles que trataram do problema da causa enunciou nada que não possa caber nas causas que nós mesmos determinamos na física..."[11] e que o platonismo é aquele que mais se aproximou da "quididade" e da "substância formal". Por fim, o capítulo 10, depois da crítica a Platão, conclui: "Que as causas que enumeramos na *Física* sejam as mesmas que todos os filósofos, assim parece, procuraram, e que fora dessas causas não possamos citar outras, é o que as considerações precedentes mostram de modo evidente..."[12]

---

11. A 7 988 a 20-22.
12. A 10 993 a 10-12.

Portanto, o "ato filosófico" de Platão é ignorado; se é verdade que a problemática platônica é a possibilidade do sentido e, em última análise, da linguagem, esse problema é reduzido ao de Aristóteles, que é o da *realidade sensível* considerada em seu *dióti*, em seu "porquê", e não em sua presença bruta, em seu ὅτι. Isso é importante para compreender a crítica a Platão; ela só pode consistir no seguinte: pôr em evidência o fracasso de um platonismo *ingênuo* confrontado com a *problemática aristotélica*.

b) Partindo daí, podemos andar rápido com a crítica de Platão. É duvidoso que se possa esperar dela o que Robin esperava em sua *Théorie platonicienne des Idées et des Nombres d'après Aristote* (1908), ou seja, uma separação entre o testemunho autêntico de Aristóteles sobre Platão e "o que parece acrescentado por interesse dogmático e polêmico". De fato, não é a crítica que se realiza num terreno aristotélico, e sim já a interpretação do platonismo e de sua intenção filosófica própria.

Robin articula em três momentos a crítica das Ideias platônicas (deixando de lado a discussão da *metamatemática*, que teria sido objeto do ensino oral de Platão):
1) a hipótese dos universais;
2) o absurdo da participação;
3) a delimitação incoerente do campo das Ideias.

Não está em questão retomar esse exame escolar de uma argumentação ela mesma muito escolar de Aristóteles, replicando a um platônico também muito escolar; é muito mais interessante tentar descobrir os mecanismos propriamente aristotélicos da crítica. Assim:

1) A crítica da *reificação* dos universais supõe, por um lado, que a realidade atribuída por Platão às Ideias é a mesma que Aristóteles reconhece para as substâncias individuais; as Ideias são então tratadas como *substâncias individuais*: realizar as essências é substancializá-las; por outro lado, o que Platão denomina Ideia é o que Aristóteles denomina ora "universais", ora "quididades". Este segundo ponto requer uma explicação: pelo nome de universais Aristóteles entende o escalonamento dos

gêneros e das espécies para um pensamento classificador, escalonamento que vai dos gêneros mais elevados até as últimas espécies; Aristóteles está de acordo com Platão ao dizer que apenas desses universais há demonstração e ciência (livro B 4 999 a 24-32). Mas a universalidade é extrínseca e acidental com relação à essência da coisa; em outras palavras: um atributo repetir-se em vários sujeitos não está inscrito na essência, que em princípio poderia ser a essência de uma única coisa. Portanto, a universalidade é acidente da coisa e não coisa. Mas o argumento não é compreensível se não se sabe que para Aristóteles o real é o sujeito de atribuição e não o atributo; a substância é precisamente apenas o que não pode ser atribuído a outra coisa, o que nunca é atributo mas sempre sujeito. Assim, o índice de realidade foi posto na *coisa* à qual acontece isto ou aquilo. O platonismo é visto então como uma espécie de monstro, em que os universais são tratados como indivíduos separados, como individualidades primordiais, ao passo que não são apenas classes de atribuição. A incompatibilidade entre o universal e a substância embasa toda a crítica (cf. B 6 1003 a 7-13; K 2 1060 b 21; M 9 1086 b 21; M 9 1086 b 32-35).

Resta as Ideias não serem "gêneros" universais, e sim a própria *quididade* das coisas. Na linguagem de Aristóteles, a quididade é o τὸ τὶ ἦν εἶναι = *tó ti ên eînai* – literalmente, o "que era (dado) ser" (a expressão será explicada mais adiante[13]; vamos diretamente para a intenção); a quididade é o total unifi-

---

13. Se quisermos nos ater rigorosamente à expressão, temos de traduzir com são Tomás (*De Ente et Essentia*): *quod quid erat esse*, "o que a alguma coisa foi dado ser", diz Tricot (*La Métaphysique d'Aristote*, tradução, introdução e comentário, 2 vols., p. 23, n. 3), ou "o que a coisa não pode não ser" (Ravaisson), sua definição total, sem referência ao fato extrínseco ou acidental de que esse sentido é também o de outra coisa. (Observação: por que o emprego do imperfeito no *ti ên eînai*? É um imperfeito filosófico que supõe um "dizíamos"? Um imperfeito durativo? Ou uma anterioridade da forma sobre o composto? É uma reminiscência literária de Antístenes, que definia o *lógos* como *ho tó ti ên estí dêlon* = ὁ τὸ τὶ ἦν ἐστὶ δῆλον?). (PR) [*Dêlos* significa "claro, evidente, manifesto". Mas assim a frase se torna ainda mais intraduzível. Aproximativamente, copiando Tricot: "O que a ele [ao *lógos*] era dado [ser] era, na medida em que ele é, manifesto." – Na *editio minor* de Aristóteles, *Métaphysique*, trad. J. Tricot, t. I, livros A-Z, Vrin, 2000, a nota está na p. 12.]

cado dos elementos da definição, o que é próprio do definido, o que toda a tradição ocidental denominará a "essência" ou a "natureza" da coisa, cuja explicação se encontra em *Metafísica* Z 5 1031 a 12[14]. Portanto, o que Platão substancializa ao "separar" a definição é, em linguagem aristotélica, o *ti ên eînai* que representa a essência do definido e sua quididade (Robin). Estamos aqui bem no ponto em que Platão e Aristóteles fazem ambos uma filosofia da Forma ou da Ideia, mas em que os sentidos que respectivamente dão à forma se excluem absolutamente: a Ideia ou Forma platônica é uma unidade de significação, um grão de sentido; a forma aristotélica é um princípio de existência ou, por assim dizer, uma unidade, um grão de existência; já na primeira definição das quatro "causas" em A 3, das quatro causas ela é a primeira nomeada, com os dois nomes, sinônimos, de *ousía eidiké* (substância formal) ou de *tó ti ên eînai* ("quididade").

Portanto, se a ideia platônica for transposta para a linguagem de Aristóteles, o vício do platonismo consiste em "separar" *a quididade de uma coisa da própria coisa* – consequentemente, em descolar a forma da matéria, o que não tem nenhum sentido, visto que a realidade é o composto concreto da forma e da matéria, *o indivíduo que está ali na indivisão de seu sentido e de sua presença.* Numa filosofia da individualidade concreta que tem como modelo o organismo, o indivíduo vivo, a forma só pode *ser* imanente à matéria; realizá-la à parte é tratar como *substância* o que é a própria "natureza" da substância. Numa filosofia da individualidade concreta, a quididade e a coisa perfazem um, ao passo que a Ideia e a coisa perfazem dois numa filosofia dos signos, do falar, do pensar por palavras significantes.

A partir daí, a Ideia platônica só podia passar a ser vista apenas como uma duplicata inútil e absurda da realidade verdadeira. Foi a isto que chegaram os livros Z, H, Θ, os livros centrais sobre a substância: a existência plena e autêntica das coisas *basta* (cf. Z 6 1031 a 15-28; 1031 b 3-18; 1031 b 31-1031 a 2;

---

14. A explicação da quididade por Aristóteles é desenvolvida principalmente em Z 6; em Z 5 1031 a 12 ela é somente anunciada.

Z 10 1035 b 27-31). "Se os seres que não são afirmados de um outro ser mas são por si e primeiros existem, *eles bastam*, mesmo que as Ideias não existissem... Depreende-se desses argumentos que cada ser ele mesmo é uno com sua quididade e que essa identidade não acontece por acidente" (1031 b 13-14, 19). Assim projetada no plano "físico" do aristotelismo, a Ideia é um gênero universal tomado por uma substância, uma quididade descolada da coisa.

2) Também o absurdo da participação não é uma objeção compreensível no absoluto: só é compreendido a partir de uma filosofia que exclui a participação pela imanência das formas à sua matéria[15].

3) Quanto à extensão do mundo das Ideias – sua "população", como diz Ross em seu livro sobre a *Théorie des Idées chez Platon* –, Aristóteles insiste em duas dificuldades que interessam diretamente à nossa investigação ontológica.

Por um lado, a hipóstase dos universais como substâncias levou Platão a excluir indevidamente certas Ideias das quais entretanto há ciência, tais como as ideias de coisas individuais, de coisas artificiais, as ideias de negação e privação, as ideias de relações; exclusão injustificada, pois há ciência, em forma de atribuição, de termos negativos como não-homem, de termos relativos como o Igual e até mesmo do indivíduo perecível, "do qual resta uma imagem no pensamento".

Essa crítica é surpreendente: acaso o platonismo, do *Fédon* ao *Sofista*, não explorou as relações sob o título de "comunicação dos gêneros" e não lhes deu como fundamento uma Ideia, a Ideia do "Outro"? Mesma observação a propósito das negações; Robin admite: "Se nos reportarmos a suas próprias asserções, Aristóteles parece ter sido um intérprete inexato da doutrina de Platão sobre as negações. É duvidoso que Platão tenha feito do Falso um não-ser real e um princípio ideal. Mas é possível que, em sentido totalmente diferente, ele tenha dado um lugar para

---

15. Essa argumentação encontra-se em Léon Robin, *Aristote*, Paris, PUF, 1944, pp. 81-120, ao qual remetemos aqui. (PR)

o não-ser no mundo das Ideias e que tenha visto no não-ser um princípio positivo da existência de um mundo das Ideias. Por outro lado, é possível que tenha dito também que o não-ser nada é e que, sendo a própria negação da realidade da Ideia, não tem lugar entre as Ideias. Mas sem dúvida seria preciso não tomar suas asserções isoladamente nem interpretá-las literalmente."[16] Também: "É pouco plausível, considerando-se o argumento do πρός ἕν[17], que Platão tenha negado que houvesse Ideias dos Relativos."[18]

Na verdade, Aristóteles não faz justiça ao que havíamos chamado de ontologia de segundo grau do platonismo; entretanto foi Platão o primeiro que, para explicar os "entes" ideais, introduziu a dialética da Ideia do ser, a qual precisamente se baseia nas ideias de relação e de outro. Não será justamente por causa do privilégio da "substância", na teoria das acepções múltiplas do ser segundo Aristóteles, que a relação é rechaçada para a outra extremidade da série das categorias? Não será essa desgraça da relação num substancialismo que Aristóteles projeta na filosofia de Platão, previamente reduzida a um substancialismo das Ideias?

Em contrapartida, Aristóteles critica Platão por ter tratado como Ideias – ou seja, segundo ele, como "Universais", "Gêneros" – o Bem, o Uno e o Ser. O argumento contra a Ideia do Bem deve ser cotejado com a crítica que dela apresenta o livro I da *Ética nicomaqueia* (1096 a 17-23; 1096 b 8-25)[19]; o Bem não pode ser "por si", pois não há um gênero que englobe os bens correspondentes aos diversos gêneros de vida: prazeres, honra, prudência e meditação. Assim é perdida a ligação tão sutil que Platão estabelecia entre a visão e a visada em *República* VI-VII. O sentido da crítica de Aristóteles fica evidente no caso do Uno e do Ser: são princípios para os platônicos porque são supremamente atribuíveis; mas os atributos mais universais são pre-

---

16. Robin, *Aristote, id.*, p. 187. (AC)
17. Ler: *prós hén*.
18. *Id.*, p. 189. (AC)
19. *Éthique Nicomachéenne*: tudo indica que este título provém de Paul Festugière em seu estudo intitulado *Aristote: Le Plaisir* (à propos de "Éthique Nicomachéenne") VII 11-14, X 1-5, Paris, Vrin, 1936.

cisamente os mais distantes da realidade, da substância e, portanto, os mais difíceis de hipostasiar. Mais ainda, diz-se que é duvidoso que sejam "gêneros" (e portanto Universais e portanto Ideias). O Ser, para começar por ele, "se diz em múltiplas acepções"; são essas acepções múltiplas, elaboradas na teoria das categorias, que são rigorosamente "gêneros": substância (o ser é uma coisa que é), qualidade (ela é, porque qualifica a coisa que é) etc.; assim, a pseudo-Ideia do ser se distribui de acordo com as categorias. Quanto ao Uno, ele se diversifica paralelamente ao Ser: o Uno é *um* ser, no sentido de uma substância, uma qualidade; é imediatamente que cada uma das categorias é ser ou um ser, sem ter de participar ademais dos pretensos "gêneros" Ser e Uno.

Assim o platonismo é decapitado simultaneamente de sua *visada* rumo ao Bem, que o *Filebo* radicaliza na Ideia do Uno, e de sua *dialética* ontológica de segundo grau. Podemos ficar consternados pela ausência de compreensão e de simpatia por obras como o *Sofista* e o *Filebo* da parte de um filósofo que viveu vinte anos com o mestre. Entretanto, acaso a dialética dos gêneros do ser, no *Sofista*, não é da mesma veia que a teoria do ser enquanto ser e a teoria das categorias, ligadas entre si por um elo analógico que oscila entre a homonímia e a sinonímia? Aristóteles, em tudo isso, é obnubilado por sua convicção de que a realidade é do âmbito dos sujeitos de atribuição e de que o platonismo inteiro se resume numa vasta hipóstase dos atributos de afirmação; então todo o platonismo deve passar por este desfiladeiro: nele não haverá nada mais que atributos, gêneros, Universais, erigidos em substâncias. Toda a ontologia de segundo grau é previamente "reduzida" por esse decreto condenatório.

CAPÍTULO III
A FILOSOFIA E SUAS "APORIAS"

Os antigos viam no livro B o verdadeiro início da *Metafísica* e no livro A um simples prefácio histórico. Na realidade, os dois livros formam um todo: é o "espanto" do livro A que é desenvolvido como "aporia"[1]. Platão já ligava ἀπορεύω[2] e aporia, estar embaraçado e procurar; o próprio Aristóteles compara o estado de aporia ao de um homem acorrentado; Platão descrevia-o como entorpecido. Aliás, o desenvolvimento do espanto em embaraço é preparado pelos tateamentos do livro A, que é como uma instrução da verdade através da história.

Por que a *Metafísica* não procede de acordo com o método rigoroso da silóptica[3], e sim por uma exposição de dificuldades, por um desenvolvimento de aporias (daí a expressão: diaporemática, literalmente "procurar o caminho através das dificuldades")? Esse método, entretanto, é o menos rigoroso e pertence àquele gênero menos nobre do que a demonstração que Aristóteles chama de dialética, dando a essa palavra o sentido pejorativo de um confronto entre teses opostas.

Se a *Metafísica* deve proceder dialeticamente, é porque não

---
1. Owens, *op. cit.*, p. 116. (AC)
2. Ler: *aporeúo*.
3. "Sylloptique": essa palavra desconhecida é sem dúvida um erro. Pode-se conjecturar que se trata da "syllogistique" [silogística], ciência das leis lógicas dos enunciados, fundada por Aristóteles, que por isso é considerado o criador da lógica formal.

há mais nada anterior que se possa analisar e de que se possam deduzir as primeiras proposições da Filosofia. Assim, há afinidade entre o Primeiro e a Dialética, apesar de inferior na ordem da demonstração; é por isso que pôr em evidência o tema da Filosofia Primeira, de um lado por meio da *história* e do outro por meio da *aporia*, é o único caminho. De fato, são os princípios formulados já no livro A sobre as quatro causas que *constituem problema* e que se recuperam de algum modo pela via da antinomia no meio das opiniões comuns. (Werner Jaeger destaca sua atmosfera platônica: são "questões na esfera do suprassensível" e no terreno da crise do platonismo a respeito da natureza do suprassensível. Na conclusão do parágrafo veremos do que se trata.) O livro B "não desata os nós", mas a identificação dos nós já é uma indicação da maneira como serão desatados.

O livro B desenvolve catorze aporias; o método é escolar e tedioso. Está fora de questão passar todas elas em revista; vamos limitar-nos a destacar as quatro primeiras, não só a título de exemplo mas também porque são o tema diretor do livro G e de E 1, que nos ocupam neste capítulo; e, principalmente, tentaremos compreender a função dessas aporias.

1. As quatro primeiras aporias

Têm como centro a dificuldade que há em pensar as causas como sendo em número de quatro. Veremos que a resposta será dada pelo "enquanto ser" (*é ón*), como base de uma única ciência.

Primeira aporia

– Se há quatro causas, quatro dimensões da investigação, como haverá *uma* ciência? Não será preciso que elas se alinhem sob um gênero único como contrários? (Em virtude do adágio de que dos contrários há uma ciência única.) Ora, as causas não são contrários.

Aristóteles acrescenta que, se *certos* seres, como os seres imóveis⁴, não entram sob *todas* as causas (de fato, não têm causa eficiente nem final), uma *ciência única* não é possível. Com isso ele quer dizer que, se um ser escapa de uma das quatro interrogações, é porque não pertence à questão do ser enquanto ser; a ciência do ser deve ser ciência de *todos* os seres. Essa aporia só poderá ser resolvida se a ciência do ser enquanto ser envolver também as coisas sensíveis e libertar-se do quadro platônico do ser imóvel, pois a aporia não dá a prever que se possa encontrar as causalidades eficiente e final nos seres imóveis.

– Diremos então que há quatro ciências? Mas cada uma tem uma dignidade que lhe permite aspirar à soberania: é igualmente digno e soberano conhecer o fim, a forma ou a causa eficiente. Aristóteles destaca que a "substância formal" é "o cognoscível por excelência" (B 2 996 b 13-16)[5], parecendo insinuar que é em reduzir a esta as outras "causas" que a filosofia primeira se ocupará; pode-se antes perceber aqui a primazia que a substância terá na série de acepções do ser ou categorias; já aqui o conhecimento pelo *eînai*[6] (linha 16) supõe a teoria das categorias; é a primeira categoria (*ousía*, substância) que aqui coincide com a causa formal. Portanto, a redução de todos os tipos de seres à *ousía* já é prefigurada aqui.

Conclusão: assim, o embaraço procede da convicção, estabelecida no livro A, de que a sabedoria versa sobre as quatro causas. Disso resulta uma fricção entre uma concepção ainda platônica da sabedoria como ciência do ser imóvel (que exclui causas eficiente e final) e noções mais propriamente aristotélicas (uma ciência das coisas diferentes = ciência dos contrá-

---

4. Observar o exemplo platônico dos seres imóveis e do Bem em si; não se diz nem mesmo que lhes falta a matéria – pois o grande-pequeno = matéria para os platônicos –, e sim as causas eficiente e final. A antítese, muito platonizante, das coisas sensíveis e suprassensíveis está constantemente presente nesse texto. Nesse sentido a ciência procurada equivale à ciência do ser imóvel; é essa ciência que não se vale de todas as causas. Assim a aporia oscila entre as duas concepções: platônica, do ser verdadeiro (*óntos ón*) e aristotélica, do ser enquanto ser. (PR)
5. No *Curso*, referência inexata a 993 b 13.
6. *Eînai*: infinitivo do verbo "ser".

rios; três das quatro causas têm o mesmo direito de estabelecer uma ciência da sabedoria). Há aqui uma ponta para uma redução da "causa" e do "ser" à ousía no sentido da forma.

Segunda aporia

A oposição vai surgir de fora e não mais de dentro (entre as quatro causas) do conflito entre a ciência das causas consideradas em bloco e a ciência dos "princípios da demonstração", ou seja, os axiomas ou indemonstráveis. O interessante é que o enunciado da aporia resume as quatro causas na ousía (cf. 996 b 31); a ciência das quatro causas chama-se ciência da ousía. Daí a aporia. Diremos que há várias ciências dos próprios axiomas, tanto quanto ciências?[7] A origem dessa aporia vem de não se ver o que tem precedência: os indemonstráveis ou a substância.

Conclusão: portanto, é da própria lógica aristotélica que nasce a dificuldade: os axiomas comuns constituindo um supremo universo. A solução insinuada em 997 a 14 será que não há uma ciência dos axiomas como tais: *a redução à ousía fornecerá ao mesmo tempo a raiz de toda universalidade*; a ciência dos axiomas não pode ser nem definidora (*horistiké*), visto que eles são imediatos, nem demonstrativa (*apodeiktiké*), sob pena de reduzi-los a um único gênero e, com eles, todas suas consequências.

Terceira aporia

Há diferentes tipos de *ousiai*[8]? Como então pode haver uma ciência *única*?
Portanto, está entendido que a "ciência procurada" é a ciência da *ousía*.
Observação: a aporia resulta de a *ousía* ser tratada como um gênero. A solução será reduzir todas as substâncias a um tipo

---

7. *Sic*. Compreender: "tantas ciências quantos axiomas", ou "tantos axiomas quantas ciências"?
8. *Ousiai*: plural grego de *ousía*; portanto, "substâncias".

primário de *ousía*, mas por via não genérica, de acordo com uma filiação diferente da subordinação das espécies ao gênero.

Essa aporia é resolvida em Γ 2 e E 1. Assim, não apenas universal, forma, causa, ser são reduzidos à *ousía*, de acordo com o livro A, mas mesmo a *ousía* é reduzida, no interior de sua própria esfera, a um exemplo primário, o de uma substância por excelência.

Quarta aporia

A ciência das *ousíai* é também ciência dos acidentes? A argumentação supõe que a essência (*ti estí*) e a substância são idênticas. A aporia procede da concepção da ciência demonstrativa como ciência dos acidentes *per se* da substância, mas não da própria substância, que não pode ser atribuída se for considerada em seu *ti estí*.

Em segundo plano, estão as dificuldades da "participação" de acordo com o *Parmênides* e o *Sofista*. Restará ligar os acidentes à substância pela doutrina das categorias ou das maneiras múltiplas como o ser é dito e fazer uma ciência da substância que englobe a demonstração dos acidentes e, portanto, das "formas" no sentido platônico.

Conclusão sobre as quatro primeiras aporias

Pode-se reduzir essas aporias à questão de saber [se] a "ciência que procuramos" será *única* e independente (Natorp, Jaeger)? O que também está em jogo é o centro de interesse dessa ciência, é o "ser enquanto ser", chave e solução do problema metafísico. Mas esse centro de interesse não aparece claramente, porque Aristóteles não parte do nada, e sim de pressupostos de várias origens.

Nestas primeiras aporias, Aristóteles é embaraçado em parte pelo platonismo, em parte por sua própria lógica ou física. Portanto, é simultaneamente o alcance e o objeto dessa "ciência" que estão em causa, sem que se possa distinguir os dois planos.

2. Função das aporias

1) Referência a um tipo de ouvintes

As aporias cumpriram seu objetivo, que era assinalar os "nós" nos quais a inteligência tropeça? Sim, se considerarmos que a reflexão parte das coisas familiares a um certo tipo de "ouvintes": os "ouvintes" do Liceu, simultaneamente *a par do platonismo e dos pressupostos da lógica e da física aristotélicas, e de todo o segundo plano de doutrinas correntes em física*. O livro B permite fazer o balanço dessas "preliminares" à ontologia aristotélica. Estas são mencionadas aqui do ponto de vista dos obstáculos à compreensão das quatro causas; ao delimitar esses obstáculos, ele torna manifestos os "nós" e esboça os "desatamentos". É bem verdade que mesmo as concepções mais alheias são reinterpretadas na linguagem da física e da lógica aristotélicas, e que toda uma corrente, de Heráclito (na ordem física) a Protágoras e Antístenes (na ordem lógica), não figura (é só depois da solução das aporias sobre os axiomas que ele justificará o princípio de não-contradição, ao passo que este deveria ser o obstáculo número 1). Mas os "ouvintes" não são recrutados nesse lado.

2) Referência às quatro causas

Portanto, não se deve ver nelas a discussão dos problemas principais da Filosofia Primeira, mas apenas do que diz respeito às quatro causas para um certo tipo de ouvintes; as objeções não são construídas de maneira sistemática, e sim num contexto histórico bem definido. Trata-se de obstáculos ao estabelecimento empírico das causas. Em compensação, não se deve reduzir o segundo plano doutrinal, como W. Jaeger, à "crise da doutrina platônica"; o ponto de vista platônico é *um* dos obstáculos – a menos que chamemos de platônicos todos os problemas que efetivamente são comuns a ele e a toda a tradição anterior. Mas são principalmente obstáculos próprios do aristotelismo em sua física e sua lógica: as causas já são as causas das coisas sensíveis (cf. os exemplos, o leito, a casa, os quatro elementos, Sócrates; as Ideias só figuram aí como "naturezas sensíveis" às quais se soma o caráter de eternidade. As propriedades matemáticas são indivisíveis dos corpos).

3) Nenhuma referência a uma solução

Não se pode nem mesmo contar com as questões chamadas essencialmente *metafísicas* no livro Lambda, e menos ainda com suas soluções. Elas não vão além do projeto de situar os obstáculos à compreensão das quatro causas estabelecidas empiricamente como os problemas investigados pela sabedoria. Nesse sentido, é a amplificação do *espanto inicial*. De fato, não há demonstração possível do que é primeiro; por isso é preciso proceder por confronto "dialético" de opiniões, as opiniões de outrem servindo para elevar o *espanto* ao nível de *aporia*.

4) Lugar central da substância

É a causa formal que está no fim do caminho. Ela mesma mantém o sentido do livro A, em que a causa formal já é o sujeito último de predicação e de mudança acidental. Além disso, a quididade parece coincidir com ela, mas não o universal no sentido gênero-espécie, pois a quididade é *tal* coisa; mas o livro B não vai mais longe.

CAPÍTULO IV
O OBJETO DA "FILOSOFIA PRIMEIRA"

1. Afirmação abrupta do ser enquanto ser (Γ¹ i)

O Livro Γ da *Metafísica* começa com uma declaração abrupta: "Há uma ciência que estuda o ser enquanto ser e os atributos que lhe pertencem essencialmente." Não se prova que existe tal ciência. É um fato. O que se vai demonstrar é a irredutibilidade dessa ciência a qualquer outra: "Ela não se confunde com nenhuma das ciências ditas particulares, pois nenhuma destas ciências considera em geral o ser enquanto ser, e sim delimitando uma certa parte do ser, é somente dessa parte que elas estudam o atributo: é o caso das ciências matemáticas." (Observação: não se prender à palavra "parte", que parece sugerir uma delimitação regional num âmbito em comum; veremos que esse sentido "extensivo" não é o correto.)

Portanto, o argumento supõe assente o ser enquanto ser; estabelece apenas que ele deve ser objeto de alguma ciência, sob pena de permanecer ignorado. A única indicação, aliás obscura, que esse breve e enigmático capítulo I contém é que liga essa declaração sobre o ser enquanto ser à história da filosofia do livro A: "Visto que procuramos os princípios primeiros e as causas mais elevadas..." A alusão é apoiada por um exemplo do livro A²: os fisiólogos buscaram os elementos das coisas no âm-

---

1. Lembrete: Γ = a letra *gama* em maiúscula.
2. 986 b 15.

bito da matéria; pelo menos visaram corretamente ao mirar os "princípios primeiros"; portanto, é preciso fazer a respeito do ser enquanto ser o que eles fizeram na direção limitada dos "elementos". Portanto, não há nenhuma demonstração do objeto da metafísica; daqui a pouco veremos por quê. Continuamos no solo das conclusões estabelecidas empiricamente no livro A, ou seja, que *na realidade* a ciência do ser enquanto ser sempre esteve ativa entre os primeiros pensadores; Aristóteles vai apenas colocá-la em evidência (cf. o "nós também"). A possibilidade dessa ciência é pesquisada a partir de sua existência de fato.

Então o que significa o ser enquanto ser?

Se nos ativermos à simples aparência da expressão, primeiramente nos surpreenderemos com a substituição do *óntos ón* platônico pela expressão *é ón: enquanto,* e não mais *verdadeiramente*; a metafísica não versa mais sobre o que é *verdadeiramente ser*, e sim sobre o ser *enquanto ser*. É bem verdade que a essa primeira expressão se juntam duas outras no texto citado há pouco:
– o ser enquanto ser "e o que lhe pertence essencialmente" (*per se*);
– nenhuma das ciências particulares considera "em geral" (universalmente) o ser enquanto ser (sobre a conexão destes três termos, cf. *Anal. Post.*[3] I 4 73 b 26, 74 a 3).

Necessidade e universalidade indiscutivelmente ainda têm uma ressonância platônica, mas o tema diretor é o "enquanto". A expressão é compreendida se considerarmos que o ponto de partida de Aristóteles não está mais nos *lógoi*, nas significações em si, e sim nas coisas individuais. É o ser dessas coisas enquanto ser que vai ser estudado, porém não mais os seres *verdadeiros, os lógoi,* por oposição a seres *aparentes;* e, se ainda se fala de uni-

---

3. *Analytica posteriora* = *Analíticos segundos* (ou, dependendo da tradução, *Segundos analíticos*). Convém lembrar que durante muito tempo tanto os títulos como o texto dos livros de Aristóteles foram citados em latim.

versalidade e de necessidade do ser de *estas* coisas *aqui*, já se percebe a ligação com o *ti ên eînai* do livro A, que designa justamente a essência do que existe e não a essência enquanto existente; percebe-se também a ligação com a οὐσία, que traduzimos tão mal por substância e que é propriamente a "entência" das coisas. O livro A havia preparado essa série de equivalências: entência, forma (Aristóteles diz: οὐσία εἰδητική, entência eidética), ser. Este capítulo vai ser empregado em apreender o princípio desse encadeamento.

Digamos por enquanto que a "sabedoria" se identifica com a questão: o que significa existir, ser, precisamente para aquilo que existe e primeiramente para os indivíduos? É a própria universalidade do ser dos entes que está em causa, abstraídas as diferenças de natureza; vai-se pensar tudo o que existe *simplesmente enquanto existente*. Com isso não se abandonou a definição de sabedoria como busca das primeiras causas e dos primeiros princípios. Somente se reconheceu na questão do ser a questão do princípio, como indicam as últimas palavras do final do capítulo I do livro A.

2. O ser enquanto ser e a *ousía*

A ontologia aristotélica é demarcada por quatro proposições que formam o esqueleto de todos os livros A – E 1 da *Metafísica*.

– "A sabedoria é a procura das causas e dos princípios primeiros das coisas." A filosofia é *etiologia* (Livro A).

– "Há uma ciência que estabelece o ser enquanto ser e os atributos que lhe pertencem essencialmente." A filosofia é uma *ontologia* (Livro Γ 1).

– "É das substâncias que a filosofia deverá apreender os princípios e as causas." A filosofia é *teoria da substância* (Livro Γ 2), *ousiologia*.

– "Se existe uma substância imóvel, a ciência dessa substância deve ser anterior e deve ser a filosofia primeira" (Livro Γ 1). A filosofia é *teologia*.

A última aula levou-nos da primeira para a segunda proposição; as causas que buscamos são as causas da "entência", do fato de ser para aquilo que é. Precisamos compreender *como* essa proposição imensa e de uma universalidade temível se determina duplamente em Aristóteles: por redução do ser à substância (terceira proposição) e da substância à substância separada e imóvel (quarta proposição). Tentaremos compreender as razões propriamente aristotélicas dessa dupla redução, em que o problema do ser talvez se perca na medida em que se determina.

Consideremos inicialmente a primeira determinação do problema ontológico.

Ante a imensidade do problema do ser enquanto ser, Aristóteles procura um princípio de determinação; ora, a primeira aporia fechou uma via: a via da generalidade. O ser não pode ser um universal que recobrisse espécies, sob pena de absorver todas as ciências numa única ciência. Ele então se permite um princípio de determinação, que consiste em ordenar uma série de significações de tal modo que a primeira significação sirva de referência para todas as outras por um sistema especial de remissões, mas sem que esses sentidos sejam subordinados como espécies a um mesmo gênero. Um exemplo, o de Aristóteles em Γ 2, mostrará o que é esse universal não genérico mas "analógico": seja a palavra "saudável", que se diz do que conserva a saúde, do que a proporciona, do que a expressa, do que a recebe. O direito de falar de saúde em todos os casos baseia-se num princípio de denominação comum que está a meio caminho entre a sinonímia (mesmo sentido ligado a palavras diferentes) e a homonímia (mesma palavra mas com sentidos díspares), porque há um *sentido primeiro*: é saudável por excelência o próprio organismo; é com relação a esse primeiro caso que o saudável se estende à causa, ao efeito, ao signo, ao adjuvante da saúde do corpo. Aristóteles chama [essa] universalidade de *prós hén* = πρός ἕν (relativamente a um termo único). Essa universalidade determinada por um exemplo básico não é um gênero superior nem uma espécie coordenada a outras espécies, e sim o primeiro *numa série ordenada de homônimos*. Do mesmo modo, a série de significações do ser constitui as categorias do ser, que não se deixam reduzir a princípios comuns idênticos. Πολλαχῶς λέγεται τὸ ὄν – ποσαχῶς τὸ ὄν σημαίνει οἷς ὥρισται τὸ ὄν (= *pollakhôs légetai tó ón – posakhôs tó ón semaínei hoís hôristai tó ón*)⁴. Ser quer dizer sucessivamente: substância, qualidade, quantidade, relação etc. – o que os escolásticos chamaram de *termini transcendentales* –, que realizam a mesma comunidade de analogia com relação ao sentido primeiro que serve de tipo de significação. Qual é o primeiro dos análogos? A *ousía*. Mas o que quer dizer *ousía*? Nós a traduzimos por substância, o que tem o grave defeito de não conservar a raiz "ser"; essa tradução é antes um *comentário correto*: de fato, a substância é sempre implicitamente apresentada, nos livros anteriores ao grupo Z H Θ (que são os livros sobre a substância), como o que subsiste na mudança (cf. A 3 983 b 10: "[...] Enquanto a substância subsiste sob a diversidade de suas⁵ determinações..., o substrato, ou seja, o próprio Sócrates, permanece"). A substância da mudança é a própria possibilidade da *Física* I-2, 8, II 1. Assim, a oposição substância-acidente é a primeira clivagem da ontologia aristotélica: o que "acontece", o acontecimento, não é enquanto tal do ser: que um acontecimento *seja* só se diz por referência àquilo a que o acontecimento advém; a relva é verde; verde não *é* a título primeiro, mas a relva *é*; se digo o verde *é*, quero dizer a relva é verde. Essa é a ligação entre ser e substância, mais frouxa que uma sinonímia, mais estreita que uma homonímia.

Observação: no aristotelismo, a lista das categorias é sempre muito empírica (como observa Kant na *Crítica*, em busca do *Leitfaden*, do número completo e ordenado de categorias). A categoria é considerada na própria linguagem e, por assim dizer, nas maneiras de *falar o ser* na cultura comum; assim, em Γ 2, essa lista é grosseiramente elaborada: afecção de... encaminhamento para... (geração e corrupção), qualidade, causa, efeito, geração, negação da substância ou de um de seus derivados.

---

4. Trata-se da frase que inicia Γ 2: "O ser se diz em múltiplas acepções", e, um pouco adiante, da frase: "O ser se relaciona de diversas maneiras ao que o limita."

5. O *Curso* diz incorretamente "de ces" [dessas], em vez de "de ses" [de suas].

Assim, observa Aristóteles, por esse sistema de referências mediatas de significação para significação, a substância faz seu ser irradiar-se até no não-ser: solução elegante do problema introduzido por Parmênides e resolvido em sentidos diversos por Platão (o "outro") e por Demócrito (o "vazio"); para Aristóteles, dizer "o não-ser é" quer dizer [que] há ausência ou privação de uma forma que é, a título primeiro (também 1004 a 10-16, 1032 b 3-6). Assim, encontrando na experiência "acepções" do ser, ele as refere e as ordena por um sentido primeiro, sem recorrer à unidade de um gênero: "Portanto, é da substância[6] que o filósofo deverá apreender os princípios e as causas" (1003 b 18). Aristóteles quis levar ao extremo essa primazia da substância e subordinar-lhe estritamente os princípios da lógica ou axiomas, subordinando todos os axiomas ao princípio de identidade e interpretando ontologicamente esse princípio. Aristóteles indaga: em qual sentido o axioma pode ser considerado universal? Por ser dito do primeiro na ordem do *ser* (ou seja, da *ousía*), *um ser* é o que ele é: é este o fundamento ontológico do princípio de identidade. Assim, o princípio de identidade é a expressão lógica do princípio da substância e não o pacto do pensamento consigo mesmo. Portanto, não há autonomia da lógica, que é uma propedêutica da ciência teórica. A função instrumental da lógica é delineada na situação do princípio de identidade. Há um conflito de pertencimento dos atributos com relação a um mesmo sujeito. A lógica da contradição situa-se entre o assim... e o assim... da atribuição. O livro Γ vai ser um processo entre Heráclito e Protágoras, como era o *Teeteto* de Platão. Não há pensamento indefinido, senão não haveria pensamento nenhum.

Negar o princípio de contradição é negar que um ser seja o que é, é retirar-lhe sua quididade (sua pensabilidade enquanto substância, ou seja, sua determinação). É a realidade que, por sua igualdade consigo mesma, fundamenta a possibilidade de manter a referência estável do próprio sujeito durante o tempo de minha afirmação. Assim, a definição da substância como

---

6. Trad. Tricot: "das substâncias" (*op. cit.*, p. 112).

permanência do ser e como suporte da mudança é a raiz do princípio de identidade.

Conclusão crítica: essa dominância do problema da substância é capital para a história da filosofia. Ela comanda não só a filosofia escolástica mas também a cartesiana, a espinosista e a leibniziana. Dizer *é* é dizer *subsiste*. O problema: o que subsiste? iguala-se assim à questão do ser. Mas a que preço?

1) Não será *estreitar* o problema ontológico, como Platão havia dito ao apresentar, no *Sofista*, o ser como o *tríton ti* entre a permanência e a mudança? Não será mergulhar novamente a ontologia na alternância entre o mobilismo e o imobilismo?

2) Não estará Aristóteles estreitando o problema ontológico de um segundo modo? Ao substituir o problema do ser pelo problema da substância, ele introduz a enumeração *das* substâncias. Percorre assim em sentido inverso o caminho que Platão havia traçado, dos seres enquanto Ideia para o ser das Ideias. Aristóteles irá do ser enquanto substância para os seres que são as substâncias; é o que se vê na conclusão de Aristóteles em 1003 b 17-18; desde já se pode prever a segunda peripécia iniciada pelo livro E 1: procurar a substância que é primeira entre as substâncias e que determina uma "filosofia primeira"[7]: 1004 a 3-10 (que talvez seja interpolado; em todo caso, há uma incisa numa explanação sobre as formas do ser).

3. Que a ontologia é uma teologia

O livro E, capítulo 1, fornece a última determinação da "sabedoria" (ou da filosofia) ao definir uma filosofia primeira ou "teologia". E toma como assente a identificação da etiologia com a ontologia e desta com a investigação da "substância" (as vinte e cinco primeiras linhas de E 1 fazem essa sutura)[8].

---

7. Cf. já em Γ 2 o texto 1004 a 3-10, inserido na explanação sobre as formas do ser; talvez seja simplesmente uma interpolação que reflete o último estado da *Metafísica*; ele anuncia E 1. (PR) [Esta nota é parcialmente uma repetição da frase que a segue no texto.]

8. Entretanto, E 1 introduz uma dificuldade que não é fácil interpretar: é dito que a ciência *demonstra* a substância em seu *ti estí* ["o que é"] e em seu *ei*

Como essa nova etapa será vencida? Por uma rápida classificação das ciências em função do grau de ser de seus objetos. Essa classificação, portanto, é uma classificação com relação à substância. Enquanto os primeiros livros da *Metafísica* opunham a universalidade da sabedoria e a *particularidade* das ciências, E 1 apresenta uma hierarquia de três ciências que formam uma "série". Do mesmo modo que agora há pouco a substância em geral era o primeiro termo de uma "série" de análogos, correspondentes às múltiplas maneiras como o ser é dito, assim também a série física-matemática-teologia pode ser considerada como uma sequência demarcada pelos diversos sentidos da palavra substância; há as substâncias "segundas" com relação a uma substância "primeira", como havia um sentido "segundo" da palavra ser (acidente, quantidade, qualidade etc.) e um sentido primeiro: a *ousía*, a substância.

Em que sentido se pode falar então de uma substância "primeira"? Qual é esse sentido-piloto ao qual se referirão as outras substâncias? É preciso admitir que E 1 não é muito explícito; primeiramente, a oposição com três termos se reduz na realidade a dois, pois a matemática só figura aqui a título indicativo; seu estatuto definitivo só será estabelecido nos livros M – N; a ênfase principal, portanto, recai na oposição entre a física e a teologia. A física é chamada de ciência das substâncias "não separadas" e "não imóveis" (1026 a 14)[9]. Essas duas palavras requerem observações. "Não separado" refere-se aqui à "substância formal" no sentido do livro A, que é inseparável de sua matéria; portanto, Aristóteles não se contradiz quando chama a substância sensível de substância "separada": trata-se então da substância enquanto "composta" de forma e matéria; ela é separada no sentido de que pode existir como indivíduo

---

estí ["se é"], que traduzimos por "em sua essência", e "sua existência", e inclusive que o mesmo ato de intelecção apreende o "o que é isto?" e o "se isto é?". Que significa esse "é isto?", do qual não mais se fala na *Metafísica* e que é omitido no resumo de K? (PR)

9. No *Curso*, referência errônea a 1035 b 27. Há uma dificuldade nesta passagem, pois, segundo a tradução de Tricot, "a Física, de fato, estuda seres separados, mas não imóveis". Ricœur não esclarece inteiramente o problema no comentário que vem em seguida.

distinto de qualquer outro. Quanto à oposição entre imobilidade e mobilidade, ela nos leva de volta a uma preocupação essencialmente platônica.

O que serão então a filosofia "primeira" e seu objeto, a substância "primeira"? A filosofia primeira é a ciência "dos seres simultaneamente separados e imóveis" (1026 a 16)[10]. Aristóteles não diz aqui quais são eles e quantos são; o texto reserva manifestamente a possibilidade de haver vários. A unicidade de Deus segundo Λ 7, Λ 9, bem como a multiplicidade dos motores imóveis segundo *De Caelo*, *Física* VIII e *Metafísica* Λ 8, inserem-se ambas nesse quadro traçado para a teologia, que assim é ciência do divino, mais que de Deus; e até mesmo não se deve perder de vista que a doutrina do *Noûs* (*De Anima*)[11] do livro III é um aspecto dessa filosofia das substâncias "separadas" (alusão na *Metafísica* em 1026 a 6).

Ao definir a "filosofia primeira" – ciência das substâncias primeiras, separadas e imóveis – pela teologia[12], ainda não se está dizendo nada sobre a natureza precisa de seu objeto; seria um engano identificá-la prematuramente com o deus do livro Λ 7, 9.

Conclusão dos capítulos I a IV

Tendo chegado ao final desta primeira parte, estamos em condições de retomar o problema levantado por W. Jaeger sobre a coerência da ontologia aristotélica. Haverá incompatibilidade entre *dois* sistemas de pensamento, aquele que leva ao "ser enquanto ser" e aquele que leva ao deus de Λ 7 (e aos motores imóveis de Λ 8 e de *Física* VIII)? Deve-se desistir de conciliar uma ontologia *universal* e uma ontologia *primeira* (e consequentemente particular)? Ou, mais fortemente, uma ontologia propriamente dita e uma teologia? W. Jaeger pensa que não; segundo ele, as diversas partes da *Metafísica* "não dizem

---

10. *Id.*: referência errônea a 1036 a.
11. (*De Anima*): entre parênteses no *Curso*. Sobre o título em latim, cf. acima p. 171, nota 6.
12. 1026 a 18.

respeito ao mesmo ato espiritual"[13]. É essa dúvida que está implícita em toda a interpretação de W. Jaeger e que o força a dar uma interpretação puramente *histórica*, incompatível com uma interpretação *sistemática* da *Metafísica* tal como ela se apresenta a nós em sua ordem atual; estamos diante de "períodos" e não mais de "momentos" lógicos de um sistema. O que pensar dessa interpretação? Vimos no capítulo I o interesse da interpretação histórica da *Metafísica*. Mas acaso essa leitura como "evolução" exclui uma leitura "sistemática" da *Metafísica*? Isso equivale a indagar se a elaboração da ordem atual, não cronológica, da *Metafísica* é desprovida de sentido ou se a ordem cronológica é a única ordem *sensata* da *Metafísica*. Mas, para que a ordem atual seja sensata, seria preciso que houvesse uma passagem lógica de uma concepção da ontologia para a outra, da ontologia geral para a teologia, da ciência do ser enquanto ser para a ciência da substância separada.

Ora, Aristóteles não ignorou essa aporia; ele mesmo a elabora em E 1 1026 a 23[14]: "Poderiam indagar, diz ele, se a filosofia primeira é universal." Resposta: "Se existe uma substância imóvel, a ciência dessa substância deve ser anterior e deve ser a filosofia primeira, e desse modo ela é universal por ser primeira" (E 1 1026 a 28-32). Essa resposta de Aristóteles é a chave de sua *Metafísica*. Hamelin, Owens, Tricot[15] optaram pela coerência de Aristóteles por razões que estão condensadas nessa frase de Aristóteles. Portanto, vamos tentar compreender essa resposta decisiva.

Como o que é "primeiro" pode ser "universal"?

Pode-se compreender essa resposta de Aristóteles recorrendo à solução que ele deu para uma dificuldade semelhante:

---

13. Trad. ingl. Robinson, p. 218. (AC)
14. Mesmo erro de referência no *Curso*, que diz 1036 a.
15. Octave Hamelin, *Le Système d'Aristote* (Alcan, 1907), Paris, Vrin, 1931, p. 405; Owens, *op. cit.*, pp. 176-7; Tricot, *Métaphysique, op. cit.*, pp. 172-3, 333-4. (AC)

a dificuldade de passar do ser enquanto ser para a *série* de acepções do ser: substância, qualidade, quantidade, lugar, tempo etc. Nessa ocasião, Aristóteles abre um caminho entre duas posições insustentáveis: uma que consistiria em fazer do ser um gênero que "recobre" as categorias como suas espécies, a outra que deixaria as acepções do ser em estado disperso. O princípio da solução está numa unidade "analógica" e não "genérica": a primeira acepção da palavra ser – a *ousía* – é a primeira de uma série cujos outros termos todos se referem a esse sentido primeiro. Se agora aplicarmos à *ousía* o mesmo gênero de raciocínio, diremos que há uma substância ou um grupo de substâncias que realizam eminentemente a natureza da substância e que são o termo de referência para toda a série de substâncias que vêm depois dela. É o mesmo tipo de unidade (πρὸς ἕν)[16] – analógica – que permite passar do ὄν ἦ ὄν para a ἦ οὐσία e da ἦ οὐσία para o ἦ ὄν θεός[17]. É num sentido análogo[18] que Tricot escreve: "O ser primeiro não é outro senão o ser enquanto ser, porque é no ser primeiro, desprendido de toda potencialidade, forma pura, que se realiza a verdadeira substancialidade cujo estudo constitui a *Metafísica*."[19] O que é *supremamente* ser é o primeiro exemplo do que é *ser em geral*; faltará determinar 1) por que o ato puro e sem potência é substância por excelência, 2) por que as substâncias misturadas com potências estão "suspensas" na substância sem matéria e "dependentes" dela.

São essas duas dificuldades que nos ocuparão a seguir. A primeira só será resolvida quando se houver estabelecido, pelo próprio exame da substância menos nobre, que é a forma que

---

16. Ler: *prós hén*.
17. Ler: do *ón é ón* para a *é ousía* e da *é ousía* para o *é ón theós* ("do ente enquanto ente" para o "enquanto substância" e do "enquanto substância" para o "enquanto ente deus").
18. Tricot invoca a unidade de consecução de 1005 a 11 (ver sua nota na p. 190), que Aristóteles distingue da unidade πρὸς ἕν. Seria necessário precisar a relação entre os dois princípios de seriação: o πρὸς ἕν e o τά τῷ ἐφεξῆς. Owens (p. 176) atém-se ao πρὸς ἕν de Γ 1: a substância imóvel é o primeiro exemplo da substância, assim como a substância é o primeiro exemplo do ser. (PR)
19. Tricot, *id.*, p. 172. (AC)

dá substancialidade à substância. A segunda seria igualmente resolvida se se estabelecesse que a filiação de todas as substâncias a partir da substância suprema se baseia na *finalidade* – na atração do Desejo, dirão mais tarde – por falta de uma filiação pela causalidade, de uma criação. A ligação de finalidade garantiria assim a referência de todos os seres ao ser primeiro. "Se a escala dos seres se apresenta como uma série hierarquizada do menos perfeito ao mais perfeito, diz Tricot, a ciência que tem como objeto o ser infinitamente perfeito estende sua dominância a todos os seres inferiores considerados enquanto seres."[20] Em outras palavras, conhecer Deus seria conhecer o ser de todos os seres. Mas Aristóteles ainda não estabeleceu a dupla série de provas que justifica a passagem da ontologia geral para a teologia: a redução da substância à forma é operada no grupo Z H Θ, e a natureza da substância suprema é estabelecida no livro Λ, bem como a ligação de finalidade de todas as outras substâncias com a substância "imóvel" (se é que podemos falar de demonstração a propósito de simples alusões). É por isso que, no livro E, Aristóteles ainda dá uma forma hipotética à sua resposta: "Se existe uma substância imóvel, a ciência dessa substância deve ser anterior e deve ser a filosofia primeira, e desse modo ela é universal porque primeira." É essa resposta, ainda hipotética e, por assim dizer, em suspenso, que assegura a coerência da *Metafísica* em sua ordem atual e justifica os próprios remanejamentos cuja história W. Jaeger tentou reconstituir[21].

---

20. *Id.*, p. 173. (AC)
21. Cf. Gilson, sobre a ordem cronológica e a ordem pedagógica na *Metafísica*, *in* Owens, *op. cit.*, prefácio, pp. VII-VIII. (PR)

SEGUNDA PARTE
O SER E A SUBSTÂNCIA

INTRODUÇÃO

Vamos recordar primeiro os resultados obtidos por Aristóteles no final dos livros introdutórios da Metafísica A – E 1:
1) A sabedoria é a ciência das primeiras causas e dos primeiros princípios.
2) A ciência das primeiras causas é a ciência do ser enquanto ser, mas o ser enquanto ser é apenas um termo vazio, caso se queira tratá-lo como um gênero e sua significação repartir-se de acordo com as categorias; com isso o objeto da metafísica desaparece? NÃO, se na série das acepções do ser houver uma que domina e à qual todas as outras remetem, de acordo com uma relação de homonímia por analogia (*kath'hén* = καθ' ἕν).
3) Esse primeiro termo é a substância; tudo aquilo de que se diz "é" remete àquilo que é por excelência: a *ousía*. Z 1 lembra isso dizendo: "E na verdade o objeto eterno de todas as investigações presentes e passadas, o problema sempre em questão: o que é o ser? equivale a perguntar: o que é a substância?" (1028 b 2-3)[1].

---

1. Esse movimento de pensamento é notavelmente resumido nas primeiras páginas do artigo de Rodier: "Remarques sur la conception de la substance" (*Année philosophique*, 1909, pp. 1-11, reproduzido em *Études de philosophie grecque*, pp. 165 ss.). "Em outras palavras, o ser completo é a substância, e todas as outras coisas de que se afirma o ser não estão na extensão para a *ousía* como suas espécies, e sim em sua compreensão como suas partes" (p. 169). (PR)

4) Por fim, a filosofia é a ciência da substância que vem à frente de uma hierarquia das substâncias; é a ciência do que é o mais divino. É *teologia*.

Chegando a esse ponto, seria de esperar uma determinação da substância por excelência, a elaboração de uma teologia: de fato, essa teologia se apresenta como uma moldura vazia, visto que não sabemos se há uma substância divina e qual é ela. (Owens observa que esse modo de proceder é adaptado a um tipo de ouvinte que já admite que há algo como uma teologia; Aristóteles não procede radicalmente numa espécie de vazio intelectual, e sim com base histórica num saber físico, lógico e físico.)

Ora, não é o que a *Metafísica* nos oferece. Além de um grupo de capítulos muito importantes que encerram o livro E e aos quais voltaremos (E 2-4, que amplia consideravelmente a noção de ser para introduzir outras direções de pesquisa e no qual Jaeger vê os capítulos de sutura da *Metafísica*), a *Metafísica* tem prosseguimento nos livros fundamentais Z H, que versam sobre a *substância sensível*.

Assim, o tratamento da substância primeira, que devia terminar uma filosofia primeira ou teologia, é adiado para o grupo Λ M N. Que significa esse procedimento?

Quem seguir Werner Jaeger se contentará com uma resposta "histórica" e verá na inserção dos livros Z H Θ um testemunho da evolução de Aristóteles: escapando da alternativa entre o sensível e o inteligível, entre o móvel e o imóvel, Aristóteles não identifica mais o objeto da filosofia com o imóvel; ao inserir a teoria da substância *sensível*, ele supera essa alternativa totalmente platônica e torna possível uma filosofia do ser enquanto ser que engloba as duas espécies de substâncias.

Mas se, como já mostramos, o arranjo atual, apesar de tardio, tem sentido, se é possível passar do ser enquanto ser para o ser enquanto primeiro dos seres, a teoria da substância sensível deve ter uma função com relação a esse programa final que justifica o arranjo atual da *Metafísica*.

A intenção de Aristóteles ao integrar na *Metafísica* as conclusões de sua *Física* (e de sua Lógica) deve ter sido utilizar o conhecimento da substância sensível como um "longo desvio" para passar à substância sensível. A expressão "longo desvio" é platônica, é bem verdade; é num sentido precisamente antiplatônico que Aristóteles procede a esse desvio, visto que é um desvio "por baixo" e não "pelo alto". Para preencher a moldura vazia da "teologia" é preciso passar pelo mundo, a fim de nele encontrar a indicação do que seria a substância verdadeira, a substância primeira – ou seja, como se verá, a substância sem matéria nem potencialidade. Assim, Aristóteles "se espanta" como Platão; mas não "se converte" como Platão; o longo desvio de Z H é como a etapa mundana da filosofia.

Portanto, estamos abordando o grupo Z H, que constitui como uma retomada da física (e da lógica) da substância sensível na *Metafísica*.

Trataremos primeiro (caps. I e II) da substância sensível propriamente dita.

Indagaremos até que ponto Aristóteles faz uma filosofia do "Indivíduo", radicalmente oposta à filosofia da "significação" pela qual Platão começa seu caminho, e se Aristóteles ainda não está platonizando em sua filosofia das formas mesmo sensíveis (cap. III).

Só então (cap. IV) poderemos relacionar essa doutrina com o grande desígnio "teológico" da *Metafísica* e indagar se Aristóteles cumpriu seu programa e atingiu seu objetivo.

CAPÍTULO I
A SUBSTÂNCIA SENSÍVEL: A SUBSTÂNCIA COMO SUBSTRATO

Se a substância é o ser por excelência, a substância, por sua vez, determina-se de acordo com várias acepções. (Nota-se o modo de pensar de Aristóteles, que continuamente dispõe significações, escolhe a mais importante e vai assim de determinação em determinação.) Toda a análise vai ser direcionada para a identificação da substância com sua forma ou, mais exatamente, sua "quididade" (τὸ τὶ ἦν εἶναι)[1]; mas essa identificação é singularmente trabalhosa e torna particularmente Z um dos livros mais complexos da *Metafísica*, no qual se entrecruzam múltiplas preocupações e principalmente múltiplos pressupostos.

O caminho fica imediatamente obstruído por uma dificuldade; isso porque *ousía* quer dizer quatro coisas (início de Z 3), das quais, na verdade, só uma, a quarta, causa embaraço: *ousía* quer dizer quididade, universal, gênero e sujeito. "Universal" e "gênero" não nos embaraçarão porque será fácil mostrar (Z 13, Z 14) que o universal e o gênero existem "em outra coisa" e, portanto, não existem "em si" (por referência a si, *kath'autó*). Em contrapartida, há hesitação em ordenar entre si os dois outros sentidos; a substância, por um lado, é aquilo que cabe a alguma coisa ser; portanto, seu *fundamento de cognoscibilidade*. Por outro lado, a substância é o que "jaz sob" o substrato ou sujeito (ὑποκείμενον)[2].

---

1. Ler: *tó ti ên eînai*.
2. Ler: *hypokeímenon*.

1. Duplo sentido do "substrato"

O que fala a favor da identificação da substância com o substrato? O que constitui a dificuldade? É o duplo sentido da palavra substrato que fala uma vez a favor e uma vez contra. De fato, *do ponto de vista lógico*, o sujeito é o sujeito de atribuição, aquilo de que todo o restante é afirmado; *do ponto de vista físico*, o sujeito é aquilo a que as determinações acontecem: é a matéria. Ora, tudo incita a identificar a substância com o sujeito de atribuição, tudo afasta de identificá-la com a matéria. Vejamos os dois lados da questão.

a) O sujeito lógico

Este primeiro sentido é o primeiro afirmado em Γ 3: "o sujeito é aquilo de que se afirma todo o restante e que ele mesmo não é mais afirmado de uma coisa"; e, mais adiante, "a substância é aquilo que não é predicado de um sujeito, e sim..., ao contrário, é dela que todo o restante é afirmado". Essa identificação da substância com o sujeito é apropriada para um primeiro desbastamento da ideia de substância, a que faz dela um *kath'autó pephukós* = καθ' αὐτὸ πεφυκός (Z 1. Tricot traduz: "aquilo que tem uma existência própria"[3]). Nesse sentido, a substância é "o sujeito real e determinado"; esse sujeito é "a substância e o indivíduo"[4]; é *aquele de que* se diz todo o restante. Para Rodier, "a substância propriamente dita é o que é sempre sujeito e nunca atributo, assim como as categorias são o que é sempre atributo e nunca sujeito"[5].

Esse primeiro desbaste, portanto, se dá no nível da linguagem. Le Blond[6] mostrou o peso, na obra de Aristóteles, do que ele chama de "esquemas da linguagem" e que, segundo ele, atuam concorrentemente com os "esquemas da indústria" (mais

---
3. Z 1 1028 a 23.
4. Tricot, *op. cit.*, p. 348. (AC) [Z 1 1028 a 26].
5. Rodier, *op. cit.*, p. 170. (AC)
6. Jean-Marie Le Blond, *Logique et méthode chez Aristote*, Paris, reed. Vrin, 2000. (AC)

exatamente, da produção artificial) e com os "esquemas biológicos" (mais exatamente, da geração e do desenvolvimento espontâneo de movimento). Muitas dificuldades da teoria aristotélica da substância, segundo Le Blond, devem-se à interferência dos esquemas gramaticais, artificialistas e vitalistas. Consequentemente, abordamos a substância primeiramente a partir dos esquemas de linguagem. Le Blond: "Sem dúvida a análise mais importante de todo esse livro (*Física*) que leva à noção de substância e à de matéria é conduzida pela forma das proposições nas quais toda mudança se expressa."[7] A análise gramatical pressuposta aqui é elucidada em *Física* I 5; ela se articula mais ou menos assim: toda mudança vai de um polo ao outro de um par de contrários, e esse deslocamento de um polo para o outro se dá com base num princípio "subsistente" (190 a 15-24). Assim, digamos, "o homem subsiste quando se torna letrado e ainda é aquele homem" (190 a 6-12), ao passo que "o não-letrado e o iletrado não subsistem nem como simples nem como unidos a seu sujeito".

A oposição entre um sujeito – permanente – e seus atributos mutáveis é ainda mais acentuada na medida em que o par de contrários (em que se analisa logicamente a mudança) abrange a oposição entre o negativo e o afirmativo (não-letrado, letrado), de tal modo que o substrato é discernido como oposto à privação. (Le Blond cita este comentário notável de Simplício: "Ele começa mostrando a diferença entre a privação e o substrato a partir da linguagem, antes de mostrá-lo na natureza das coisas."[8]) O sujeito não é o ponto de partida da mudança (do não-letrado vem o letrado), *e sim o que é mutável*. Portanto, é feita uma assimilação gramatical entre o atributo (κατηγορούμενον, *Física* I 6) e o acidente (συμβεβηκός)[9], e pode-se mesmo dizer que "a distinção, tão importante em sua filosofia, entre a substância e o acidente aparece aqui como a

---

7. *Id.*, p. 310. (AC)
8. *Id.*, p. 312, n. 1. (AC)
9. Ler, para atributo e acidente: *kategoroúmenon* e *symbebekós*. A referência do *Curso* está incorreta: Aristóteles fala do atributo e do acidente em *Física* IV 186 a 9 ss.

transposição do par gramatical sujeito-atributo"[10]. Está certo que isso não explica todas as determinações da substância, principalmente as das substâncias imóveis, objeto último da filosofia como teologia; mas explica pelo menos duas coisas: inicialmente, a primeira das coincidências dos dois sentidos da substância, o sujeito de atribuição e o substrato de mudança (Δ 7 1017 b 10), coincidência assegurada pela análise gramatical da própria mudança (é justamente daí que vai surgir, daqui a pouco, a dificuldade, visto que o substrato de mudança não será forma, e sim matéria). Em segundo lugar, isso explica que a verdadeira substância – a substância primeira, como diz Aristóteles – é o indivíduo. Essa tese é fundamental nas *Categorias* 5, 3, bem como na *Física* I 7; pois, se é possível dizer "o justo é branco", "justo" é realmente sujeito nessa proposição, mas não se pode dizer dele que "nunca é atributo"; em última análise, só os indivíduos é que nunca são atributos, que são sujeitos últimos (Δ 8 1017 b 23) ou primeiros (Z 3 1029 a 1). Z 16 1041 a 4 chegará a dizer muito energicamente: "Nada geral nem comum é substância", e isso também criará dificuldades, desta vez não mais por confusão possível entre a substância e a matéria, e sim por interferência com a teoria da ciência; de fato, se é verdade que só há ciência do geral, como haverá ciência da substância? Não se diz que a aporia seja insolúvel, e realmente Aristóteles a soluciona; diz-se apenas que o esquema da linguagem que identifica substância e sujeito, sujeito de atribuição e substrato de mudança leva a uma filosofia da individualidade com todas as suas dificuldades.

O que pensar dessa influência dos esquemas da linguagem sobre a teoria da substância? Sabemos com que severidade Brunschvicg concluiu contra Aristóteles em *Les Âges de l'intelligence*. Mas é preciso dizer duas coisas em defesa de Aristóteles: – primeiramente, que esses esquemas da linguagem não determinam tudo em sua filosofia, visto que precisamente interferem com outros esquemas extraídos da arte humana e das produções naturais da vida;

---

10. Le Blond, *op. cit.*, p. 312. (AC)

– mas sobretudo que ele não projetou simplesmente uma análise gramatical já pronta sobre a teoria da substância; também se pode dizer que o privilégio exorbitante da proposição atributiva foi consolidado pela fecundidade da análise física da realidade como substância e acidente que ela possibilitou. É preciso saber recuperar o esforço de *inteligibilidade do sensível* que a análise da realidade como substância e acidente representa, no fim do platonismo que permanece heraclitiano diante do sensível. A língua grega oscilava entre duas análises proposicionais: a análise sujeito-verbo, como se vê no *Teeteto* e no *Sofista*, e a análise sujeito-cópula-atributo; deve-se dizer as *ações* do sujeito ou *qualificar* o sujeito? *to do* ou *to be*? O privilégio da proposição atributiva (Sócrates é letrado) com relação à proposição verbal (Sócrates fala) está em permitir que as qualidades sejam ordenadas com relação a pares de contrários; é essa análise de *contrários* que valoriza os adjetivos em detrimento dos verbos. A proposição atributiva confirma também o privilégio do verbo *ser* imposto por Parmênides, pelos sofistas eleatas e suas aporias da atribuição; daí o efeito reflexo da teoria da substância sobre seu próprio instrumento verbal.

b) *O substrato material*

Se a substância é definida como o sujeito primeiro, acaso não se deve dizer que o verdadeiro sujeito, o *hypokeímenon*, é a matéria? Z 3 aplica-se em dissipar essa dificuldade, vinda diretamente da análise anterior e que obstrui o caminho que levará a identificar a substância com a forma, e a substância primeira, objeto último da investigação, com a forma sem matéria.

– Vejamos como o próprio Aristóteles expõe a dificuldade em Z 3 (a partir de 1029 a 10): se retirarmos tudo o que é atribuído a um sujeito, o que resta? A matéria indeterminada, parece, visto que teremos retirado todas as determinações quantitativas (comprimento, largura e profundidade); resta o que todas essas determinações determinam, ou seja, o indeterminado puro, a matéria: "Chamo de matéria, especifica Aristóteles, o que não é por si nem existência determinada de uma certa qualidade nem de nenhuma outra das categorias pelas quais o ser é determinado" (1029 a 19-20). Chega-se ao paradoxo de que a matéria será tão substância que a substância será seu predicado: X é um homem. Em outras palavras, a matéria não tem nem mesmo a determinação da primeira categoria, o que Aristóteles expressa assim: "Todas as outras categorias que não a substância são predicáveis da substância, e a própria substância é predicado da matéria" (1029 a 23). E Aristóteles conclui: "Portanto, considerando-se a questão sob esse aspecto, resulta logicamente que a matéria é substância" (1029 a 27).

Observe-se que essa análise, conduzida como a análise do pedaço de cera na *Segunda meditação*, leva a um resultado diametralmente oposto. Descartes diz: o que resta quando tudo muda é um espaço determinável de diferentes matérias, porque é isso que é *inteligível*; a análise gramatical de Aristóteles impede-o de deter-se numa determinação *quantitativa* da substância, porque toda grandeza está sob a categoria da quantidade, que não é dita a título primeiro do ser, e sim a título de atribuição; a medida diz respeito ao atributo, não ao sujeito. Por isso é preciso ir até o indeterminado radical.

— Como Aristóteles sai dessa dificuldade? Voltando ao sentido da substância: não basta dizer que a substância é sujeito. É preciso acrescentar: sujeito *determinado*. A substância deve ser *ti*, alguma coisa. Z 1 havia preparado esta réplica: "um sujeito real e determinado... o indivíduo" (1028 a 27). Apenas o indivíduo Tal tem uma existência própria (*kath'autó*). Essa especificação é na verdade uma meia-volta com relação à análise da linguagem, porque o indivíduo não é mais "X" *sem* suas determinações, e sim "Tal" *com* suas determinações; sendo assim, as outras categorias não são exteriores à substância, e sim a explicitação das determinações que fazem da substância um algo determinado. Tricot diz muito bem: "Seria... desnaturar (o pensamento de Aristóteles) compreender que a substância possa existir sem as outras categorias, pois uma substância sem nenhuma determinação é uma impossibilidade tão manifesta quanto uma qualidade sem substância. Na realidade, Aristóteles quer dizer que, diferentemente das outras categorias, só a substância pode existir em estado separado. A substância nada mais é que a coisa individual, *completa por si mesma*, com todas as suas qualidades e suas relações; e, como tal, pode existir à parte."[11]

Assim se chegaria a dizer que a prioridade da substância sobre as categorias (qualidade, quantidade etc.) é a prioridade do concreto sobre o abstrato, do indivíduo sobre suas propriedades; portanto, da totalidade implícita das determinações sobre sua análise explícita de acordo com as categorias. A primazia do *determinado* vem *limitar*, portanto, a consequência aparente da análise sujeito-predicado.

Mas essa resposta é defensável? Em que sentido os acidentes acontecem à substância, se a substância contém sua determinação? Não será preciso que a substância não seja absolutamente determinável para ser absolutamente determinada? Owens observa que apenas a substância divina será não determinável posteriormente, precisamente porque sem matéria, e que essa resposta dificilmente é compatível com o estatuto de substância sensível, da qual é dito que *recebe* suas determinações. Se as recebe, o que tem ela que não haja recebido? E, se recebeu tudo, o que é ela senão matéria radicalmente indeterminada? Portanto, precisamos indagar qual é o estatuto da matéria na substância aristotélica, a fim de compreendermos em que sentido ela é e não é a substância e de colocarmos em evidência a identidade entre substância e forma, para a qual tende toda esta análise.

2. O estatuto da matéria na substância aristotélica

Esta é uma questão que Z 3 não resolve; Z 3 vai diretamente para a identificação da substância com a quididade, que é o principal desígnio dos livros Z H. O problema só pode ser resolvido relacionando o par forma-matéria com um novo par *potência-ato*, sobre o qual se pode dizer que é o verdadeiro achado de Aristóteles.

---

11. *Métaphysique*, trad. pp. 348-9. (AC) [Ricœur cita a tradução de Tricot pela editora Vrin, em um único volume, 1933.]

a) O estilo aristotélico de explicação

Primeiramente, algumas palavras sobre a significação dessas estruturas de pensamento que se apresentam em pares. Sua situação no edifício do aristotelismo é difícil de precisar, porque são chamados de princípios (*arkhaí*: os primeiros livros da *Física* são chamados de *perí arkhôn* pelo próprio Aristóteles quando se refere a eles), sem que sejam estabelecidos *a priori* nem procedam da experiência. São antes analogias funcionais ou estruturais, simultaneamente *sugeridas* pela experiência comum e suas regularidades e *impostas* à experiência como uma grade de leitura. Segundo Le Blond, pertencem a uma "organização do dado" que compensa a fragmentação da ciência segundo seus objetos díspares com uma unidade de estilo ou de procedimento. Sua situação incerta, entre o empírico e o *a priori*, deve-se à sua função investigativa, que escapa totalmente à lógica do Órganon, que é antes uma conformação de um saber já constituído; segundo *Física* I 1 184 a 12-184 b 15[12], permitem analisar conjuntos indistintos. Portanto, esses "princípios" são os instrumentos de uma análise do real que não é a divisão em partes homogêneas à maneira de Demócrito, pois dividir em causas não é dividir em coisas. Assim Aristóteles restaura o velho problema do uno e do múltiplo. Ao mesmo tempo, fica evidente que o gênio próprio de Aristóteles não está no pensamento classificador por gêneros e espécies diferenciais, e sim na explicação. Classificar nunca é mais do que situar num contexto que permite recuperar e reconhecer. Explicar é analisar o próprio objeto, dando-o a conhecer por seus elementos. Consequentemente:

1) A noção de matéria faz parte de uma análise mais *explicativa* do que classificatória.

2) Essa análise funcional procede por termos correlativos; por isso é inútil procurar uma matéria em si, absoluta; um aspecto do real desempenha o papel de matéria com relação a um outro aspecto que desempenha o papel de forma.

---

12. Texto comentado por Le Blond, *op. cit.*, pp. 284-91; ele cita Werner Jaeger: "A análise é a alma do pensamento aristotélico". (PR)

3) Por fim, esse esquema explicativo de tipo correlativo diz respeito a uma organização racional da experiência que não é nem *a priori* nem propriamente experimentada. Le Blond vê aí a interferência de esquemas da linguagem, de esquemas da indústria, de esquemas biológicos. Vamos levar tão longe quanto possível o par matéria-forma sem recorrer ao par potência-ato (permanecendo no ponto de vista da matéria); depois veremos como o par potência-ato completa-lhe o sentido.

b) Função correlativa da matéria

Em sua *Introduction à la Physique d'Aristote*[13], Mansion destaca que o par matéria-forma é um par estático; lembra o modo como um ser é estruturado tal como é, tal como se encontra realizado (um leito, um homem, um animal). O par potência-ato é um par dinâmico: introduz o devir. Mas, como veremos, a distinção é muito instável, porque a matéria desempenha vários papéis. A matéria poderia ser definida sem referência à potência se fosse sempre considerada como fundamentalmente *passiva* (aquilo que recebe as determinações) e, portanto, em si indeterminada e, em última análise, absolutamente incognoscível. Inerte, ilimitada, incognoscível: assim é ela em Z 3, que para isso a elimina da definição da substância que é determinada como indivíduo. Mas a matéria nunca é tratada por Aristóteles como o indeterminado puro; é um correlativo: a madeira é matéria para o leito; os tecidos, para os órgãos; o homem, para a ciência. Le Blond mostra que essa oscilação provém de a matéria indeterminada ser sugerida pelos esquemas da linguagem (é o que resta quando se eliminam as determinações atributivas); a matéria determinada é o material segundo os esquemas industriais; é aquilo de que se extrai a coisa produzida. As três explanações (*Física* II 1-3, *Metafísica* Z 7 e *Partes dos animais* I 1) confirmam que a análise não é mais estática, e sim refere-se sempre às etapas que um processo de

---

13. Mansion, *op. cit.* (cf. p. 165, nota 10), pp. 134-5.

produção percorre. A matéria é então uma função analógica comum a todas as produções e supõe a analogia fundamental entre a arte humana e a natureza; por um lado, a arte imita a natureza (exemplo: a digestão como cozimento, a respiração como foles etc.); em compensação, os processos da arte mostram com clareza os processos da natureza. Assim, em *Física* II 3, a explanação mais antiga, os exemplos são quase todos exemplos de fabricação. [*Metafísica*] Δ 1, aliás, vai diretamente da habilidade manual para a arte racional e a sabedoria. *Metafísica* Z 7-9, mais aperfeiçoada, afasta a produção por casualidade e subordina a produção por natureza à produção por indústria para o entendimento das coisas (cf. o silogismo da "invenção: para tal objetivo, tal meio, para tal meio, tal material, que comanda o silogismo da realização"). Portanto, estamos diante de uma distinção de caráter analógico, transposta da experiência artificialista para a natureza. Daí um primeiro retoque na ideia de matéria: ela não é mais identificada com um substrato interno, indeterminado, incognoscível, mas representa o menos determinado com relação ao mais determinado num processo de fabricação.

Mas Le Blond corrige essa primeira interpretação com uma segunda: "Se a distinção das causas é artificialista, o estudo profundo de cada uma das causas é feito de um ponto de vista biológico."[14] Isso vai introduzir uma mudança importante na matéria, que não só adquire uma determinação relativa mas perde sua inércia e requer referência à potência. É o esquema biológico que comanda a grande distinção dos movimentos em naturais e violentos: a locomoção do ser vivo e o impulso do projétil. Nessa perspectiva, o que significa a matéria? Ela tem a mesma significação que o órgão para a função, que o olho para a visão (*Sobre a alma* II 1, 412 b 18), que os tecidos diferenciados (mãos – rosto) com relação aos órgãos.

Partindo disso aparece uma significação nova da matéria, segundo o modelo da relação do desejo com o desejável. *Física* I 9: "Portanto, é a matéria que deseja a forma, como a fêmea

---

14. Le Blond, *op. cit.*, p. 356. (AC)

deseja o macho" (192 a 23, 200 a 24, 200 b 5[15]). Estamos perto do Eros platônico, filho da pobreza; a matéria é então o sistema de meios e obstáculos pelo qual uma forma abre caminho para a existência. Mas então as fronteiras tão nítidas se atenuam entre as quatro causas: a forma tende a confundir-se com o fim no esquema biológico, sendo que se distingue dele no esquema artificialista (*Metafísica* H 2 1043 a 14; mais claramente ainda, *Física* II 8 200 a 3), enquanto a matéria se torna a necessidade que permite e impede, ora colaborante, ora princípio de fracasso, de acaso, de monstruosidade.

c) Matéria e potência

A distinção potência-ato é o apogeu da análise metafísica do real, mas também o supremo embaraço, porque a ideia de potência, por sua vez, introduz dificuldades consideráveis. Vejamos primeiramente como Aristóteles introduz essa noção. Em seguida examinaremos em d) as aporias da potência.

Na verdade, a *Metafísica* não consegue retardar realmente o recurso a essa distinção. Do ponto de vista da estrutura da *Metafísica*, essa distinção ontológica só é introduzida no livro Θ; mas é prevista no sistema graças à distinção entre os sentidos do Ser exposta em E 2[16]: ser por acidente (E 3-4) – ser nas categorias – ser como verdadeiro. Mas na realidade essa noção é introduzida muito antes. H 1, que resume Z, diz: "Chamo de matéria aquilo que, não sendo em ato um ser determinado, é somente em potência um ser determinado"[17]; e H 2 começa com: "Visto que há concordância unânime a respeito da substância considerada como substrato e como matéria e que é ela que existe em potência, resta-nos dizer o que é a substância das coisas sensíveis consideradas como ato" (cf.

---

15. Referências incertas, exceto 192 a 23. (AC)
16. Na verdade, "a partir de" E 2. E 3 é intitulado por Tricot "Natureza do acidente"; E 4, "O Ser no sentido de verdadeiro".
17. H 1 1042 a 25.

a série H 2 1042 b 9-10; 1043 a 32-b 2; H 6 1045 a 23-24; 29--30; 1045 b 18-19).

Vejamos agora como a noção de potência é introduzida em *Física* III 1-3 (cf. também *Metafísica* Δ 12, Θ).

A noção de matéria é arduamente conquistada no livro I da *Física*, contra a tradição eleática e platônica do não-ser que torna impossível uma física; todo o esforço para distinguir a matéria do não-ser no sentido próprio tende simultaneamente a tirá-la do campo da substância. É pela introdução de considerações sobre a "natureza" no início do livro II que o privilégio aparente da matéria é destronado. Vejamos aqui também os dois lados da questão no livro I e depois no livro II.

O livro I, capítulos 7-9, chega à ideia de matéria por análise da geração. Para haver geração é preciso que haja passagem de um contrário para um contrário e permanência de alguma coisa; ora, o termo inicial (*ek tinós*) é designado negativamente com relação ao termo final (*eis ti*); portanto, é sua *privação* (não-branco, não-músico). Ora, como o sujeito se distingue dos contrários como terceiro princípio, o sujeito que permanece é assim distinguido da privação inicial. É essa análise que comanda a distinção entre matéria e não-ser. Pois a privação é o não-ser verdadeiro, o não-ser por si. Portanto, a matéria é o sujeito que permanece: dizer que o homem é por acidente não--músico é dizer que a matéria é não-ser por acidente.

Aristóteles julga escapar aqui das aporias eleatas sobre a impossibilidade da geração, pois do não-ser nada nasce, nem do ser o devir. Distinguindo-se o sujeito e o ponto de partida da geração, tem-se simultaneamente a permanência do ser (como sujeito) e a geração a partir do não-ser (como privação); mas está evidente que nos dois casos é por acidente (pois não é nem necessário que o homem se torne culto nem que do in-culto proceda o culto). Mais ainda, Aristóteles ([*Física*] I 9) julga que descobriu o erro de Platão: também ele confunde matéria e não-ser ao confundir o sujeito que permanece e a privação que é abolida no contrário positivo em que se realiza a forma; particularmente, Platão bloqueou e confundiu na Díade do Grande e do Pequeno a dupla função da privação e do subs-

trato[18]. Ora, esse cuidado de tornar possível a física, distinguindo a matéria-substrato e a privação inicial no jogo dos contrários, tende a colocar a matéria no primeiro plano: "ela é quase e de algum modo substância" (I 9 192 a 6)[19], ao passo que a privação não o é de modo algum. Tudo o que distingue a matéria da privação – e portanto do nada – coloca-a no campo do ser, da *ousía*. É por isso que o livro I se encerra com dois lances em honra da matéria, por assim dizer:
– "O sujeito do desejo é a matéria, como uma fêmea deseja um macho e o feio, o belo; exceto que ela não é feia em si, mas por acidente" (192 a 22-24). Isso quer dizer que o que há de negativo no desejo não é o desejo como tal, e sim a privação de algo; portanto, o não-ser por acidente.
– Ela é ingerável e imperecível; é verdade num sentido preciso (cf. 193 a 10-13); comparar com este texto a passagem de *Física* I 7[20] citada anteriormente.
Portanto, nada leva a prever a primazia da forma. Mas o livro I se encerra com este aviso: "Continuemos agora nosso discurso tomando um novo ponto de partida." Esse novo ponto de partida vai ser a introdução da ideia de *natureza*, que ainda não apareceu, visto que só se procurou "a existência dos princípios, sua natureza, seu número" (*Física* I, final).
A introdução da ideia de *natureza* vai dar vantagem para a forma, como fizera a consideração do determinado e do individual em *Metafísica* Z 3. A comparação impõe-se ainda mais porque *Física* II 1 diz de imediato que ter uma natureza, isso é ser uma substância (192 b 33). Ora, ter uma natureza, ser por natureza ou segundo a natureza, é ter em si mesmo, a título imanente (não exteriormente, como na arte) e essencial (não por acidente), o princípio de seu movimento e de seu repouso (essa definição da natureza é dada em 192 b 21-22). Será dito que a matéria constitui a natureza? "Em certo sentido", sim (193 a 28); em certo sentido, chama-se de natureza a matéria

---

18. 192 a 10-11.
19. Na tradução de Annick Stevens, Paris, Vrin, 1999 e 2008: "Uma, a matéria, é próxima, e de certo modo é uma estância" (p. 96).
20. Ou melhor, I 8.

que serve de sujeito imanente a cada uma das coisas que têm em si mesmas um princípio de movimento e de mudança. Porém, num sentido mais decisivo, a permanência do substrato não basta mais para definir um ser como existente "por natureza". O que vai desqualificar a matéria é que ela é do âmbito da potência, e a forma, do âmbito do ato: "Pois se diz que cada coisa é o que ela é mais quando ela é em ato do que quando é em potência"; argumento semelhante: o devir se dá *na direção da* forma; "portanto, é a forma que é natureza" (193 b 18). O recurso ao par potência-ato (ou seja, potencialidade-conclusão) introduz um critério da substância, paralelo ao da *determinação* no plano do pensável, do identificável mencionado em *Metafísica* Z 3; desta vez se trata de um critério de *conclusão*, de *perfeição* alcançada no acabado.

Assim, *Física* II identifica a *ousía* e a natureza; ora, a natureza é o princípio do movimento; é a estrutura do movimento que agora vai impor a difícil noção de potência; a potência é o que torna possível o movimento, e o movimento é o que torna possível a física. Ao considerar a potência no contexto de um estudo do movimento, adquire-se apenas um dos sentidos da potência, mas o mais fundamental, como lembra [*Metafísica*] Θ I 1046 a 1 (Θ 1-5 ficará nesse contexto da potência motora, que é a potência por excelência, κυρίως), que se baseia em [*Metafísica*] Δ 12 1019 a 15. Os dois primeiros sentidos que Δ 12 diz da potência se referem ao movimento: "Chama-se de potência o princípio do movimento ou da mudança que está num *outro* ser ou no mesmo ser enquanto outro" (ex.: a potência de construir, que está num outro que não a casa; a potência de curar, que pode estar no doente, mas não enquanto é curado). No primeiro sentido, a potência é potência de fazer, é a capacidade de um agente de produzir um movimento "num outro". No segundo sentido, a potência é potência de sofrer, de receber uma mudança ou movimento de um outro (ou de si mesmo como outro).

De onde Aristóteles tira essa noção? De um exame da realidade? Não. O modo como ela é introduzida em *Física* III mostra bem que se trata de uma espécie de axioma ontológico preparatório com o qual se aborda o real. *Física* III começa bruscamente: "Primeiramente é preciso distinguir o que é somente em ato e o que é por um lado em ato e por outro em potência, e isso tanto no indivíduo determinado τὸ δὲ τι como na quantidade ou na qualidade, e igualmente para todas as categorias do ser" (200 b 26-27). Portanto, Aristóteles, armado com sua distinção entre o ato e a potência, vem ao encontro da mudança, que é *manifesta* (como é "*manifesta* entre as coisas manifestas" a própria natureza, 193 a 5). Essa distinção assim afirmada permite-lhe construir uma definição da mudança, que também é afirmada: "Em vista da distinção em cada gênero do que é em enteléquia e do que é em potência, a enteléquia do que é em potência enquanto tal é o movimento" (201 a 10). Disso são dados exemplos, aplicações para elucidar o sentido de cada um dos "esquemas da indústria" (Le Blond), quando se tiver dito quais aporias a definição do movimento pela potência pretende resolver. O exemplo da construção é claro. É um exemplo do movimento como aumento (portanto, pela quantidade): a construção é mais do que o construível (pura potência); a casa se constrói (é construída) efetivamente; essa efetividade na potencialidade se expressa pelos substantivos em – *sis* (οἴκησις, δόμησις, μάθησις, ἰατρευσις, κύλίσίς)[21] (ou, em português, em *ção*: construção, rotação). Mas, se temos exemplos, não temos provas. Por quê? Porque essa noção não surge de nada, embora preceda a experiência e de certo modo vá a seu encontro; ela é a solução das aporias legadas pelos antigos. [*Física*] III 2 começa assim: "A prova de que essa explicação é correta se obtém das que os antigos[22] nos deram sobre o movimento e da dificuldade de defini-lo de outro modo."

Com quais dificuldades Aristóteles se defronta? Com o fracasso do pensamento diante da "passagem" como tal, passagem de nada para alguma coisa ou de alguma coisa para nada (geração e corrupção). (A passagem de alguma coisa para nada causa dificuldade; Δ 12 especifica que a potência está dire-

---

21. Ler: *oíkesis, dómesis, máthesis, hiátreusis, kýlisis* (*oíkesis*: "ação de habitar"; *dómesis*: "ação de construir"; *máthesis*: "ação de aprender"; *hiátreusis*: "ação de curar"; *kýlisis*: "ação de rodar"; cf. *Física* III 1 201 a 9).
22. Trad. Tricot: "os outros".

cionada para o mais-ser e que no outro sentido é melhor falar de impotência.) Passagem de um lugar para outro, de uma qualidade para outra, de uma grandeza para outra. Esse fracasso só é vencível escapando-se da dicotomia, à primeira vista invencível, entre o determinado e o indeterminado (ou o indefinido, αόριστόν, cf. III 1 201 b 25). A ideia de potência permite abrir uma via do meio que seja uma via nova: *entre o possível e o real* está a potência. Para isso, *era preciso* distinguir potência e ato e elaborar a difícil noção de um *ato daquilo que é em potência* – em suma, a ideia de um "ato imperfeito". "O movimento é mesmo um certo ato, mas incompleto; e isso porque a coisa em potência, cujo movimento é o ato, é incompleta. É por isso que realmente é difícil compreender sua natureza: de fato, seria preciso situá-lo na privação, ou na potência, ou no ato puro; mas de tudo isso nada parece admissível. Resta, portanto, nosso modo de concebê-lo como um certo ato; um ato tal como o definimos não é fácil de compreender, entretanto é admissível" (201 b 30 – 202 a 2).

d) As dificuldades da potência

Portanto, a potência está implicada no movimento como "passagem"; mas o que é ela em si mesma, visto que o movimento, do qual se disse que é *manifesto*, não é exatamente a potência, e sim o ato do que é em potência enquanto é em potência? Portanto, a potência nua não é manifesta, e sim pensada como "princípio" (assim havia sido chamado o substrato em *Física* I). Mas é ela pensável? Se a potência é chamada de um "princípio", é porque ela é pensável, parece. Será esse o caso?
É preciso admitir que a palavra *potência* não introduz somente uma dimensão ontológica nova – ou seja, o ser inacabado, a passagem ao ser – mas também hesitações novas; pois essa noção, destinada a selar, por assim dizer, a significação ontológica da matéria, está entregue às mesmas oscilações entre vários esquemas interpretativos: 1) Por um lado, é o possível exigido pela linguagem, em particular por todo juízo sobre o futuro e mais geralmente por todo juízo que não diz respeito

ao eterno; em suma, é o possível como modalidade do juízo, em outras palavras, é a contingência na afirmação; ora, o possível assim entendido tem apenas determinações negativas; segundo [Metafísica] Δ 12 1019 b 27, é "aquilo cujo contrário não é necessariamente falso"; particularmente com relação aos futuros contingentes, é a possibilidade de escapar do princípio de não-contradição (de duas proposições opostas, uma é necessariamente verdadeira e a outra, falsa), o qual só vale para o passado ou para o presente. 2) Mas, por outro lado, a potência é a tendência, seja como capacidade de fazer, seja como aptidão para sofrer; portanto, é algo como uma inclinação (nisus), um impulso; é esse o verdadeiro sentido aristotélico, aquele que domina a relação da matéria próxima com a forma e permite dizer: "a matéria tende para a[23] forma" (Θ 8 1050 a 15); é esse segundo sentido que subordina os esquemas industriais aos esquemas biológicos; pois, como diz Le Blond, o mármore não quer ser "Deus, mesa ou bacia". É somente no esquema biológico da potência que assumem seu pleno sentido as definições da potência como faculdade e não como possibilidade nua. Mesmo a potência passiva, ou seja, "a faculdade de ser mudado ou movido por um outro [ser] ou por si mesmo enquanto outro" (Metafísica Δ 12 1019 a 19), embora seja apenas potência de sofrer, já é potência de alguma coisa. Nunca se alcança a pura matéria, que é um limite abstrato porque nunca se encontra a possibilidade de não importa o quê, e sim a aptidão determinada; como diz Tricot em seu comentário de Δ 12: "O paciente está em estado de sofrer, de responder, por uma espécie de conivência, às incitações e moções do agente"[24]: é a *ordinatio ad finem* dos escolásticos. Portanto, a mudança o envia, por seu "ato imperfeito", não para "o indeterminado puro", e sim para "capaz de"; nunca se compreende senão o determinado, até na potencialidade. A pura possibilidade indiferente aos contrários é inapta para explicar o fato da mudança: a mudança implica poderes determinados, assinalados por sua relação com o advento de "formas", não a

---

23. Trad. Tricot: "para *sua* forma".
24. Tricot, *op. cit.*, p. 284. (AC)

nua contingência do possível. (Estamos deixando de lado as dificuldades introduzidas pelo livro Θ a partir do capítulo 5, que volta a discutir a análise ainda simples que vem antes.) O que resulta disso para a matéria? Que a matéria não é "uma coisa em si qualquer, opaca e inerte, impenetrável ao pensamento e que só pudéssemos conceber despojando uma coisa de todas as suas qualidades: é exclusivamente o indeterminado com relação a um mais determinado"[25]. "Poderíamos dizer ainda que aquilo que é matéria relativamente a uma coisa mais determinada é forma relativamente a uma coisa mais simples; e, igualmente, o que é forma com relação a seus elementos simples é matéria de uma coisa mais complexa. Em suma, assim como a substância, a matéria e a forma constituem relativos."[26]

Portanto, a "potência" atestou a relatividade da matéria a esta ou àquela forma; de modo que é sempre a forma que nomeamos e que pensamos.

---

25. Rodier, *op. cit.*, p. 171. (AC)
26. *Id.* (AC)

CAPÍTULO II
A SUBSTÂNCIA SENSÍVEL (CONTINUAÇÃO):
A SUBSTÂNCIA COMO FORMA

Introdução

a) Situação desta doutrina na Metafísica

Toda a análise aristotélica da substância está direcionada num sentido; como só se conhece da matéria o que já é forma (a madeira com relação a sua própria matéria) ou a forma em potência (a futura estátua), tudo o que há de inteligibilidade e de ser nas substâncias sensíveis se concentra na forma, que a análise metafísica distingue da matéria. Por sua vez, essa análise, extraordinariamente trabalhosa (uma das mais longas da *Metafísica*: ocupa quase todo o interminável livro Z, principalmente Z 4-12, mais boa parte do livro H; é ela que é retomada em novo esforço no livro Θ, com a distinção entre o ato e a potência)[1]. Essa análise complicada se destina a preparar a investigação do ser ou dos seres que são formas puras, atos puros. Consequentemente, essa identificação entre a substância e a forma é o objetivo do grupo Z H Θ e, por sua vez, o meio para a "teologia" do grupo L M N.

---

1. A tradução respeitou a falta de coesão sintática do período. (N. da T.)

b) Estrutura da argumentação

A redução da substância à forma responde a duas ordens de considerações convergentes: lógicas e físicas. A forma é todo o cognoscível das coisas; a forma é toda a realidade do que produz e do que é produzido. Essa dupla demonstração é feita numa ordem muito sutil: primeiramente, lógica em Z 4-6, depois física (Z 7-9), depois lógica novamente (Z 10-12), com a demonstração física servindo, de certo modo, de etapa intermediária para fazer avançar a demonstração lógica. Vamos tentar acompanhar o andamento em suas linhas gerais, reservando para o final as dificuldades acumuladas por Aristóteles; mas é preciso compreender que todo esse esforço tende a salvar o espírito platônico de racionalidade, dispensando os modelos ideais, os paradigmas platônicos. Não é por acaso que a palavra *eidos* é comum às duas filosofias; mas, contrariando Platão, está em causa mostrar a identidade física e lógica do *eidos* com a própria coisa; não é um modelo da coisa, é a própria coisa em sua inteligibilidade própria e em sua realidade imanente.

1. Identidade lógica entre a forma e a coisa

Considerada pelo ângulo lógico, ou seja, como possibilidade de definição e de demonstração, a forma identifica-se com o *tó ti ên eînai* = τὸ τὶ ἦν εἶναι, que os latinos traduziram por *quidditas* (quididade); é algo mais preciso que o *ti estín* = τὶ ἐστίν; Bergson diria que a essência é a roupa de confecção que convém a vários; a quididade é o que a coisa é *kath' autó* = καθ' αὐτό, *per se*, por si. Δ 18 elabora essa noção de *kath' autó*, "Cálias por si é Cálias e a quididade de Cálias"; o exemplo do nome próprio, como aderente ao homem individual, é muito esclarecedor; Z 4 repete: músico não és tu, pois não és músico por ti mesmo[2]; assim a quididade é o que não poderia ser perdido sem que a coisa deixe de ser ela mesma.

---

2. Z 4 1029 b 15.

Z 6 vai tentar estabelecer rigorosamente a identidade entre a quididade e a coisa, ou seja, que tal coisa e sua quididade não são diferentes, e sim iguais: "De fato, cada ser, parece, não difere de sua própria substância, e a quididade é chamada de a substância de cada coisa"; assim começa Z 6. Mas essa demonstração não pode ser levada muito longe, porque não é nem um pouco evidente que para coisas produzidas por outras, como é o caso das coisas sensíveis, haja uma inteligência imutável. Será preciso recorrer a uma demonstração propriamente física, ou seja, a um estudo da produção, para estabelecer 1) que o que se compreende na causa ainda é a forma; 2) que na produção a forma não é engendrada, e sim comunicada pela causa. Então será verdade que as ideias platônicas não têm o privilégio exclusivo de ser por si mesmas.

Pelo menos, essa primeira análise pôs em evidência o que está em jogo: a quididade é o princípio de cognoscibilidade das coisas: "Temos ciência de cada ser quando conhecemos a quididade desse ser" (Z 6 1031 b 6, também 1035 a 7-9[3]); e não só o que está em jogo, mas o estilo aristotélico: a quididade é filha da Ideia platônica, mas idêntica ao real. Quando conheço a quididade, conheço a própria realidade e não seu modelo; e, quando conheço a realidade, detenho o inteligível e não sua sombra. Portanto, todo o esforço consiste em desengatar a quididade do universal platônico e reengatá-la no indivíduo existente. Veremos até onde Aristóteles foi nesse caminho da identificação entre a forma e o indivíduo (cap. III).

2. Identidade física entre a forma e a coisa

Como a análise física dá novo impulso à análise lógica? À primeira vista, a física[4] afasta do objetivo, visto que é um com-

---
3. A segunda referência não parece corresponder à citação.
4. Z 7 lembra os pontos mais importantes da análise física: distinção entre produção natural, artística e fortuita; distinção entre: produção segundo a substância (nascimento e destruição), segundo a quantidade (aumento e diminuição), segundo a qualidade (alteração), segundo o lugar (transporte). Observação: Aristóteles chama de "movimento" (μεταβολή) a mudança de gran-

posto de matéria e forma que é produzido. Mas, olhando mais de perto, "ter uma natureza" é ser definido pela forma; se isso é verdade, a exigência da definição e a realidade da natureza se superpõem exatamente. Como atingir esse objetivo? Mostrando:
– que a produção é uma transmissão de forma;
– que na produção a forma não é engendrada, e sim preexistente.

a) É uma reflexão sobre a causalidade *eficiente* que dirige o primeiro ponto da demonstração (Z 7); no caso da produção natural, por exemplo, a geração, a transmissão da forma é manifesta: "O homem engendra o homem"[5], a causa e o efeito têm a mesma forma em matérias diferentes. (Já podemos notar que a análise lógica e a análise física não direcionam no mesmo sentido a solução do problema da individualização: se a quididade é o sentido do indivíduo, o princípio que o torna cognoscível, a identidade formal entre a causa e o efeito impede que a forma seja perfeitamente individuada, visto que a causa e o efeito são numericamente distintos; voltaremos a isso na próxima aula.)

No caso da produção artificial, a coisa é mais delicada: não é um arquiteto que faz a casa? Certamente, mas é a quididade da casa no espírito do artesão que produz a casa; tanto que Aristóteles pode escrever, não sem algum paradoxo: a saúde vem da saúde; a casa, da casa: "Assim, a causa eficiente, o princípio motor de estar saudável, é a forma que está no espírito, se a saúde for fruto da arte" (1032 b 22). Assim se delineia em Aristóteles a redução da causa à razão e da relação de causalidade a uma identidade no sentido de Meyerson; Hamelin também o enfatizou fortemente[6].

---

deza, de qualidade e de lugar; quando põe de parte a produção segundo a substância, que é um movimento de nada para alguma coisa e não mais entre duas "alguma coisa" contrárias, a palavra "mudança" (μεταβολή), que aqui abrange os quatro tipos de "passagem", de movimento, se torna sinônimo da palavra "movimento". (PR)

5. 1032 a 24.
6. Hamelin, *Le Système d'Aristote, op. cit.*, pp. 271-3. (AC)

b) Essa redução da causa à razão é levada mais adiante pela afirmação radical de que, na produção de alguma coisa, o que é engendrado é o indivíduo como composto de matéria e forma. Mas nem a matéria "de que" se fez a coisa nem a forma "que" a coisa se tornou são engendradas; produza o artesão uma esfera de bronze, não está produzindo nem bronze nem esfera. Aristóteles raciocina aqui pelo absurdo (Z 8): se a esfera como tal fosse engendrada, ela o seria de "alguma coisa" que seria forma-matéria e a produção de alguma coisa demandaria uma cadeia infinita de intermediários. Daí a conclusão (1033 b 17-19).

À primeira vista, Aristóteles parece ter lutado contra Platão apenas para melhor platonizar no sensível, por assim dizer, em vez de platonizar no inteligível, no "lugar supraceleste"; mas é preciso observar que:
1) Inengendrado não quer de modo algum dizer eterno. Apenas as formas não sensíveis (Deus, inteligências das esferas e razão) são eternas; quanto às formas sensíveis, ou elas preexistiam num outro indivíduo de mesma espécie que as transmitiu ou surgiram "sem duração" (ἀχρόνως) "num instante indivisível" (ἐνατομῷ νῦν); como diz um comentador, é o caso das quididades de quantidade ou de qualidade.
2) Essas formas inengendradas não são de modo algum paradigmas; Aristóteles chega a declarar firmemente pelo menos duas vezes (Z 6 1031 b 15-18, Z 8 1033 b 20-21) que, se os Universais existissem em si, nunca um ser singular nasceria (também Z 13 1039 a 3). Essa afirmação torna ainda mais urgente o problema da individualidade da forma que parece estar na lógica do antiplatonismo. Entretanto, nesse texto Aristóteles é muito reservado; ele sempre reserva a palavra *tóde ti* (um tal, o isto) para o composto: esta bola de bronze. A bola em sua redondez não é o indivíduo existindo materialmente, e sim sua quididade, e aqui Aristóteles chama-o de um τοιόνδε, um *quale quid*. Tricot traduz: "uma coisa de tal qualidade". Pode-se perguntar até que ponto a quididade assim chamada é individual.

O que nos interessa aqui é que a consideração das causas não nos afasta da consideração das formas, mas, ao contrário, leva de volta a ela. Aristóteles até mesmo leva tão longe a redução da causa à razão que chega a dizer: "Como nos silogismos, o princípio de toda produção é a substância formal; pois é da essência que partem os silogismos e também é dela que partem aqui as produções" (1034 a 30, que conclui Z 7-9). Tricot destaca quanto Aristóteles tem uma concepção analítica da causalidade, comparada aqui com a relação premissas-conclusão (a causalidade, observa ele, tende a confundir-se com o "desenvolvimento lógico da essência", com o "movimento dedutivo do pensamento explicativo"[7]); buscar o termo médio do silogismo ou a causa é a mesma coisa. Sob esse aspecto, Descartes e principalmente Espinosa (*Ética* II, 46) não farão mais que reforçar esse lado analítico; será assim até a revolução de Hume e de Kant, que partirão de uma análise temporal e não mais racional da causalidade, de uma sucessão de acontecimentos e não de uma transmissão de forma idêntica ou de uma transformação de quantidade de movimento. Assim a análise aristotélica da causalidade é em honra da forma: o que é cognoscível na causa é a forma. Owens enfatiza quanto Aristóteles é indiferente ao "problema existencial"[8], ou seja, ao fato de que acontece um existente novo. O que lhe interessa é que o acontecimento novo, a edificação da casa, manifesta um sentido, a forma da casa idêntica à casa pensada pelo arquiteto; o que lhe interessa é o pensável idêntico no efeito e na causa, não o acontecimento novo. O advento da forma e não o evento do existente. Isso é bem uma herança platônica, apesar de revertida contra Platão, contra seus universais-paradigmas.

3. Consequências lógicas da análise física

Com o reforço dessa redução da causa à forma, podemos voltar a nosso problema da identidade entre a coisa e a forma. Essa identidade passa a ser verdadeira sobre as coisas produzidas. Agora podemos dizer com mais força: a forma é o fundamento da *definição*. Percebe-se então que a teoria da forma tem

---

7. Tricot, *Métaphysique, op. cit.*, p. 397. (AC)
8. Owens, *op. cit.*, pp. 221-2. (AC)

como objetivo inserir toda a lógica da definição na realidade das coisas. As substâncias são por suas formas definições realizadas; inversamente, pode-se dizer que são realidades definíveis. Essa aproximação entre a *definição* e a *forma* ocupa Z 10-12; ela se dá pela noção intermediária de *lógos*[9]. Simultaneamente, a definição recebe no aristotelismo um estatuto ontológico que esclarece seu sentido último. De fato, como se apresenta uma definição? Com "partes" que são gênero, espécie etc. Está em causa compreender que essas partes são "partes" da própria forma, uma articulação do sentido, diríamos, não das partes da matéria; em outras palavras, elas procedem de uma análise da forma, não de uma divisão da coisa considerada como composto material. "Se não se perceber claramente quais partes são consideradas no sentido de partes materiais e quais não o são, também não se verá qual deve ser a definição da coisa" (1036 a 28-30). A distinção é fácil para o círculo, que, tanto de madeira como de bronze, permanece o mesmo em matérias diferentes; mas o rosto, por exemplo, que é sempre feito de carne e osso, presta-se menos facilmente à distinção entre as partes da definição e as partes materiais. Entretanto ela é necessária, para que a forma não seja *posterior* a suas partes materiais mas apenas a suas partes definidoras – em suma, para que a forma seja primeira na ordem da substância.

Mas, como uma forma pode assim ter partes, mesmo não materiais, partes lógicas, de algum modo?[10] O estatuto ontológico da definição responde a essa dificuldade (Z 12); seja um exemplo de definição por divisão: homem = animal, pedestre, bípede etc. Falar de estatuto ontológico da definição é indagar como existe o gênero animal. Resposta: animal só é realizado em pedestre, pedestre em bípede etc.

---

9. Cf. nota de Tricot sobre *lógos*, I, p. 400; ele assinala seu sentido oscilante: noção, definição, forma, discurso explicativo. Por exemplo, na primeira linha de Z 10: "Sendo a definição uma enunciação..." Ross traduz por *formula*. (PR) [Cf. o léxico em *Metafísica*, trad. Tricot, t. 2, p. 304.]
10. Deixamos de lado a questão, debatida em Z 10, sobre o caráter universal da definição do composto, e singular ou universal da definição da forma; voltaremos a ela no capítulo da individuação. (PR)

Em outras palavras, o que existe realmente é a *última diferença*; o gênero só tem realidade em suas espécies; estas, em suas diferenças. Aristóteles pode dizer assim: "A definição é a enunciação (*lógos*) formada a partir somente das diferenças" (1038 a 8); e: "A última diferença será evidentemente a própria substância da coisa e sua definição (*id.*, a 19-20); e mais adiante: "A definição é a enunciação (*lógos*) formada a partir das diferenças e precisamente da última das diferenças" (a 28-29) (para comprová-lo, basta percorrer os graus da definição pelo final: bípede torna supérfluo pedestre, que torna supérfluo animal). Portanto, o que dá unidade à definição é a presença do gênero na espécie e da espécie na última diferença; essa presença do gênero na última diferença Aristóteles assimila à imanência da matéria na forma (H 6 repete e resume bem esse movimento de pensamento, 1045 a 29-35). Não é possível igualar mais radicalmente substância e determinação, com o gênero sendo o indeterminado com relação à determinação mais precisa da espécie, como o mármore com relação à estátua. Essa visão muito profunda sobre a unidade ontológica da definição consolida de certo modo a teoria da definição, que consegue assim a base de sua unidade; mas, principalmente, ela faz a teoria da substância aproveitar tudo o que a lógica da definição conseguiu. Simultaneamente o universal platônico é definitivamente afastado, visto que ele é o indeterminado ao qual apenas a coisa determinada dá a atualidade, a realidade consumada. O *eidos* platônico tornou-se a própria forma do real. Tornou-se o indivíduo? Temos beirado continuamente esse problema. Vamos abordá-lo de frente.

CAPÍTULO III
A SUBSTÂNCIA E O INDIVÍDUO

Introdução: situação do problema em Aristóteles

Antes de abordar as dificuldades e mesmo as contradições de Aristóteles, devemos observar que o problema nunca é abordado diretamente por Aristóteles: o que faz um indivíduo ser um indivíduo distinto de outro indivíduo é um problema existencial que não interessa a Aristóteles. O que interessa a Aristóteles é o que *determina* a realidade, o que lhe dá um estatuto estável e identificável. Toda a redução da substância à forma é inspirada por esse empenho. Seu antiplatonismo, que o leva a imergir novamente as formas nas coisas até identificá-las lógica e fisicamente com as coisas, não chega ao ponto de fazê-lo perseguir a realidade até em sua existência mais singular. Consequentemente, o que chamamos de problema da individuação, ou seja, a constituição *distintiva* de um indivíduo com relação a outro, não constitui um capítulo separado da obra de Aristóteles. Temos de procurar seus elementos esparsos na obra de Aristóteles. Foram os sucessores de Aristóteles que apresentaram o problema e o projetaram na obra de Aristóteles, e primeiramente o neoplatonismo, empenhado em situar exatamente a individualidade das almas com relação à alma e num sistema em que todos os indivíduos são almas. É um problema de saber se há ideias das coisas.

(*En.* VII 7¹ começa assim: "Há ideias das coisas individuais? – Sim, visto que eu, assim como cada indivíduo, me elevo ao inteligível, é que meu princípio, como o de cada um, está lá." Impossível dizer melhor que é o problema da *personalidade* que impõe o do indivíduo em toda sua amplitude. Além disso, seria preciso restabelecer a etapa estoica do problema: cada coisa é uma "razão espermática" e, assim, uma essência singular.) Mas será principalmente o empenho em individualizar as almas imortais que, na tradição cristã da filosofia, levará esse problema para o primeiro plano. Aristóteles, mais físico do que moralista e do que religioso, não tinha motivo para majorar esse problema da individuação.

Mesmo assim, esse problema se impõe ao aristotelismo por uma série de razões: 1) o problema do eu e 2) o da individualidade animal impõem-se necessariamente a um pensamento que chega, por um lado, a uma ética e, por outro, a um sentido mais aguçado dos organismos biológicos que dos mecanismos abstratos; 3) seu sistema culmina numa forma que é um indivíduo: Deus; 4) mas principalmente o combate a Platão leva-o a identificar as ideias com as coisas e consequentemente a relacionar a inteligibilidade das formas com a singularidade dos existentes. Todas essas razões fazem o problema do indivíduo ser como um país estrangeiro continuamente costeado por análises propriamente aristotélicas; era natural que a filosofia pós-aristotélica tentasse prolongar as linhas que convergem para esse problema inevitável, apesar de nunca tratado sistematicamente. Assim, nosso procedimento será o seguinte: ir da posição propriamente aristotélica do problema para as questões não resolvidas que constituem para nós, mas não para Aristóteles, um problema residual.

1. O indivíduo e a razão

O indivíduo, considerado com relação à teoria do conhecimento, apresenta-se como o limite inferior do conhecimento

---

1. Evidentemente, referência a Plotino, neoplatônico por excelência, e a seu *Enéadas*.

imutável, certo e uno, que Aristóteles denomina *ciência*. Portanto, fala-se negativamente do indivíduo, como aquilo de que não há nem ciência nem demonstração. É nesse sentido que o livro das *Categorias* 5 e *Metafísica* Z 15 falam dele. Mas é preciso ver bem por que não há uma ciência do indivíduo.

Há uma interpretação simplista que consiste em repetir que o indivíduo é o singular e a ciência é ciência do universal. Isso é literalmente exato, mas o sentido de tal fórmula é muito mais complexo, senão o aristotelismo se partiria em dois: de um lado uma lógica voltada para o universal, do outro uma ontologia voltada para os indivíduos. Ciência e realidade seriam então radicalmente discordantes. O intervalo pode ser parcialmente preenchido se considerarmos que a ciência aristotélica tende para as determinações inteligíveis mais próximas do indivíduo e que, em compensação, a realidade do indivíduo não é sua singularidade. Examinemos a coisa sucessivamente pelo lado da ciência e pelo lado do indivíduo.

A ciência aristotélica não é ciência das generalidades.

– Ela quer debruçar-se sobre as espécies últimas, imediatamente superiores aos indivíduos e com relação às quais os gêneros são os indeterminados. Vimos há pouco que a definição aristotélica é a "última diferença"; o gênero está presente na espécie como uma matéria inteligível, como um campo indeterminado de significação que a última diferença vem precisar e resolver num derradeiro núcleo de sentido. É isto que o estudioso, tal como o compreende Aristóteles, quer saber: não o mais geral, e sim o mais determinado. O movimento de pensamento não é uma fuga rumo ao mais universal, e sim uma aproximação inteligível do real na direção do que é o mais específico. A ciência é ciência das "formas"; veremos mais adiante em que essas formas são ainda os universais.

– Chega-se ao mesmo resultado observando-se com Rodier[2] que o verdadeiro objeto da ciência é o necessário e não o geral; na linguagem aristotélica, é o *kath' autoû* (= καθ' αὑτοῦ) e não καθόλου[3] (universal). É preciso voltar mais uma vez ao

---

2. *La Théorie aristotélicienne de la substance, op. cit.*, pp. 173-4. (AC)
3. Ler: *kathólou*.

problema da definição: ela se dá como compreensão, não como extensão; isso significa que o feixe das determinações, que pertencem necessariamente à coisa e a fazem ser o que é, é[4] apreendido na coisa antes de seu pertencimento a uma classe; a universalidade, diz Rodier, é uma sequência acidental da necessidade. Portanto, se o indivíduo é incognoscível é porque ele escapa ao trabalho de aproximação da definição, porque sua compreensão é infinita; ele excede a *infima species*; não que se oponha como o singular ao universal, e sim como o contingente ao necessário.

É aqui que é preciso olhar a questão pelo lado do indivíduo. Por que ele está mais além da mais fina determinação da definição? Por que é contingente? Z 15 responde assim: o indivíduo é a substância não como forma (tratada até agora), e sim como forma numa matéria; é a substância composta. Ora, apenas o composto, foi dito em Z 8[5], é engendrado, a forma é inengendrada; o ferreiro faz uma bola de bronze, mas não faz a rotundidade da bola. Se o composto é geral, é perecível; está aqui a verdadeira razão de seu caráter indefinível, pois a matéria pode ser ou não ser; a precariedade do objeto composto faz a precariedade da opinião (cf. 1039 b 27-1040 a 8; esse texto liga expressamente a cadeia das seguintes noções: individualidade – matéria – perecível – opinião; "apenas a opinião trata do contingente", 1039 b 33). "Nessas condições, conclui Aristóteles, é evidente que das substâncias sensíveis individuais não poderia haver nem definição nem demonstração" (1039 b 27). O perecível pode a todo instante desaparecer da sensação atual; e, se a noção subsiste na memória, é em mim que ela subsiste, sou eu que subsisto, não a coisa. Surpreendemo-nos com esse "platonismo existencial" que sobrevive à derrocada das Ideias e dos Universais; a ciência continua a ser definida por sua imperecibilidade, e o objeto da ciência, por sua ingenerabilidade; é bem verdade que as formas são imanentes e não mais transcendentes; nem por isso deixam de ser entidades subtraídas ao tempo. Por isso Aristóteles é ainda mais radical

---

4. O sujeito desse segundo "é" é "o feixe".
5. Z 8 1033 b 16-19.

do que esse texto sugere; poderíamos julgar que a opinião alcança o individual; na realidade, a mais elementar sensação já ultrapassou o individual: "Percebo o homem em Cálias", diz *Anal. Post.* I 31 87 b 30[6]. Ela apreende um *tóionde* = τόιονδε (*quale*) e não um *tóde* = τόδε (*hoc*); os sentidos já destacam o *ato* da matéria, como a cera que recebe a forma do anel, não seu metal; é por isso que mesmo no nível da sensação a substância se revela como *forma* e não como indivíduo bruto. Finalmente, é por isso que no aristotelismo a forma é chamada de *próte ousía* = πρώτη ουσία, substância primeira.

2. O estatuto do indivíduo no aristotelismo

Ao passarmos do problema da ciência do indivíduo para o problema da natureza do indivíduo e de seu estatuto ontológico na filosofia de Aristóteles, estamos passando de um problema especificamente aristotélico para um problema projetado pelos sucessores de Aristóteles sobre sua filosofia. De fato, a oitava aporia do livro B, que mais se aproxima dele e da qual Aristóteles diz que é "a mais árdua de todas", é ainda uma aporia epistemológica. Ela trata não dos indivíduos em número infinito, e sim do que há "fora" dos indivíduos. Essa oitava aporia é a seguinte: se não há nada fora dos indivíduos e como os indivíduos são em número infinito, a ciência é impossível, pois a ciência supõe algo uno e idêntico e refere-se ao universal, que pertence a esse princípio. Por outro lado, se a ciência deve ser possível, há um "fora", e recaímos nos gêneros, fora dos indivíduos, o que é igualmente impossível. Toda a sequência indica que a aporia se direciona para a determinação da noção de substância-forma, da qual se pode dizer que está "fora" do composto forma-matéria. Tudo o que se pode extrair dessa aporia sobre o estatuto do indivíduo é que Aristóteles está

---

6. A citação não se encontra exatamente assim no capítulo 31 dos *Segundos analíticos*; mas este, intitulado por Pellegrin "Não há demonstração pela percepção", corresponde ao comentário. Cf. a tradução dos *Seconds Analytiques* por Pierre Pellegrin, Paris, GF-Flammarion, 2005, p. 221 e nota, p. 390.

fundamentalmente de acordo com Platão em *Filebo* 15: não se pensa o ilimitado, e sim o intermediário entre o "um" e o *ápeiron*. A grande diferença entre Platão e Aristóteles não diz respeito à questão do indivíduo, e sim à da forma, que não é mais um universal transcendente, e sim uma quididade imanente. Mas o real aristotélico não é menos imutável que o real platônico, apesar de inerente às próprias coisas. A oitava aporia, portanto, tende a uma reinterpretação da forma nos termos da *Física* e não a uma determinação ontológica do indivíduo como tal. A oitava aporia visa destacar, entre a Ideia platônica que é um universal e os indivíduos, formas imanentes que sejam *no* sensível sem, entretanto, serem *o* sensível. É por aí que ela se liga à sexta e à sétima aporias, que tratam dos "gêneros". Nesse sentido, pode-se dizer abertamente que não há aporia da individuação em Aristóteles. Veremos, para terminar, a razão profunda disso.

Portanto, estamos reduzidos a indagar 1) até que ponto a forma aristotélica individualiza a realidade; 2) qual individualidade final introduz a matéria; 3) se a individualidade eventual pela forma e aquela pela matéria têm o mesmo sentido e se consequentemente não há equívoco na própria pergunta que fazemos para Aristóteles; 4) finalmente, por que a noção aristotélica de ser é indiferente ao que chamamos propriamente de existência e que opomos à essência.

1) Até que ponto a forma aristotélica individualiza?

O motivo fundamental que autoriza o leitor de Aristóteles a procurar em sua obra algo como uma individuação pela forma é a conjunção de duas teses fundamentais: por um lado, a substância expressa o que ela é (sua *ousía*) em sua forma e, por outro, o universal não pode ser substância. "De fato, parece impossível que algum termo universal, qualquer que seja, seja uma substância" (*Metafísica* Z 13 1038 b 9). Dois argumentos:
    a) "A substância de um indivíduo é aquela que lhe é própria e que não pertence a outro"[7], ao passo que o universal é

---

7. Z 13 1038 b 9-15.

"comum" a vários. Portanto, há oposição entre o "próprio" e o "comum"; mais precisamente, a substância é o que confere à coisa uma unidade: "visto que os seres cuja substância é uma, em outras palavras, cuja quididade é uma, são também um só e mesmo ser" (Z 13 1038 9-15). No mesmo sentido: Z 8 1034 a 7; Z 11 1037 a 29-30.

b) A predicação exclui também que o universal seja substância, pois o universal é sempre atribuído a uma coisa, ao passo que a substância nunca é atribuída a um substrato (Aristóteles não faz mais alusão à possibilidade de atribuir a substância à matéria indeterminada, como em Z 3 1029 a 23-25). Aristóteles é totalmente radical: não se pode sequer dizer (Z 13 1038 b 16-23) que o universal esteja "contido na quididade", sob pena de introduzir substâncias na substância e deitar por terra a própria unidade do indivíduo; haveria "em ato" duas substâncias imanentes à coisa, pois "o ato separa".

Essa análise de Z 13 permite-nos restringir nossa pesquisa: perguntar se a forma individualiza é perguntar até que ponto o que é cognoscível e definido num ser, ou seja, sua quididade, individualiza-o. Não há dúvida de que uma certa individualidade está ligada à quididade (ao *ti ên eînai*), visto que é precisamente o que pertence a um ser e sempre lhe coube ser (tradução Robin); em outras palavras: a quididade representa a unidade total das características que constituem uma natureza no interior de um gênero.

Uma última confirmação, se fosse preciso, deveria ser buscada no livro I, que versa sobre o uno e a unidade. I 1 (que prolonga Δ 6) explica o que é ser "uno numericamente" (ἐν ἀ ριθμῷ)[8]. Essa unidade distributiva, por assim dizer (um e depois um e depois um), deve ser distinguida, por um lado, da unidade no sentido de indivisibilidade (quando digo que um caixote pregado tem uma unidade ou que um animal tem uma unidade através de sua diversidade de órgãos); essa unidade das coisas unificadas porque "contínuas" (συνεχές) ou "totais" (ὅλον)[9] está ligada à indivisibilidade do movimento da coisa

---

8. Ler: *hén arithmô*.
9. Ler: *synekhés* e *hólon*.

que alguém desloca em bloco (no caso da coisa "contínua") ou que tem em si o princípio próprio de seu deslocamento total, no caso de um organismo vivo. Por outro lado, a unidade "em número" deve ser distinguida da unidade inteligível (a de uma noção compreendida); é aqui que I 1 nos interessa: pois a unidade numérica, distributiva, que faz haver um "cada um" (καθ' ἕκαστόν)[10], é expressamente relacionada com o τόδε τί, com o "isto aqui" da substância composta. Consequentemente a unidade distributiva coincide com a unidade de composição forma-matéria. Ora, pergunta nosso texto, o que é a unidade de cada coisa, o que é que faz de "cada um" a unidade de sua própria forma e de sua própria matéria? Resposta: a forma. Não se deve procurar um princípio exterior à unidade da matéria e da forma, pois a matéria próxima e a forma são a mesma coisa, exceto que essa coisa está, por um lado, em potência e, por outro, em ato. "A coisa em potência confunde-se, por assim dizer, com a coisa em ato."[11] Em outras palavras: a forma, ao afirmar-se, afirma a matéria que lhe convém; inversamente, a matéria aspira à forma (*Física* I 9 a 6-25).

Essa individualidade que procede da forma e que coincide com o *definido* é realizada em Deus. Indivíduo por excelência, ele é indivíduo somente pela forma, visto que é sem matéria, ou seja, sem potência de tornar-se outra coisa sem indeterminação. Essa individualidade é realizada também nos astros – sem levar em conta uma individuação que está ligada à mudança de lugar – e, por fim, com algumas outras diferenças que veremos daqui a pouco, pelas almas humanas.

Portanto, negar uma certa individuação pela forma seria deitar por terra a doutrina de Deus, dos astros e das almas humanas.

2) Qual individualidade final acrescenta a matéria?

Aristóteles, entretanto, não cessa de afirmar que a diferenciação das coisas prossegue mais além da *última diferença*, do

---

10. Ler: *kath' hékaston*.
11. Robin. (AC)

átopon eidos, que define, que atualiza numa significação totalmente determinada e precisa as potencialidades do gênero e da espécie diferencial e que por essa razão é "princípio" (sétima aporia). O que significa essa individualidade que não é mais a da quididade?

Primeiro aspecto

Na verdade, o que aparece mais além da última diferença não é mais da ordem da "diferenciação", e é por isso que já não é inteligível. É uma diversificação da qual não há mais "logos", em todos os sentidos da palavra: não há mais discursos, não há mais definição, não há mais apreensão inteligível. B 4[12] (oitava aporia) faz alusão a esse diverso, relacionado com o *ápeiron* de Platão no *Filebo* ("visto que os indivíduos são em número infinito", 999 a 26). Portanto, o primeiro aspecto dessa individualidade é sua característica de pluralidade ininteligível, não dominável intelectualmente. Este primeiro aspecto, como os seguintes, é expressamente relacionado com a matéria. *Metafísica* Λ 8 1074 a 33: "Tudo o que é vários numericamente comporta matéria."

Segundo aspecto

Em cada indivíduo considerado separadamente, sua própria matéria designa seu inacabamento, ou seja, sua aptidão para tornar-se outro (perecer, ser movido localmente, crescer ou diminuir, ser alterado). Esse aspecto, portanto, é o oposto do definido e remete a outra característica da matéria: toda matéria próxima é *potência*, portanto inacabamento, capacidade de escapar da rede dos determinismos alcançados *hic et nunc* no *tóde ti*.

---

12. E não B3, como escrito no *Curso*. A citação a seguir, entre aspas, é de *Metafísica* B 4 999 a 26 (e não do *Filebo*, como o *Curso* parece indicar).

Terceiro aspecto

A matéria, por fim, é o princípio de contingência que perversões e monstruosidades atestam. A forma é não só o definido, mas também a ordem. Nesse sentido, a individuação é não só indeterminação na ordem do definido, inacabamento na ordem da atualidade, mas também imperfeição na ordem da finalidade.

Portanto, é essa tripla função da matéria (indefinido – potência – desordem) que impede Aristóteles de identificar o indivíduo e a forma. Limiar que Plotino tentará cruzar na *Enéada* V 7, colocando no *Noûs* uma ideia de Sócrates.

3) Os equívocos da individualidade

Chegando a este ponto, devemos admitir que não estamos falando da mesma coisa quando dizemos que a forma confere uma certa individualidade e que a matéria individualiza. No segundo caso, individualidade quer dizer singularidade, variação acidental de um tipo. As mesmas palavras gregas *tóde ti* e *hékaston* contêm em si uma ambiguidade que não foi esclarecida por Aristóteles.

Daí o interesse de uma tentativa como a de Robin para dissociar os dois sentidos e conciliar assim os dois grupos de textos. No caso da personalidade, as características próprias do indivíduo coincidem com a espécie final e, reciprocamente, a espécie final é uma *kath' hékaston*. (Robin baseia-se especialmente num texto importante: *Partes dos animais* I 4 644 a 23-b 7, que chama Sócrates de uma "espécie final", uma "espécie especificamente indiferenciada". Junta àquele texto os do *Sobre a alma* [περὶ ψυχῆς = *perí psykhés*, II 2 414 a, II 3] que dizem que a definição da alma não é de acordo com o gênero, e sim "de acordo com o que é próprio [οἰκεῖον] e de acordo com a espécie indivisa [ἄτομον]"[13]; enquanto para as plantas e os animais não há razão para considerar diferentemente de em geral a espécie,

---

13. Ler: *oikeîon* e *átomon*.

para o homem é preciso considerar "tal alma" ou "tal corpo". Com relação à singularidade irracional, a espécie final é somente um tipo, um tipo individualizado, por assim dizer, mas só um tipo; é a espécie que tem uma personalidade; os indivíduos são variações acidentais do tipo, e o pensamento se perde na multidão dos *ápeira*. Haveria, portanto, duas espécies de individuação: uma que *determina* e a outra que *indetermina*, uma que leva ao que Kant chamará de um "caráter" definido por suas correlações e suas determinações próprias, e a outra, a um "acidente" que escapa ao saber, assim como à atualidade do real e à ordem: "Até o ponto em que a individualidade merece ser vista como um objeto para o pensamento, é pela forma que ela se constitui, diz Robin. Ao contrário, a matéria, longe de individuar positivamente, funda apenas uma espécie de individualidade negativa contra a qual vem tropeçar o pensamento.")

Duas observações sobre essa solução de Robin:

– É preciso admitir que essa organização não é de Aristóteles. Le Blond declara: "Sem dúvida, há aqui e ali em sua obra pontos de articulação de uma teoria da individuação pela forma, mas Aristóteles não parece tê-la esclarecido totalmente." As sugestões de Robin, concorda ele, são fortes: "Pode-se, desenvolvendo essas indicações, legitimar sua noção de substância e liberá-la de uma grave contradição. Mas não cremos que ele próprio tenha feito isso."[14] Para isso seria preciso que tivesse se interessado pelo indivíduo como tal, o que não é o caso, pelas razões que serão ditas. No entanto essa interpretação permite dissociar retrospectivamente duas leituras da realidade. Pela primeira, a realidade é uma unidade hierárquica de *indivíduos personalizados*, a partir de Deus, dos astros e das almas: entre esses seres a ligação não é genérica, e sim analógica. Essa é a leitura "psíquica" do real. Reencontraremos esse problema quando examinarmos, no final deste curso, em que sentido Deus, primeiro exemplo de substância, é a resposta para o problema da unidade do ser enquanto ser. Por uma segunda leitura, as formas são indivíduos acabados apenas pela

---

14. Le Blond, *op. cit.*, pp. 377 e 378. (AC)

matéria: a substância é então o "composto" (σύνολον)[15]; essa é a leitura "física" do real. Leibniz retomará esse problema dos dois "reinos" em sua doutrina dos mundos, que propõe problemas semelhantes de individuação.

– Segunda observação: os dois sentidos da individualidade, supondo-se que possam ser distinguidos, estão necessariamente encavalados, pois, fora Deus e os astros (deixando de lado, aliás, sua "matéria local"), a personalidade é *também* singularidade em razão da matéria. Os seres personalizados por sua forma são também singularizados por sua matéria: o "próprio", o *por si* de Sócrates, não contém "o que lhe acontece acidentalmente" (ser grande, pequeno, ruivo ou negro); entre Sócrates e Coriscos há diferenças *próprias* e uma diversidade *acidental*. Portanto, o problema da individuação equivale a saber se é possível distinguir o que é diferença específica devida à essência – ou mais exatamente à quididade – e o que é diversidade acidental devida à matéria. *Metafísica* I 9 toca nesse problema e distingue a contrariedade na essência, que institui diferenças inteligíveis (pedestre – alado), e a contrariedade no ser, considerado como associado à matéria (branco – negro). "É por isso que nem a brancura do homem nem sua negritude constituem diferenças específicas, e não há diferença específica entre o homem branco e o homem negro, mesmo que se imponha um nome a cada um" (I 9 1058 b 2-4). Nesse texto, parece que a diferença específica não vai muito longe na direção do indivíduo: "A espécie homem é a última e indivisível espécie" (1058 b 10). O caso da sexualidade é muito ambíguo, flutuando entre o essencial e o acidental; a espécie não é afetada pelo sexo, entretanto "macho e fêmea são modificações próprias do animal, não substanciais mas materiais e corporais" (1058 b 22).

Toda filosofia das "formas" leva a essa separação entre o por si e o acidental; talvez seja essa a dificuldade mortal que requer uma revisão crucial desse gênero de filosofia. É preciso, portanto, evitar qualquer entusiasmo por uma solução excessivamente clara desse paradoxo numa filosofia que nunca refletiu nem sobre o estatuto original das pessoas com relação à

---

15. Ler: *sýnolon*.

natureza nem sobre a singularidade como acontecimento, como novação, na própria natureza. Isso nos leva às razões pelas quais esse problema não é aristotélico.

4) Por que esse problema não é aristotélico

Se Aristóteles não se interessa pela individuação como tal e não fez dela uma aporia distinta, isso se deve a sua concepção não só da ciência mas da *realidade*; ambas permanecem platônicas, a despeito de seu gosto experimental e de sua inclinação pelo espírito da tradição médica. O real é o definido, o determinado; a singularidade é o indeterminado; nesse sentido, a singularidade tem algo de irreal. Robin tem razão: "Para que a matéria fosse capaz de individuar realmente, seria preciso, em suma, que ela o fizesse à maneira da forma", ou seja, à maneira daquilo que determina. E isso, no aristotelismo, está "a contrapelo dos princípios mais essenciais da doutrina"[16]. Estamos tocando aqui na hesitação talvez mais fundamental do aristotelismo, que se expressa em sua teoria da substância, que, ao contrário da Ideia platônica, é um "sujeito"; um existente separado e individual é uma "essência", "ao mesmo tempo" um conteúdo inteligível. É por isso que substância é dito a título primário da forma, embora o que exista seja o composto forma-matéria. Le Blond, que fala de uma aporia da substância (aporia para nós, não para Aristóteles), observa que Aristóteles distinguiu bem mas ligou mal duas noções: "Por um lado, noção de conteúdo inteligível, de essência e, por outro lado, noção de sujeito, de existência separada e individual."[17] Identificar substância e sujeito seria identificar substância e matéria (tentação mencionada e afastada em Z 3). Por isso Aristóteles é lançado para o campo de uma filosofia da *quididade* e não do *indivíduo*.

O equívoco do substantivo *ousía*, que a palavra substância traduz tão mal, se repete no verbo ser conjugado num tempo

---

16. Robin, *op. cit.*, p. 95. (AC)
17. Le Blond, *op. cit.*, p. 376. (AC)

pessoal; por exemplo, na distinção entre o *ti estí* e o *ei estí*, em que a tradição latina viu a distinção entre a essência e a existência. A lógica de Aristóteles, destaca Le Blond, distingue bem as duas *questões*[18]. Simultaneamente, Aristóteles distingue também o uso copulativo e o uso existencial do verbo ser; ex.: Deus existe?, o que é Deus? "Mas essa distinção não é firmemente mantida."[19] Entretanto, por que não o é? Porque a existência aristotélica não corresponde exatamente ao que chamamos de existência e que seria precisamente a singularidade dos indivíduos. Se é verdade que o emprego do verbo ser no sentido absoluto (diferente do uso copulativo) implica afirmação de existência e que Aristóteles, antes de Kant, viu bem que a existência nada acrescenta à essência (*An. Part.* 11, 7; 92 b 13)[20], em todo caso o uso que faz disso é muito diferente: Aristóteles pensa tão pouco no ser como afirmação de existência que a razão que dá para a distinção essência-existência passa ao lado: "O *eînai*, diz ele, não é um gênero", não como afirmação de existência, e sim como característica vaga demais. (Le Blond destaca[21] como mesmo por seu vocabulário Aristóteles se esquiva do problema da existência; depois de dizer: *tó eînai* não é de modo algum a "essência", ele diz: pois *tó ón* não é um gênero. Derivamos para um problema conceptual.) Suzanne Mansion, aliás, considera *ousía* e *tó ón* como sinônimos. De fato, somos remetidos para a teoria do ser como "análogo" de todas as suas significações e por isso diferente de um gênero (*Metafísica* E 2). A ordem existencial é tão pouco familiar para Aristóteles que ele fala igualmente do *ei estí* do triângulo.

---

18. *Anal. Seg.* II 1, 89 b 23 s. Quatro questões: o fato (τὸ ὅτι), a razão (τὸ διότι), a existência (εἰ ἐστίν), a essência (τὶ ἐστίν). As duas primeiras tratam de fatos complexos; as duas últimas, que nos interessam aqui, são seres simples ou pelo menos únicos. Embora se possa agrupar 1 + 3 e 2 + 4 : 1 + 3, essa é a ordem de fato, seja na atribuição, seja na afirmação de existência. A questão *ei estín*, portanto, é a questão do ser considerado absolutamente. (PR)
19. Le Blond, *op. cit.*, p. 378. (AC)
20. Foram Avicena e depois o tomismo que extraíram disso todas as consequências. Em Avicena, a existência é acrescentada acidentalmente; em são Tomás, elas são distintas mas não separadas (sobre isso, cf. Le Blond, p. 173, n. 2 e n. 3). (PR) [Referência à obra *Partes dos animais*.]
21. Le Blond, *op. cit.*, p. 174. (AC)

Existir quer dizer aqui: não ser fictício, inventado; em suma, ser "objetivo", no sentido moderno da palavra. Le Blond observa, aliás, que, em compensação, a essência é considerada muito concretamente quando se recusam as generalidades para debruçar-se sobre as "quididades". Essência e existência tendem então a coincidir na filosofia da quididade. No mesmo sentido, Suzanne Mansion escreve: "O sistema de Aristóteles, para ser compreendido, deve ser considerado um desenvolvimento e um aperfeiçoamento da filosofia conceptual, estabelecida por Sócrates e enriquecida por Platão."[22] Por isso ela não julga que Aristóteles tenha alcançado a afirmação concreta de existência na questão *ei estí*: "A existência visada na questão *ei estí* é, portanto, a existência concreta, a que possuem os indivíduos que nos cercam. Aristóteles não conhece outras. Mas é essa existência considerada no estado abstrato e indeterminado..."[23] "Aristóteles não pensou em separar a possibilidade das essências de sua existência, porque não possui uma ideia precisa da contingência metafísica."[24]

Conclusão

É na teoria da quididade (τό τί ἦν εἶναι) que encontram seu equilíbrio as duas personalidades que lutam em Aristóteles: o platônico e o asclepíada; de um lado "a simpatia, secreta e combatida, por Demócrito"; do outro, o sentido profundo da realidade da forma, ou seja, da ideia (Le Blond cita aqui Brémond, *Le Dilemme aristotélicien*[25]: "A essência ou a ideia é no indivíduo o que há de mais real. E isso parece requerer uma transcendência da ideia que Aristóteles nega obstinadamente"[26]). É preciso dizer, em defesa de Aristóteles, que o que compensa

---

22. Suzanne Mansion, *Le Jugement d'existence chez Aristote*, Louvain, "Institut supérieur de philosophie", 1946 (reed. Louvain, Peeters, 1998), p. 11.
23. *Id.*, p. 261. (AC)
24. *Id.*, p. 273. (AC)
25. André Brémond, *Le Dilemme aristotélicien*, Paris, Beauchesne, "Archives de philosophie", 1933.
26. Le Blond, *op. cit.*, p. 378, nota 1. (AC)

e reequilibra Aristóteles é a ideia-chave de toda a *Física*, ou seja, a distinção mais genial do sistema, entre o ato e a potência. Ela vem interferir com o platonismo essencial de sua filosofia da quididade. Há na natureza uma margem de inacabamento, de indefinido, que é o limite inferior do saber; se a "natureza" fosse atualidade, as formas seriam indivíduos e todo o real seria inteligível. De modo que sua filosofia da *ousía*, da *beeingness*, da *entência*, oscila entre uma filosofia platônica da Forma e uma filosofia empirista do concreto entendido como um "ato" misturado com potencialidade. É esta última filosofia que um Leibniz recuperará para opô-la ao matematicismo cartesiano.

CAPÍTULO IV
A SUBSTÂNCIA "SEPARADA"

Introdução: o problema da "substância separada" na economia da *Metafísica*

Os livros centrais[1] sobre a substância sensível (Z Θ I)[2] foram inseridos nesse lugar com a intenção de prepararem a investigação da substância suprassensível. Mas na própria textura desses livros nada justifica que existam tais substâncias: mostrou-se apenas que a forma é o "primeiro exemplo" da substância. O princípio que torna cognoscível é indiscernível da própria coisa: mais ainda, Z Θ I não foram escritos para resolver as aporias de A [até] E 1[3]. Têm uma base independente e dão seguimento a Δ. Teriam sido encaixados posteriormente pelo "pino" E 2-4. Seja qual for a ordem cronológica, no final do grupo Z Θ I analisou-se somente a substância da "filosofia segunda", para falarmos como E 2; ou seja, substâncias sensíveis que são exemplos "segundos" da substância; o problema da "substância primeira", objeto da filosofia "primeira" ou teologia, permanece em suspenso. Nesse sentido, um tratamento *científico* da substância sensível ainda continua a ser um tratamento dialético, uma abordagem aporemática do problema cen-

---
1. Na sequência, trata-se sempre de referências à *Metafísica*, cujos livros são designados por letras gregas maiúsculas.
2. Ler: *Dzéta* (ou *Zéta*), *Téta*, *Ióta*.
3. Ler: *Alfa* a *Épsilon*, capítulo 1; depois, na frase seguinte, *Delta*.

tral da *Metafísica*. Quando muito, afastou-se a via platônica das Ideias, recolocando as formas nas coisas, graças à física e à lógica; o problema da filosofia primeira continua intocado. O grupo dos livros Λ M N[4] constitui em bloco uma resposta a esse problema. Mas é preciso já pôr de parte M 1-9 (as primeiras linhas de M 1, é bem verdade, relacionam o livro com o problema central: existe ou não, afora as substâncias sensíveis, uma substância imóvel e eterna? E, se essa substância existe, qual é sua natureza?). Mas imediatamente Aristóteles indica que M 1-9 ainda será um desvio preparatório: é preciso primeiro estudar as doutrinas dos outros filósofos, de modo que, se eles se enganaram... etc. Daí a longa discussão sobre os objetos matemáticos e as Ideias, que se situa no terreno da quinta aporia (*Metafísica* B 2 997 a 34 *sq*.). Portanto, o livro M 1-9 tem como tarefa afastar do campo do suprassensível números, figuras, Ideias, que não são substâncias separadas por si mas apenas para o matemático; portanto, ainda não são as causas buscadas pela sabedoria, visto que a causa do ser deve ser "separada" (Z 1 1028 a 20-b 2); assim, M 1-9 libera somente o horizonte da doutrina da substância.

É só em Λ 6 que tem início a teologia de Aristóteles (Λ 1-5 é uma recapitulação da teoria da substância, que se apresenta aqui como uma propedêutica à teologia). Λ 6 prossegue diretamente com a concepção da filosofia exposta em E 1: três ciências ordenadas em função de três modalidades substanciais (física, matemática, teológica). Portanto, é nessa segunda parte de Λ que se deve procurar a resposta para as duas questões que E 1 levantava:

1. Em que sentido a substância *separada* é o *primeiro* exemplo de substância?
2. Como as outras substâncias se relacionam com ela, de modo a constituírem com ela a unidade analógica do ser?

A primeira pergunta recebe uma resposta explícita: é a parte clássica da teoria aristotélica; vamos expô-la muito esquematicamente, visto que, aliás, ela é objeto de uma explicação

---
4. Ler: *Lambda, Mu, Nu*.

de textos detalhada. Em contrapartida, a segunda recebe apenas um esboço de resposta; esse inacabamento da teologia de Aristóteles repercute em todo o sistema; de fato, é da resposta à segunda questão que depende, como vimos, a própria coerência de uma filosofia que identifica a ontologia geral com uma teologia, ou seja, o ontológico com o ôntico do divino.

1. O motor imóvel: estrutura da argumentação

As duas etapas da demonstração de Aristóteles dizem respeito, a primeira, à *existência*, e a segunda, à *essência* da substância suprema; portanto, vai-se do εἰ ἐστίν para o ἐστίν. (Saltamos aqui o difícil capítulo 7, que trata da maneira como o motor imóvel move; essa *moção** *pelo desejo* é de fato a resposta ou o começo de resposta à segunda questão, a da unidade dos seres no ser. Portanto, ligaremos diretamente Λ 9 com Λ 6, o que torna ainda mais impressionante o avanço do pensamento de um capítulo para o outro. Estamos saltando também o capítulo 8, que é uma interpolação muito tardia e constitui um remanejamento da teologia: o "deus" de Λ 6, 7, 9 é substituído ou acrescido pela multiplicidade de esferas imóveis, que são realizações da substancialidade em seu estágio eminente.)

Os dois momentos da teologia de Aristóteles são na realidade bem mais que uma determinação da existência e, depois, da essência; de um para o outro, é toda a concepção do divino que se enriquece e se aprofunda. Começa-se por um deus "físico", digamos assim, que suporta o movimento do mundo e é sua raiz de eternidade, e sobe-se para um deus espiritual que pensa e se pensa. Trata-se, portanto, de bem mais que um avanço da existência para a essência; pois *aquilo que* existe, de acordo com o primeiro momento, é mais pobre do que *aquilo que* é determinado analogicamente no pensamento do sábio, de acordo com o segundo momento.

Consideremos então os dois momentos dessa progressão:

---

* Em vez de *motion* (moção), o original diz *notion* (noção). (N. da T.)

a) O Deus "físico"

Como provar que "deve existir necessariamente alguma substância eterna imóvel"? (deixando de lado saber se essa substância é única ou múltipla). O ponto de partida do argumento é fornecido pela *eternidade do movimento*. Esta é ela própria uma sequência da eternidade do tempo, visto que o tempo é "algo do movimento". Quanto à eternidade do tempo, é conhecida diretamente por simples exame da noção: um tempo de antes do tempo ainda é um tempo (*Física* VIII 1 250 b 23-251 b 13 estabelece diretamente a eternidade do movimento sem passar pela do tempo). Qual movimento é eterno? Um movimento contínuo (*Física* VIII 6 259 a 16); ora, não há movimento contínuo que não seja o movimento local, e o único movimento local contínuo é o movimento circular (*Metafísica* Λ 6 1071 b 12).

Depois se estabelece que ambas as eternidades – a do movimento e a do tempo – residem numa substância sem matéria e sem potência, senão o movimento *poderia* cessar; a sombra de uma contingência, de um nada, deve ser afastada da substância primeira, sob pena de afetar a perdurabilidade do movimento.

Assim é anunciada a substância eterna: ela é o Ato Puro, o Ato sem potencialidade; é nesse sentido que é dita "imóvel".

Temos assim, se não a resposta completa à primeira questão, pelo menos um elemento dessa resposta: a substância que é a mais substância é aquela que é apenas forma, aquela que é somente Ato, ou seja, sem indeterminação. É manifestamente para esse desfecho que já se direcionava a teoria da substância sensível; era a forma que constituía a substancialidade da substância.

Pode-se ver em que sentido o deus que esse argumento revela é "físico": é um deus que é inseparável de uma estrutura cosmológica, da *eternidade do movimento*. Eternidade do mundo e eternidade de Deus aderem uma à outra. Assim a teoria de Aristóteles, pelo menos neste primeiro nível, segue a linha que vai da alma do mundo segundo o platonismo (cf. o αὐτοκινοῦν de *Fedro* 246 c⁵) para a do estoicismo e de Plotino. Mas, mesmo neste primeiro nível, a originalidade de Aristóteles é grande: ela está por inteiro em sua análise metafísica do real que leva à distinção entre a potência e o ato. Todo seu argumento baseia-se na prioridade do ato sobre a potência; é o perfeito que explica o imperfeito; o que devém, o que está a caminho, não basta a si mesmo; o ser, enquanto determinado, acabado, que chegou à plenitude, é o princípio do ser indeterminado, inacabado, a caminho para a maturidade de uma forma. É esse o testamento filosófico de Aristóteles.

b) *O deus "espiritual"*

A meditação sobre o ato puro dá um segundo salto em Λ 9: o motor imóvel revela-se como "pensamento do pensamento"⁶. Como isso é possível? Por um procedimento que poderíamos chamar de extrapolação analógica. Temos de fato uma figura aproximada do ato puro na experiência de um "gênero de vida" (βίος = *bíos*): a vida contemplativa. Portanto, é a doutrina *ética* dos gêneros de vida que fornece o princípio dessa nova trajetória. Nesse sentido, pode-se dizer que temos uma experiência analógica do que é o ato puro na *atividade imóvel da "theoría"*. O que fazemos raramente e com cansaço o Deus faz incessantemente. Assim, o livro X 7 da *Ética nicomaqueia* está no caminho que leva do deus "físico" para o deus "espiritual" de *Metafísica* Λ.

---

5. *Fedro* 295 c, indicado no *Curso*, não existe. Mas a remissão deveria ser para *Metafísica* Λ 6 1072 a 1.
6. É notável que a simplicidade e a imaterialidade do divino deixem intocada a questão de sua unidade. O "divino" é fundamento das coisas, mas sua noção não permite decidir se ele é único ou múltiplo. A única questão que Aristóteles considera é a da ordem ou da hierarquia na perfeição. A oposição entre o monoteísmo e o politeísmo, essencial num contexto hebraico, é secundária na filosofia grega. É preciso ter em mente essa diferença de problemática para recolocar em seu verdadeiro lugar as variações de Aristóteles sobre o *número* dos motores imóveis: é por essa perspectiva que se deve abordar Λ 8 (que parece contradizer Λ 7 1072 b 13). (PR)

Mas o que é "contemplar"? Um segundo elo do argumento é fornecido pelo *De Anima* III 4: a contemplação é o conhecimento perfeito das causas e dos princípios; ora, nesse conhecimento, a inteligência – essa "parte" da alma que é *capaz* dos princípios e das causas – está na mesma posição que a alma sensitiva com relação aos sensíveis: ela se torna o que ela olha; assim como a sensação é o ato em comum do que sente e do que é sentido, assim também a inteligência em ato é o ato em comum do sujeito e do objeto. A mesma coisa será dita de outro modo: visto que a Inteligência *é* os Inteligíveis que contempla, é ela própria que ela pensa ao pensar todas as coisas em seu princípio. Assim, temos formada a ideia de um Ato Puro que ao mesmo tempo é Pensamento Puro, ou seja, "Pensamento que pensa a si mesmo ao apreender o inteligível". É essa ideia de um Pensante-Pensado-Se Pensando que está no centro dessa página (*Metafísica* Λ 7 1072 b 14-30) que Plotino admirou tanto e onde encontrou o princípio de sua segunda hipóstase, a Inteligência (será apenas a segunda hipóstase, subordinada ao Uno, porque o Pensamento que se pensa ao pensar os Inteligíveis já contém a dualidade da reflexão e a multiplicidade dos Inteligíveis).

Assim, o Deus de Aristóteles é nossa contemplação – pelo menos se formos "sábios" –, nossa contemplação e sua alegria, mas contínua e sem perturbação.

Portanto, o que dá unidade a esses dois momentos – eternidade do movimento e eternidade da contemplação – é a noção de Ato Puro; é ela que permite integrar a *analogia da sabedoria* na determinação da substância primeira; sem ela, a teologia se desdobra entre a eternidade do mundo e a da sabedoria. Mas a primeira fornece apenas um ponto de partida, e a segunda, uma analogia: o Ato Puro fornece o princípio.

2. A operação do motor imóvel

Chegamos agora ao limiar da maior dificuldade da *Metafísica*. Como o primeiro dos seres dá unidade ao ser? Ou, falando como E 1, como ele é "universal porque primeiro"?

Temos um esboço de resposta no capítulo VII do livro, em que Aristóteles expõe de que maneira pode ser dito que o Ato Puro, "imóvel", *move* todo o restante. Havíamos deixado de lado esse texto difícil; entretanto é nele que é revelado o papel "motor" do Ato Puro; sem essa análise pode-se falar de um Ato imóvel, não de um motor imóvel. Qual é então a *moção* que procede dessa imobilidade? Aristóteles tenta elucidá-la por meio de uma analogia: a do *desejável*. Vamos considerar essa analogia do ponto de vista do problema que nos interessa aqui, ou seja, da unidade da cadeia de seres, assim ligados ao primeiro ser[7]: "É deste modo que o desejável e o inteligível movem: movem sem ser movidos" (*Metafísica* Λ 7 1072 a 26; está referindo-se aqui à experiência psicológica do desejo: seu objeto suscita o movimento do desejo e do conhecimento, sem ele mesmo ser afetado por esse movimento).

Essa analogia é incompreensível se não tivermos na mente o *esquema* do universo aristotélico. É uma hierarquia de realidades cuja chave é dada pela análise metafísica do real como forma e matéria, ato e potência; de fato, a ordem hierárquica é assegurada pelo caráter *relacional* de cada uma dessas noções: a mesma coisa é forma relativamente a uma coisa e matéria relativamente a uma outra; o encadeamento dos reinos da natureza dá uma ideia dessa ordenação hierárquica (o humano é construído sobre o ser vivo, o ser vivo sobre o inorgânico etc.). Mas esse esquema de universo permanece empírico e é explorado pelas ciências apenas em seus "termos médios", que são

---

7. No andamento da meditação, essa página está situada entre a teoria da eternidade do mundo (que serve de base inicial para a determinação do Ato Puro) e a do Pensamento que se pensa; portanto, entre o deus "físico" e o deus "espiritual". Ela desempenha assim um papel de mediação entre os dois momentos fundamentais de sua teologia; voltada, de um lado, para o movimento do primeiro céu e, do outro, para a imobilidade da meditação, essa atração soberana – e soberanamente em repouso – do Primeiro desejável faz a transição decisiva de uma fase para a outra da meditação. Ela é *ainda* "física" e *já* "espiritual". Assim, essas páginas devem ser lidas como um movimento em espiral que aprofunda a ideia de substância separada: princípio da eternidade do movimento, Deus torna-se o Amado que atrai tudo para si e por fim o supremo Meditante. (PR)

todos "motores-movidos" (o primeiro céu e a série de círculos concêntricos de grau supralunar, a permutação dos elementos nas grandes trocas infralunares, o homem, os seres vivos, as coisas etc.). Apenas uma análise metafísica voltada para a condição radical de encadeamento de todos os "motores-movidos" – portanto, sobre o "termo extremo" da série de "termos médios" – pode alçar essa representação do Cosmos ao nível de necessidade racional que "a Ciência que procuramos" requer.

É aqui que intervém a analogia da aspiração pelo desejo. A demonstração é muito trabalhosa. Antes de tudo é preciso estabelecer que o *primeiro* desejável é também o *primeiro* inteligível; é preciso justificar essa coincidência que só é verdadeira para o primeiro de cada série; o bem aparente, objeto dos desejos empíricos, nem sempre é racional; mas o Bem em si, ao qual remetem todos os bens aparentes e que é o termo visado pelo movimento do querer, não pode não ser o primeiro inteligível. Temos assim uma primeira série de sinônimos: Primeiro desejável, Bem em si, Primeiro Inteligível.

Resta mostrar que o Primeiro Inteligível é a substância simples, o ato puro. Aristóteles estabelece isso colocando numa coluna os termos positivos e na outra os termos negativos; os positivos são primeiros com relação aos negativos e o primeiro inteligível é o primeiro dos positivos.

Qual é ele? "Nesta série, a substância é primeira e, na substância, o que é simples é primeiro" (*Metafísica* Λ 7 1072 a 32). Resumo impressionante de toda a ontologia substancialista: o grupo A – E estabeleceu a primeira proposição: "a substância é primeira". Quanto à segunda, é verdade que Z H Θ não conhece substância simples, e sim composta; mas, ao estabelecer a primazia da forma como princípio simultaneamente de inteligibilidade e de realidade da substância, esse grupo de análises prepara a segunda proposição: "na substância, o que é simples é primeiro"; mas só a prepara; a intuição pela Inteligência de uma substância não composta é a intuição do papel fundamental e fundador do Ato Puro com relação a todas as operações comprometidas por inacabamento, por potencialidades; em suma, essa segunda proposição é a afirmação metafísica da primazia do ser sobre o devir, do ato puro sobre a potência.

Assim está completa a série de sinônimos iniciada há pouco: Primeiro desejável, Bem em si, Primeiro Inteligível, Substância simples e imaterial. Lendo agora essa série em sentido inverso, diremos que a substância simples e imaterial (último termo dessa cadeia de identificações) move como o primeiro desejável (termo inicial da série).

Em que essa identificação da moção de Deus com a de um "desejável" contribui para resolver o problema fundamental da unidade dos seres no ser? Um ponto está assente: a ênfase é deslocada da *eficiência* para a *finalidade*. Mover sem ser movido, como dissemos, é privilégio do Amado; ora, "a causa final move como objeto do amor, e todas as outras coisas movem pelo fato de elas mesmas serem movidas" (Λ 7 1072 b 3); e mais adiante: "De tal princípio estão pendentes o céu e a natureza" (1072 b 14). Segundo esse texto, a relação de causalidade final parece ser não só *uma* via mas *a* única via que o aristotelismo oferece para explicar a ligação analógica que reúne, sob o mesmo título "equívoco" de ser, a substância primeira e as outras substâncias. Infelizmente, a *Metafísica* desvia bruscamente no limiar da dificuldade. Vamos tentar localizar esse fracasso parcial (§ 3) e discernir seu motivo (§ 4).

3. O inacabamento da *Metafísica*

Para ser provada, a unidade de analogia dos seres no ser exigiria que o ser primeiro fosse *fundamento de analogia*. Ora, isso é indicado e esboçado, mas não realmente desenvolvido. Vejamos os traços principais desse esboço.

Primeiro passo: a substância é a forma

Vimos toda a filosofia da *ousía* arquitetar-se em torno do *ti ên eînai* (quididade), que é ao mesmo tempo o núcleo de realidade e de inteligibilidade; é a coisa *mesma* e é a coisa *cognoscível*. É aí que Platão é originariamente abandonado por Aristóteles. Sem dúvida, o platonismo é "mantido", no sentido de que a quididade é um conteúdo determinado de significação, necessário e imutável; cada uma é uma diferença final, termo final de investigação das coisas; assim, Aristóteles e Platão se mantêm expressamente no nível do múltiplo, das "diferenças". Mas o múltiplo platônico é considerado no plano das significações pensadas e o múltiplo aristotélico são as realidades produzidas pela natureza ou pelas artes humanas. O problema parmenidiano do Uno é evitado como "arcaico" e, portanto, o da gênese do múltiplo a partir do Uno. Não haverá "processão" nem "gênese" aristotélicas, e sim, no máximo, uma *hierarquização* de formas, todas inengendradas.

Segundo passo: a forma é ato

A ideia genial do aristotelismo é ter identificado forma e ato; o cognoscível da forma é a atualidade, a vinda acabada à realidade de sua própria significação. Assim sendo, a relação forma-matéria nada tem a ver com a relação entre um pleno e um vazio, entre uma operação unificadora e um diverso, como em Leibniz e Kant. A forma é a plenitude do real e do sentido. A cisão entre o acabado e o inacabado, entre o ato e a potência é o fundamento da *Física*; vimos que a definição do movimento depende dela. É também a doutrina do princípio do movimento que acaba de separar Aristóteles do platonismo; pois os "Universais" são afinal em potência, no sentido de que os gêneros são um campo de possibilidades das quais só uma é realizada por meio da diferença específica e das "últimas diferenças". Por fim e principalmente, a distinção entre o ato e a potência é a chave do problema ontológico da hierarquização do real. Pois os seres são menos ou mais ser conforme forem menos ou mais ato, isto é, sem indeterminação, sem ameaça de destruição, de alteração.

Terceiro passo: o ato puro é o supremo inteligível

Se a forma é o que se compreende no real, será (segundo 7[8]) a substância "simples", aquela que é só ato, que realizará o auge da inteligibilidade. Pela primeira vez, a teologia de Aristóteles é relacionada com seu grande desígnio; e é preciso dizer que Aristóteles não *substituiu* por seu motor imóvel a Ideia platônica na região (comum a Aristóteles e Platão) do suprassensível; não é uma substituição no mesmo plano, e sim uma novação: "o ato puro" é uma dimensão metafísica original, porque essa noção supõe a dupla revolução da forma e do ato. Nesse sentido, 7 não é mais nem mesmo um resíduo platônico, mais ou menos bem integrado na metafísica nova, e sim já uma noção edificada num solo aristotélico; não é uma análise da linguagem e das significações, e sim do real como forma e como ato que sustenta a reflexão sobre a substância separada[9].

Quarto passo: o ato puro é repetido nas coisas sensíveis

Estamos, portanto, no ponto litigioso: como a entidade separada é fonte de ser? A *Metafísica* contém apenas algumas linhas que respondem a essa pergunta: Θ 8 1050 b 28: "As coisas corruptíveis *imitam* as incorruptíveis." Cf. Λ 7 1072 b 13-14[10]: "Todas dependem da entidade separada como causa final delas." Portanto, foi na direção exclusiva da causalidade final que Aristóteles procurou o fundamento de analogia que permite fundar uma ciência una do ser enquanto ser com base numa ciência do primeiro ser.

Essa ligação de imitação e dependência com relação a um *termo ad quem* nunca é tratada sistematicamente por Aristóteles, ao passo que é aí que se dá a unidade da ontologia e da teologia; encontram-se apenas alusões esparsas a esse grande princípio de unificação dos seres. Owens cita:

---

8. *Metafísica* Λ 7 1072 a 33-34.
9. Cf. Étienne Gilson, *L'Être et l'Essence*, Paris, Vrin, 1948, p. 47. (AC)
10. Referência inexata.

1) *De Anima* II 4 415 a 26-27: criar um ser semelhante a si é "participar do eterno e do divino, na medida do possível, pois esse é o objeto do desejo de todos os seres, o fim de sua natural atividade". Como o indivíduo vivo não pode permanecer o mesmo e numericamente um, é a espécie que, por sua perpetuação, *imita* a imobilidade divina.

2) *De Caelo* I 9 279 a 17-30: "Da duração imortal e divina derivam o ser e a vida de que as outras coisas desfrutam, umas de maneira mais ou menos articulada, as outras fracamente."

3) *De Gen. et Corr.* II 10, 336 b 27-337 a 7[11], em que causalidade final e imitação são explicadas uma pela outra. Owens[12] observa que é uma verdadeira luta pelo melhor que constitui a imitação do ser pelos seres: movimento circular, perpetuidade na geração, ciclo dos elementos e até mesmo movimento linear, pois é "por imitação do movimento circular que o movimento linear é contínuo".

Qual característica do Ato Puro é assim repetida? Essencialmente, a permanência numa atividade não sofrida, não recebida, não "movida": a permanência num repouso agindo, que Aristóteles chama de pensamento do pensamento. O que é imitado é menos um inteligível universal que uma inteligência singular. O ato que perpetua a vida, o ato que perpetua o ciclo dos elementos físicos, principalmente o ato pelo qual o sábio se estabelece na vida contemplativa (segundo o retrato da *Ética nicomaqueia*) são as aproximações diversas dessa unidade analógica do ser; e essa unidade analógica dos seres no ser, por sua vez, fundamenta uma unidade analógica na ciência do ser. Mas essas categorias da imitação pura, da luta pelo melhor, da proximidade ou distância na imitação, do grau do ser etc. não são realmente elaboradas por Aristóteles, e sim tratadas alusivamente; para elaborá-las rigorosamente seria preciso debruçar-se sobre a diferença intrínseca entre a participação platônica que vai do inteligível para o sensível e a imitação aris-

---

11. Cf. *De la génération et de la corruption*, trad. Marwan Rashed, Paris, Les Belles Lettres, 2005.
12. Owens, *op. cit.*, p. 420, n. 35. (AC)

totélica que vai do ato puro para o ato misto, da forma real para a forma irreal, da inteligência divina para a contemplação humana, para a vida e para um movimento natural como ato inacabado da potência. Então se perceberia em que sentido a Individualidade do Ser primeiro é o princípio de universalidade do ser enquanto ser, e se compreenderia por que não há *ontologia separada* em Aristóteles, por que mesmo o pai da ontologia nem sequer inventou a palavra. Aristóteles não a realizou explicitamente; é por isso que seu desígnio é coerente, mas sua execução permanece em suspenso.

4. Limite de uma filosofia da forma: forma e existência

Se Aristóteles não concluiu seu programa, foi sem dúvida por causa de sua indiferença pelo que faz a *existência de um ser*. Como observamos várias vezes[13], sua filosofia permanece uma filosofia das *quididades*, das formas. É por isso que entre Deus e os seres Aristóteles não procurou uma relação de afirmação de existência, e sim de similitude de forma; por isso sua filosofia se baseia na *causalidade final* e não na eficiência produtora.

É o encontro com o Deus de Israel – que mais "cria" as coisas do que deixa imitar seu sereno pensamento do pensamento – que provocará a renovação do aristotelismo. A única questão que nos interessa aqui é saber se o deslocamento de ênfase da causalidade final para a causalidade produtora era concordante com o gênio de Aristóteles ou se não se trata de uma profunda alteração da problemática aristotélica.

A *ousía* aristotélica é realmente "aquilo que é", é realmente um sujeito de pleno direito com relação ao que lhe acontece, por exemplo, um homem ou um cavalo específico, diz ele em *Categorias* V; é até mesmo uma energia, um foco de ação. Mas os comentadores recentes (Ross, Tricot, Owens, Gilson) estão de acordo em dizer que Aristóteles ficou a meio caminho entre

---

13. Cf. a redução da causalidade à identidade da forma; a omissão da singularidade em proveito da quididade das "últimas diferenças". (PR)

o universal e o concreto e que sua noção da *ousía* sofre de uma ambiguidade irredutível, que se expressa nas dificuldades de tradução: *ousía* é substância *e* essência. (Ravaisson traduz por essência, Tricot traduz por substância, Owens traduz por *entity*. É ele que me parece respeitar a indiferenciação entre a essência e a existência na *ousía*; de fato, é preciso encontrar uma palavra que esteja intocada com relação às distinções medievais.) Gilson chega a falar de uma "sutil eliminação dos problemas ligados ao fato fundamental da existência"[14]. Cf. toda a análise de Gilson[15], que termina assim: "Toda essa filosofia que só se interessa de fato pelo que existe aborda-o sempre de tal modo que o problema de sua existência não tenha de ser colocado." Ele vê nisso a razão fundamental pela qual a questão da "origem do mundo" não tem sentido no aristotelismo; enfim, Aristóteles ignora a distinção real entre a essência e a existência – é o que se deve supor para compreender sua *ousía*, sua "entência". Assim sendo, a causa de uma coisa é sua própria forma e "investigar por que uma coisa é significa investigar por que ela é ela mesma e, portanto, é realmente investigar absolutamente nada"[16]. É em virtude de um único e mesmo princípio que um ser é e que ele é causa[17] (já citamos este extraordinário texto de Aristóteles: "Assim portanto, em todas as produções, como em todos os silogismos, o princípio é a essência [*ousía*]; pois é a partir da quidade que se fazem os silogismos e também é a partir dela que se fazem as gerações", Z 9 1034 a 30-32). Portanto, a relação de Deus com o mundo não pode ser *existencial*; Deus é causa de "o que" o mundo é; não é causa de que o mundo "seja". ("A *ousía* desexistencializada de Aristóteles não permite resolver os problemas de existência e, na medida em que a causalidade eficiente implica um problema de existência, não permite oferecer uma interpretação adequada desse gênero de causalidade."[18]) Foram as "teo-

---

14. Gilson, *L'Être et l'Essence, op. cit.*, p. 58. (AC)
15. *Id.*, pp. 46-58, *cit.* p. 58. (AC)
16. *Id.*, p. 59. (AC)
17. *Id.*, p. 60. (AC) [O texto que vem a seguir é citado numa outra tradução, p. 299.]
18. Gilson, *op. cit.*, p. 62. (AC)

logias do Antigo Testamento", como diz Gilson, que introduziram uma problemática da existência distinta daquela da *ousía*, e antes de tudo os árabes muçulmanos. É aqui que uma retrospecção a partir de Averróis, Avicena, são Tomás poderia confirmar o que uma análise direta de Aristóteles nos permitiu descobrir.

Se Aristóteles houvesse conhecido uma narrativa de criação, sem dúvida a teria repelido para o campo das fábulas, pois a criação lhe pareceria reduzir o conhecimento filosófico ao plano do ser por acidente e, portanto, fora do campo da ciência. Mais ainda, como diz fortemente Owens, o ato puro nada pode fazer fora de si porque é inteiramente determinado, e sua "atualidade" estaria então colocada no paciente que recebe sua ação (Θ 8 1050 a 30-31). Owens chega a falar de uma "finitude" da entidade separada, o que em contrapartida é equívoco para dizer a *definição* de uma forma perfeita; uma "Potência de Deus" seria uma potencialidade deficiente; por isso não há lugar para a causalidade eficiente na origem do ser[19].

Essa é a razão pela qual a derivação da pluralidade a partir da unidade não é um problema aristotélico, mas apenas a ordenação, pela via da causalidade final, de uma série hierárquica de formas. Assim a eternidade do mundo é o *leitmotiv* que se conserva de Parmênides aos atomistas, a Platão, a Aristóteles, aos estoicos, a Plotino. Mas sobre esse esquema em comum são filosofias radicalmente descontínuas que irrompem na história. É por uma descontinuidade mais importante do que a que separa Aristóteles de Platão que uma problemática medieval da origem radical da existência surgirá da não-filosofia do Antigo Testamento.

Conclusão da segunda parte

Chegou o momento de obtermos uma visão de conjunto da *Metafísica* e indagarmos se Aristóteles cumpriu seu próprio programa.

---

19. Owens, *op. cit.*, p. 297. (AC)

1. Sequência cronológica e sequência lógica

E primeiro é preciso mostrar como se articulam as duas leituras da *Metafísica*: a leitura de Werner Jaeger, que procura recuperar a ordem da descoberta, a ordem cronológica das teses, a partir de uma *Urmetaphysik* platonizante rumo a um estágio propriamente aristotélico; e a ordem da exposição, a que Aristóteles quis que o leitor seguisse ao dar esse arranjo final a escritos de época e mentalidade sensivelmente diferentes. Segundo a ordem cronológica provável, a teologia de Λ representaria um estágio anterior: o objeto da *Metafísica* ainda seria, à maneira platônica, determinar uma realidade suprassensível; a ontologia do livro E representaria o estágio final: o objeto da *Metafísica* seria ordenar o sentido do ser de modo a englobar e ultrapassar a dualidade das substâncias sensíveis (cujas realidade e dignidade ontológicas o conjunto Z H Θ, introduzido tardiamente, teria mostrado) e das substâncias imóveis herdadas do primeiro período.

Suponhamos que esse esquema cronológico seja verdadeiro. Como utilizá-lo para compreender Aristóteles? É preciso manter firmemente que essa compreensão de Aristóteles seria a melhor e mesmo a única possível, se a contradição entre os dois desígnios – o de fazer uma teologia ou doutrina do ser divino e o de fazer uma ontologia ou doutrina do ser enquanto ser – fosse uma contradição radical; de fato, não restaria mais que distribuir no tempo psicológico do destino de Aristóteles esses dois empreendimentos e procurar a motivação, também psicológica, que dirigiu essa substituição. Mas, se Aristóteles julgou que podia dar esse encadeamento final à sua obra (que coloca a teologia no fim e a doutrina do ser enquanto ser no meio, como uma espécie de "peça de encaixe" entre a investigação diaporemática de Λ – E1, a exploração preparatória da *ousía* sensível de Z H Θ e a teoria das substâncias separadas de L M N), foi porque pensou que esses dois desígnios eram coerentes e que a tese mais antiga da metafísica como teologia era a realização parcial do programa, entreviu talvez o *último*, da metafísica como ontologia, mas colocou *antes* a teologia. A busca dessa coerência lógica é independente da busca da sucessão cronológica: é só se ela fracassar que a explicação psicológica continua a ser a única possível. Ora, muitos autores partiram do postulado de que a tensão entre ontologia e teologia era insustentável, e assim a explicação cronológica, que é uma explicação psicológica, dispensou de *compreender* a obra tal como ela é, tal como afinal foi desejada.

2. Recapitulação do problema do ser e dos seres

Vamos relembrar as proposições que demarcam a *Metafísica*.
1. A sabedoria é a busca das causas primeiras e dos princípios primeiros das coisas (A): a filosofia é etiologia.
2. "Há uma ciência que estuda o ser enquanto ser e os atributos que lhe pertencem essencialmente" (assim começa Γ I): a filosofia é ontologia.
3. É das substâncias (*ousía*) que a filosofia deverá apreender os princípios e as causas (Λ 1 1069 a 18[20]): a filosofia é ousiologia.
4. "Se existe uma substância imóvel, a ciência dessa substância deve ser anterior e deve ser a filosofia primeira" (E 1 1026 a 30): a filosofia é teologia.

Da causa para o ser, do ser para a *ousía*, e para a *ousía* primeira que é a *ousía* separada: essa é a *via* aristotélica. O que dá unidade a essa trajetória? A tese fundamental de que o ser não é um "gênero" que se divide em espécies, e sim a unidade analógica de uma série de acepções que se pautam por uma significação primeira tomada como referência; os sentidos da palavra não são equívocos, e sim equívoco *prós hén* (relativamente a um sentido básico). É essa a ligação metodológica de toda a *Metafísica*. De fato, se a *ousía* é o sentido do ser enquanto ser, por sua vez o sentido da *ousía* ordena-se segundo uma via organizada de exemplos da qual a substância separada é o primeiro exemplo.

Tudo isso é muito coerente; tudo o que Werner Jaeger estabeleceu foi que o sentido do conjunto apareceu por último e

---

20. "L 2" no *Curso*.

culmina nestas palavras de E 1 fim: "Se não houvesse outras substâncias além das que são constituídas pela natureza, a física seria a ciência primeira. Mas, se existe uma substância imóvel, a ciência dessa substância[21] deve ser anterior e deve ser a filosofia primeira; e desse modo ela é universal porque primeira; e caberá a ela considerar o Ser enquanto ser, ou seja, simultaneamente sua essência e os atributos que lhe pertencem enquanto ser."
Porém esse desígnio permanece muito confuso. Primeiramente, Aristóteles foi levado a discernir com a palavra ser não uma série de sentidos, e sim quatro séries: 1) a série que constitui o ser nas categorias (substância, qualidade, quantidade, lugar, tempo e todos os outros modos de significação análogos do ser); 2) o ser como acidente; 3) o Ser no sentido de verdadeiro; 4) o Ser como ato e como potência. Uma elucidação dos sentidos do ser desenvolve-se de maneira arborescente, por assim dizer, em torno do eixo *on – ousía – ousía próte* (W. Jaeger fala de uma "fenomenologia do ser", desenvolvida a partir da convicção de que o ser não é um gênero, e sim um feixe de significações aparentadas); essa fenomenologia do ser representa o último estado do pensamento de Aristóteles sobre o ser (E 2-4). Por sua vez, a palavra *ousía* é também um foco de proliferações de sentido: é o primeiro de uma série ordenada de exemplos, mas de várias maneiras: é o substrato dos acidentes (Z 1[22]), é a matéria, é a forma, é o composto concreto; por analogia, é o acidente funcionando como substrato. É até mesmo o universal como substância segunda. Principalmente, a *ousía* é "primeira" em dois sentidos, primeiramente como forma considerada sem sua matéria (Z 7 1032 b 1-4) e por fim a forma desprovida por si de toda matéria (Γ 3 1005 a 35; E 1 1026 a 10-31; Λ 7 1072 a 32), a qual, por sua vez, designa o Deus pensante de Λ 7, os motores imóveis de Λ 8 e o intelecto agente, "separado" do corpo, do *De Anima* III 4.

Assim a *Metafísica* é um livro muito sobrecarregado de investigações anexas; sua linha central é marcada por cruzamen-

---

21. No *Curso*, "substância" estava erroneamente substituída por "sublime".
22. Ou melhor, Z 3.

tos explorados em todos os sentidos. Tudo isso é, se não simples, pelo menos coerente.

Mas, acima da questão da coerência do desígnio, apresenta-se a de seu acabamento completo. Aristóteles teria ido até o fim de sua tarefa se tivesse mostrado de que maneira "a filosofia primeira é universal porque primeira"; ele apenas indicou o rumo, ao afirmar que a universalidade do ser consiste na "dependência" de todos os seres ao mais excelente dentre eles; mas a ligação de finalidade – de atração final – em que consiste, por sua vez, essa dependência permanece uma ligação de imitação extrínseca do mais perfeito pelo menos perfeito. Aristóteles ignora tudo de uma doação primeira de existência.

Por isso a unidade dos seres no ser permanece precária, mais precária ainda do que a unidade das acepções do ser na sequência de categorias. Toda a ontologia de Aristóteles baseia-se nestas duas "transições": do ser enquanto ser para a substância, da substância perfeita para as substâncias segundas; essas duas transições designam os dois momentos em que tudo no aristotelismo se ganha ou se perde.

Impresso por :

Graphium
gráfica e editora
Tel.:11 2769-9056